Einführung des Euro
in der Bank- und
Unternehmenspraxis
Bankdienstleistungen
im Internet

Bankrechtstag 1997

BrV 11

Schriftenreihe der Bankrechtlichen Vereinigung

herausgegeben von

Walther Hadding, Mainz
Klaus J. Hopt, Hamburg
Herbert Schimansky, Karlsruhe

Band 11

Walter de Gruyter · Berlin · New York

Einführung des Euro in der Bank- und Unternehmenspraxis Bankdienstleistungen im Internet

Bankrechtstag 1997

1998
Walter de Gruyter · Berlin · New York

♾ Gedruckt auf säurefreiem Papier, das die US-ANSI-Norm über Haltbarkeit erfüllt.

Die Deutsche Bibliothek – CIP-Einheitsaufnahme

Einführung des Euro in der Bank- und Unternehmenspraxis, Bankdienstleistungen im Internet / Bankrechtstag 1997. – Berlin ; New York : de Gruyter, 1998
(Schriftenreihe der Bankrechtlichen Vereinigung ; Bd. 11)
ISBN 3-11-016287-3

Druck und buchbinderische Verarbeitung: Hubert & Co., Göttingen
Umschlaggestaltung: Angela Dobrick, Hamburg

Vorwort

Während des „Bankrechtstags 1997" am 27. Juni in Basel sind zu zwei aktuellen Themenbereichen Vorträge gehalten worden: „Zivilrechtliche Auswirkungen der Einführung des Euro in der Bank- und Unternehmenspraxis" und „Rechtsfragen zum Kommunikationsmedium Internet im Hinblick auf Bankdienstleistungen". Diese Vorträge, die besondere Aufmerksamkeit verdienen, werden im vorliegenden Band in überarbeiteter Fassung und mit Nachweisungen zugänglich gemacht. Über den Bankrechtstag 1997 ist im übrigen - einschließlich der Diskussion - von *Heinz Christian Hafke* (WM 1997, 1729 ff.; BörsenZ vom 3.7.1997, S. 4) und *Jörg Etzkorn* (ZBB 1997, 280 ff.) ausführlich berichtet worden. Inzwischen stehen zu beiden Themenbereichen Gesetzgebungswerke an, die der raschen Entwicklung Rechnung tragen sollen.

Vorstand und Kuratorium der „Bankrechtliche Vereinigung - Wissenschaftliche Gesellschaft für Bankrecht e.V." danken nochmals allen Vortragenden für die damit verbundene selbstlose Mühe im Interesse einer fundierten Diskussion. Der Dank für die Vorbereitung der Drucklegung gilt erneut Frau I. Stahl, Max-Planck-Institut für ausländisches und internationales Privatrecht, Hamburg.

Mainz, Hamburg, Karlsruhe
im Februar 1998

Hadding, Hopt, Schimansky

Inhaltsverzeichnis

I. Abteilung:
Zivilrechtliche Auswirkungen der Einführung des Euro
in der Bank- und Unternehmenspraxis
Leitung: Professor *Dr. Theodor Heinsius*
Rechtsanwalt, Frankfurt am Main

Zivilrechtliche Folgen der Einführung des Euro

Prof. *Dr. Harm Peter Westermann*, Universität Tübingen

Inhaltsübersicht

I. Der rechtliche und wirtschaftliche Rahmen

1. Vorbemerkungen

Gewöhnlich dienen wissenschaftliche Vorträge der Vorstellung eigener Forschungsergebnisse, der Stellungnahme zu den Überlegungen anderer Wissenschaftler, beim Juristen häufig auch dem Versuch, ungelöste Fragen der Anwendung vorhandener Rechtsnormen auf neu aufgetretene Tatsachenkonstellationen einer Lösung nahezubringen. Weniger oft widmet man sich demgegenüber der Aufgabe, über die Anwendung vorhandener Rechtsnormen (des nationalen deutschen Rechts) auf ein noch nicht vorhandenes oder vielleicht gar nicht auftretendes Problem nachzudenken. Nun ist es auf der anderen Seite sicher eine legitime Fragestellung, welche rechtlichen Konsequenzen eine Änderung bestehender Normen oder auch gegebener außerrechtlicher, speziell wirtschaftlicher Rahmenbedingungen nach sich ziehen wird. Dennoch hat der Blick in die Zukunft, zu dem das heutige Thema zwingt, stark spekulative Züge, seitdem politische Ereignisse der letzten Monate den Kritikern der Einführung der Währungsunion zu den vereinbarten Zeitpunkten Auftrieb gegeben haben: Das sind einmal die bedeutenden Schwierigkeiten, die Deutschland und Frankreich und damit zwei der wichtigsten als von Anfang an als beteiligte Teilnehmer vorgestellte Mitgliedsländer der Gemeinschaft mit der Erreichung der Zulassungskriterien zu haben scheinen, in Frankreich durch das Ergebnis der kürzlichen Parlamentswahlen und den Versuch verstärkt, das sogenannte „Stabilitätsabkommen“[1] nicht in der bisherigen Form einhalten zu müssen. Hinzu kommen die Meldungen der Tagespresse,[2] Deutschland werde durch die Einführung des Euro einen Verlust in Milliardenhöhe erleiden, während Frankreich und Großbritannien entsprechende Gewinne würden verbuchen können. Bekanntlich sind sich inzwischen auch hochrangige Politiker über das Ob und das Wann der Einführung der einheitlichen europäischen Währung nicht mehr einig. Daher könnte es durchaus sein, daß das Thema, das zur Zeit des Vortrags anläßlich der Tagung der bankwissenschaftlichen Vereinigung und auch der Niederschrift des vorliegenden Textes nur spekulativ war, bei Erscheinen der gedruckten Fassung sogar Makulatur ist, weil der Plan einverständlich aufgegeben oder - was gegebenenfalls wahrscheinlich wäre - durch die Feststellung automatisch gescheitert ist, wonach die „großen“ Teilnehmerländer die Konvergenzkriterien nicht erreicht haben.

Das niederländische oder spanische Recht nach den zivilrechtlichen Folgen der Teilnahme an der Währungsunion zu befragen, kann nun nicht die Sache eines deutschen Referenten sein, und läßt sich daher auch mit den Zweifeln, ob die Bundesrepublik an der Währungsunion wird teilnehmen können, nicht begründen. Daher muß die Unsicherheit, ob das Thema in einigen Wochen in Deutschland noch auf mehr als akademisches Interesse

---

1 Dieses Abkommen wurde vom Europäischen Rat in Dublin im Dezember 1996 sowie auch vom Rat der Wirtschafts- und Finanzminister in Noordwijk im Frühjahr 1997 im Grundsatz beschlossen; sein Ziel besteht darin, die - hier noch zu erörternden - Konvergenzkriterien, die zum Eintritt der Mitgliedsländer in die dritte Stufe dienen sollen, dauerhaft einzuhalten; siehe dazu auch BVerfGE 89, 155, 201 = NJW 1993, 3047; siehe dazu auch *Hafke* Anm. WuB I 6 - 1/94; Kurzkomm. *Kluth* EWiR Art. 102 EWGV 1/93.

2 Siehe etwa *Sinn* FAZ v. 5.6.1997.

stoßen wird, hingenommen werden. Unter diesen Umständen besteht die Zielsetzung für das Referat darin, am Tage X der Einführung des Euro keine weihnachtlichen Gefühle aufkommen zu lassen, wie sie entstehen, wenn man die Bescherung erst sieht, nachdem man die Päckchen aufgemacht hat. Allerdings würde der Wunschzettel für eine derartige Bescherung allzu lang ausfallen, wollte man die angeblich[3] über 4.000 ausmachenden deutschen Gesetze und Verordnungen behandeln, bei denen Änderungen notwendig werden; aber immerhin müssen Regelungsbedarf für den nationalen Gesetzgeber und Rechtsanwendungsprobleme für die nationalen Gerichte im Hinblick auf zahlreiche Normen von unterschiedlicher systematischer Bedeutung angesprochen werden. Dabei ist als Ausgangspunkt klar, daß die hier noch näher vorzustellenden Verordnungen der Gemeinschaft in den Mitgliedstaaten automatisch vor den Vorschriften des bisherigen nationalen Rechts gelten werden. Eine von ihnen ist kürzlich sogar schon in Kraft getreten,[4] die andere[5] wird zwar nur als Vorschlag bezeichnet, soll hier aber in der vorliegenden Form zugrunde gelegt werden.

Somit ist es wohl notwendig, wenigstens kurz den rechtlichen und zeitlichen Rahmen der Schaffung der Währungsunion abzustecken, um - in dem soeben gebrauchten Bild zu bleiben - festzustellen, wie wir uns in der Adventszeit auf den Tag vorbereiten müssen, an dem der Stern des Euro über unseren Köpfen aufgeht. Was sich nach diesem Termin an Fragen stellen wird, soll sodann in einem zweiten Teil des Referats überblicksweise vorgestellt werden. Schließlich sollen in einem letzten Teil einige als Schwerpunkte vermutete Probleme etwas näher erörtert werden.

---

3 Als offiziell nicht bestätigte Schätzung genannt bei *Schefold* Sonderbeil. 4 WM 1996, S. 1, 4 r.Sp.

4 Die Euro-VO I (Entwurf einer Verordnung des Rates über einige Bestimmungen der Einführung des Euro v. 16.10.1996) publiziert unter dem Aktz. 96/0249 (CNS), ist am 19.6.1997 im Amtsblatt der Europäischen Gemeinschaften (Nr. L 162/1) verkündet worden und am 20.6.1996 in Kraft getreten.

5 Die Euro-VO II (Verordnung des Rates über die Einführung des Euro), ebenfalls vom 16.10.1996 und publiziert unter dem Aktz. 96/0250 (CNS), ist aus Gründen, die bei *Sandrock* (Beil. 9 zu BB 1997 S. 1 ff.) dargelegt sind, von der EuroVO I abgekoppelt worden. Beide Verordnungen sind abgedruckt bei *Sandrock* aaO. S. 18 ff.; *Schefold* aaO. (Fn. 3) S. 17 ff.

2. Der zur Zeit geplante europarechtliche Rahmen

Die im „Maastricht I"-Vertrag[6] beschlossene und am 1.1.1993 in der Gemeinschaft in Kraft getretene Regelung über die Errichtung einer Wirtschafts- und Währungsunion sieht einen dreistufigen Zeitplan vor, in dessen zweiter Phase, die mit der Errichtung des Europäischen Währungsinstituts beginnt, wir uns also ungeachtet der noch schwebenden Meinungsverschiedenheiten in und unter den Mitgliedsländern gegenwärtig befinden. In den EG-Vertrag wurden die Bestimmungen der Artt. 3 a und 4 a sowie die Artt. 102 a bis 109 m eingefügt, die in Art. 109 j die dritte Stufe zur Einführung des Euro regeln, die man als den Schlußstein der Währungsunion bezeichnen könnte.[7] Die eigentliche, bereits in Art. 3 a des EG-Vertrages vorgeschriebene Richtung einer Wirtschafts- und Währungsunion umfaßt die unwiderrufliche Festlegung der Wechselkurse im Hinblick auf die Einführung einer einheitlichen Währung sowie eine einheitliche Geld- und Wechselkurspolitik. Dementsprechend finden sich in Titel VI des Vertrages Regelungen über die Währungsunion, die institutionelle Bestimmungen und Übergangsvorschriften umfassen. Es existiert bereits das in Art. 109 e Abs. 2 EG-Vertrag vorgesehene Europäische Währungsinstitut als Vorläuferin der Europäischen Zentralbank; auch besteht Einigkeit über die Konvergenzkriterien, gem. Art. 109 j Abs. 1 EG-Vertrag also: Preisstabilität, eine auf Dauer tragbare Finanzlage der öffentlichen Hand sowie die Einhaltung der normalen Bandbreiten des Wechselkursmechanismus. Inzwischen ist vertragsgemäß der auf Art. 109 i EG-Vertrag beruhende Übergang in die letzte Stufe der Währungsunion in Angriff genommen worden, indem die in Art. 109 l Abs. 4 dem Rat vorbehaltenen Maßnahmen zur praktischen Verwirklichung in Gestalt der bereits genannten Verordnungsentwürfe der Kommission vorgelegt wurden, die sie gebilligt und veranlaßt hat, daß, wie gesagt, die erstere Verordnung sogar in Kraft getreten ist. Die Aufträge zu diesen Verordnungen und die grundsätzlichen politischen Zielsetzungen sind bei den Tagun-

---

6 ABl. EG 1992 Nr. C 191 S. 1 ff; BGBl 1992 II S. 1253.

7 Dieses Vorgehen war grundsätzlich bereits im sogenannten Delors-Bericht (EA 1989 D, S. 283 ff.) vorgeschlagen worden, der am 17.4.1989 von der Kommission dem Rat vorgelegt worden war (zur Entstehungsgeschichte näher *Sixt* DZWir 1997, S 428, 429 f.); zur Verbindlichkeit des Zeitplans, auch im Hinblick auf die diesbezüglichen Äußerungen vor dem BVerfG (dazu bereits oben Fn. 1), näher *Hahn* JZ 1996, S. 231, 322.

gen des Rats im Dezember 1995 in Madrid und ein Jahr später in Dublin erarbeitet worden,[8] wobei insbesondere Einigkeit darüber erzielt wurde, daß die Ersetzung der nationalen Währungen durch den Euro in einem am 1.1.1999 beginnenden dreistufigen Vorgang geschehen soll, dessen erste Stufe als Übergangszeit verstanden wird.

Bis Ende 1997 könnte nach Art. 109 j Abs. 4 Satz 1 des EG-Vertrages aufgrund eines neuen Beschlusses der Zeitplan noch geändert werden; vor dem 1.7.1998 muß aber aufgrund einer Prüfung der genannten Konvergenzkriterien ein qualifizierter Beschluß des Ministerrats der Gemeinschaft bestätigen, welche Mitgliedsländer die Voraussetzungen für die Teilnahme erfüllen (Art. 109 j Abs. 4 Satz 2 EG-Vertrag). Der Eintritt in die Übergangsphase könnte also theoretisch auch von nur ganz wenigen Mitgliedern vollzogen werden.[9] Da während dieser Phase der Euro und die nationalen Währungen noch nebeneinander gebraucht werden können, weil die nationalen Währungen als unterschiedliche Bezeichnungen der bereits „eigenständig" vorhandenen Euro-Währung verwendet werden dürfen (dazu näher unten II.1), treten für den Geldverkehr in diesem Stadium andersartige Fragen auf, als bei der endgültigen Erhebung des Euro zum alleinigen gesetzlichen Zahlungsmittel in allen teilnehmenden Mitgliedstaaten, die am 1.1.2002 stattfinden wird. Das ist besonders deshalb erwähnenswert, weil damit ein währungsrechtlich recht vielschichtiger Zustand entsteht, der insbesondere bei Erfüllung grenzüberschreitender Verträge dazu führen wird, daß Zahlungen in Euro nur bei Geschäften unter Staatsangehörigen aus Teilnehmerstaaten geleistet werden können und andere Staaten - einschließlich solcher EU-Mitglieder, die nicht oder noch nicht an der Währungsunion teilnehmen - hieran nicht gebunden sind.[10]

Man müßte also nunmehr den Inhalt der beiden Verordnungsregelungen referieren, was aber trotz der wohltuenden Kürze ihrer Texte zuviel Platz in Anspruch nehmen würde, zumal Texte, Begründungen und Erläuterungen dazu an vielen Stellen im wissenschaftlichen und politischen Schrifttum nachgelesen werden können. Hier sollte also der Hinweis genügen, daß wäh-

---

8 Zu den in Madrid gefaßten Beschlüssen, dem sogenannten *Szenario* von Madrid, siehe Bull. der EU 12/95, Tz. 1.3. und 1.49; im übrigen sind die Vorstellungen der Kommission im sog. Grünbuch niedergelegt, das am 31.5.1995 (BT-Drucks. 13/2307) erschienen ist.

9 Dazu *Sixt* aaO. (Fn. 7) S.428, 430.

10 Dazu näher *Sandrock* aaO. (Fn. 5) S. 5 mit praktischen Beispielen.

rend der Übergangszeit Wirtschaftsunternehmen und Privatleute den Euro im bargeldlosen Zahlungsverkehr verwenden dürfen, aber nicht müssen, daß der Wechselkurs zwischen den für diese Europaliga endgültig qualifizierten Staaten am ersten Tag der Übergangszeit unwiderruflich festgelegt sein wird, daß das Währungsrecht der Mitgliedstaaten aber während dieser Zeit weitergelten wird. Die öffentliche Verwaltung der einzelnen Staaten sowie der Steuerfiskus werden dagegen erst zum Ende der Übergangszeit auf den Euro umstellen. Nach diesem Zeitpunkt ist für die Verwandlung der bisher im Umlauf befindlichen Münzen und Banknoten in Sammlerstücke und für die Ausgabe des Euro-Stückgeldes ein halbes Jahr zugelassen. Sollte also eine unserer Töchter in dieser Zeit ihre Brautschuhe mit Euro-Cent-Münzen bezahlen wollen, könnte es daher gewisse Engpässe geben, wobei die Deutschen schätzen, die Tauschaktion in etwa drei Wochen bewältigen zu können.

3. Das künftige Schicksal des ECU

Wichtig - mittelbar auch für manche privaten Verträge - ist die vorgesehene Ablösung des ECU als Währungskorbeinheit[11] durch den Euro. Beim ECU handelt es sich schon nach unserem bisherigen Verständnis nicht um eine Währung,[12] sondern um eine bloße Recheneinheit. In dieser Funktion spielt aber der ECU in einigen privaten Verträgen, etwa ECU-Anleihen, eine große Rolle. Aufgrund eines ebenfalls in Madrid gefaßten Beschlusses soll die Währungskorbeinheit ECU im Verhältnis 1:1 auf Euro umgestellt werden, ohne damit wie der Euro zu einer Währung zu werden.[13] Das genügt vielleicht als vorläufige Klarstellung zu einem Problem, dessen mögliche weitere Dimensionen hier nicht ausgeschöpft werden können.

---

11 Näher *Bürger*, Die Bank 1984, S. 285 ff.; *Siebelt/Häde* NJW 1992, S. 10 ff; *Wahlig* WM 1985, S. 1053.

12 *Hahn*, Währungsrecht, 1990, § 25 Rdnr. 15; *Schefold* aaO. (Fn. 3) S. 9.

13 Damit ist dann die VO Nr. 3220/94 des Rats, die die Zusammensetzung der Währungskorbeinheit ECU regelte, aufgehoben, näher *Schefold* aaO.; dort auch zu der Frage, auf welche jeweilige Zusammensetzung des „Korbs" eine Bezugnahme auf den ECU verweist.

II. Der Euro - eine „eigenständige", aber noch nicht „einheitliche" europäische Währung als Zahlungsmittel

1. Das künftige Recht der Fremdwährungsschulden

Mit dem Beginn der Übergangszeit wird nach dem Vorigen der Euro, wie es auch allgemein heißt,[14] eine „eigenständige", wenn auch noch nicht die „einheitliche" europäische Währung sein; der Zivilrechtler fragt sich, was das genau sein wird, und wie diese eigenständige Währung als Zahlungsmittel verwendet werden und sich in das System der Regeln über nicht auf die nationale Währung lautende Forderungen einfügen wird. Dabei ist als Ziel klar, daß ein Zwang zu Denominierung von Verbindlichkeiten und zur Zahlung in Euro noch nicht ausgeübt werden soll (no compulsion, no prohibition); ob einzelne Mitgliedstaaten, was europarechtlich möglich wäre,[15] im Bereich des Buchgeldes einen Annahmezwang für in Euro denominierte Zahlungen einführen werden, ist gegenwärtig eher unwahrscheinlich.

a) Das theoretische Verhältnis der nationalen zur europäischen Währung ist nach den bisher veröffentlichten Stellungnahmen klar. Kommission und Rat der Europäischen Gemeinschaften nehmen an und wollen dies in Art. 6 der Euro-Verordnung II zum Ausdruck bringen, daß die nationalen Währungseinheiten schon während der Übergangsphase automatisch, also ohne Umsetzung durch die nationale Gesetzgebung, nur noch „Untereinheiten" (subdivision) des Euro als einer supranationalen Einheit sind. Wenn also „Rechtsinstrumente" (das sind Rechtsvorschriften nationalen Rechts, Verwaltungsakte, Gerichtsurteile, private Rechtsgeschäfte sowie auch Zahlungsmittel)[16] auf eine nationale Währungseinheit Bezug nehmen, so kann es, obwohl jetzt nur der Euro die maßgebliche Einheit ist, bei der bisherigen Denomination bleiben (Art. 7 der Verordnung). Um dieses Konzept einer eigenständigen Währung durchzuhalten, bedarf es dann eines offiziellen Umrechnungskurses zwischen dem Euro und den verschiedenen nationalen Einheiten, dessen Festlegung gleich mit dem Beginn der Übergangsphase dazu führen soll, daß es in den praktisch ja weitgespannten „Instrumenten"

---

14 So wörtlich in Art. 109 l Abs. 4 Satz 1 des EG-Vertrages; dazu *U.H. Schneider* DB 1996, S. 2477, 2478 f.; *Schefold* aaO. (Fn. 3) S. 7; *v. Borries/Repplinger-Hach* EuZW 1993, S. 492, 493.

15 *v. Borries/Repplinger-Hach* aaO. (Fn. 14) S. 494.

16 Legaldefinition durch Art. 1 erster Spiegelstrich der Euro-VO I.

keine unterschiedliche Behandlung der Währungseinheiten mehr geben kann. Die Parteien privater Rechtsgeschäfte sollen allerdings frei sein, einen vom offiziellen Abweichen Umrechnungskurs zu vereinbaren;[17] man hatte daran gedacht, dies zu untersagen, ist davon aber - vorläufig - abgekommen, was sich freilich ändern könnte, wenn die im Augenblick sich erst abzeichnende Möglichkeit einer Spekulation gegen den Euro sich bewahrheiten oder gar verstärken sollte.

b) Wenn es bei diesen Regeln bleibt, die, wie gesagt, ohne Transformation automatisch nationales Recht werden, verlieren die nationalen Währungen einstweilen nicht ihre Funktion als gesetzliches Zahlungsmittel, aber der Euro ist die maßgebliche Einheit, dessen Untereinheiten freilich mit erfüllender Wirkung geleistet werden können. Unabhängig davon, welche Einheiten denn nun von Beginn der Übergangsphase an als gesetzliche Zahlungsmittel fungieren,[18] sind auf Euro lautende Verbindlichkeiten keine Fremdwährungsschulden i.S. der §§ 3 Satz 1 WährG, 49 Abs. 2 AWG mehr, damit auch nicht mehr im Sinne des § 244 BGB.[19] Das hat weittragende Folgen. Der Gedanke des § 244 BGB, dem Währungsinländer stets die Begleichung von Fremdwährungsschulden in Inlandswährung zu gestatten,[20] scheint jetzt auf den ersten Blick durch die während der Übergangsphase bestehende Freiheit, in Euro oder in einer nationalen Währung zu kontrahieren, gesichert. Eine erste Frage ergibt sich aber jetzt aus Art. 8 Abs. 1 der Verordnung, wonach während der Übergangsphase Verbindlichkeiten, die auf Euro lauten, in Euro-Buchgeld zu erfüllen sind, während Verbindlichkeiten, die in nationaler Währung kontrahiert sind, auch in dieser zu erfüllen sind. Da es den Euro einstweilen nur als Buchgeld geben wird, muß man, wenn eine solche Zahlung Erfüllungswirkung haben soll, in der Vereinba-

17 *Schefold* aaO. (Fn. 3) S. 11; *v. Borries/Repplinger-Hach* aaO. (Fn. 14) S. 493.

18 Diese Frage wird auch im Grünbuch der Kommission aaO. (Fn. 8) Nr. 128 diskutiert, sie bleibt dort aber letztlich ebenso offen wie bei *Schefold* aaO. (Fn. 3) S. 9. Die Akzentsetzung ist freilich streitig; während *U.H. Schneider* aaO. (Fn. 14) S. 2478 annimmt, daß die nationalen Währungen schon mit dem Beginn der Übergangsphase ihre Eigenschaft als Währung verlieren, bleibt nach *v. Borries/Repplinger-Hach* aaO. (Fn. 14) S. 494 die Qualität als alleiniges gesetzliches Zahlungsmittel während dieser Phase den nationalen Währungen, der Euro sei nur legales, aber freiwilliges Zahlungsmittel.

19 *Schefold* aaO. (Fn. 3) Fn. 111.

20 Zum Rechtsgedanken des § 244 siehe *Staudinger/K. Schmidt,* 12. Aufl., § 244 Rdnr. 2; ähnlich *MünchKomm/v. Maydell,* 3. Aufl., § 244 Rdnr. 40.

rung der Schuld in Euro das Einverständnis des Gläubigers mit einer unbaren Zahlung sehen, die auch in diesem System weiterhin erforderlich ist, weil es einen Annahmezwang für Giralgeld für den Gläubiger - anders als bei Münzgeld - nach wie vor nicht gibt.[21] Nun hat aber nach Art. 8 Abs. 3 der Verordnung der Schuldner einer in Euro oder in einer nationalen Währungseinheit denominierten Schuld, die innerhalb des betreffenden Mitgliedstaates unbar erfüllt werden kann, ein Wahlrecht und mithin die Möglichkeit, in Euro oder in der nationalen Währungseinheit zu zahlen. Der Rechtsgedanke des § 244 BGB braucht daher nicht, woran verschiedentlich gedacht wird, analog angewendet zu werden, sondern ist durch die Verordnung jedenfalls für die Dauer der Übergangszeit gesichert. Außerdem können nach Art. 8 Abs. 2 der Verordnung die Parteien vereinbaren, daß sie eine andere Denomination zur Erfüllung verwenden wollen.

Die Dinge sind nicht leicht überschaubar, sie sollen daher an einem praktischen Beispiel entwickelt werden: Der italienische Fußballer, der von einem deutschen Verein unter Vertrag genommen wird, und die ihm versprochenen DM-Millionen nicht in bar mit sich herumtragen möchte, und der deshalb ein Konto bei einer deutschen Bank errichtet hat, muß also, wenn sein Vertrag sein Salär in harten Euro angibt, die bargeldlose Zahlung von schlechten DM hinnehmen, dies auch dann, wenn er sein Konto in Euro denominiert hat. Eine bare Zahlung in DM müßte er allerdings schon nach § 242 BGB angesichts der Höhe des Betrages nicht gegen sich gelten lassen, obwohl dem Schuldner grundsätzlich Barzahlung in Münzen und Noten der maßgebenden nationalen Währung nicht verwehrt ist, wenn er nicht zur Zahlung in Giralgeld verpflichtet ist. Im übrigen ist der Vorschlag vernünftig, daß die Frage, welche Einheit zur Barzahlung verwendet werden kann, sich nach dem am Erfüllungsort geltenden Recht bestimmen soll.[22] Umgekehrt müßte der genannte italienische Kicker auf eine DM-Forderung auch eine unbare Euro-Zahlung gelten lassen. Sein Manager dagegen, der aus naheliegenden Gründen seine Prozente nur in bar ausgezahlt haben will, müßte sich schon auf die Vereinbarung einer nationalen Währung einlassen. § 244 BGB, der für einen solchen Fall dem deutschen Verein das Recht einräumt, anstelle der bedungenen Zahlung in Lire mit DM zu erfüllen, wird durch die Regelung des Art. 8 Abs. 1 der Verordnung m.E. nicht ganz ver-

21 *Klanten* ZBB S. 1996, 259; zust. *Schefold* aaO. (Fn. 3) S. 8 f.

22 *U.H. Schneider* aaO. (Fn. 14) S. 2481 r.Sp.

deckt, denn die Verordnung sieht nur vor, daß eine Verbindlichkeit, die „in einer nationalen Währungseinheit" denominiert ist, „in dieser nationalen Währungseinheit" zu erfüllen ist. Man kann diese Regelung allerdings auch dahin verstehen, daß vorbehaltlich abweichender Vereinbarung stets nur in der Währung, die für die Denominierung gebraucht wurde, erfüllt werden kann, was im obigen Fall den deutschen Verein (und seine Bank) zwingt, jedenfalls die nötigen Lire bereitzuhalten. Eine bargeldlose Erfüllung, auch eine solche in Euro braucht der genannte Spielervermittler jedenfalls nicht anzunehmen, woraus dann doch gefolgert werden kann, in der Übergangsphase habe die „eigenständige Währung" noch nicht die Qualität eines gesetzlichen Zahlungsmittels. Für eine in DM kontrahierte Schuld würde unsere Währung diese Dignität jedoch behalten.

Danach sind nunmehr die nationalen Einheiten wohl nicht mehr ganz das, was sie einmal waren, aber sie sind auch noch nicht verschwunden. Nur im Verkehr zwischen der Euopäischen Zentralbank und den Zentralbanken der Teilnehmerländer soll der Euro von Anfang an die maßgebliche Rechnungseinheit bilden; auch hat die Kommission bereits am 12.4.1994 bekanntgegeben, daß Anleihen und Kredite der Europäischen Gemeinschaften demnächst mit einer Klausel versehen werden sollen, die mit Beginn der dritten Stufe die Umstellung auf die neue Währungseinheit vorsieht.[23]

c) Die Banken müssen also, worauf im Schrifttum bereits hingewiesen wurde,[24] technisch imstande sein, ihren Kunden auf deren Euro-Konto auf DM lautende Zahlungen gutzuschreiben. Sollten sie, wie von den französischen Banken zu hören war,[25] ihren Kunden keine Kontenführung in Euro anbieten, so muß ein international tätiger Unternehmer, wenn er seine Bank nicht umstimmen kann, mit seinen anderen Vertragspartnern entsprechende Vereinbarungen treffen.

Die Juristen werden sich demgegenüber wahrscheinlich eines Tages mit Fragen wie derjenigen zu befassen haben, wie der Wunsch eines schweizerischen Berufsfußballers und seines Beraters zu behandeln ist, Gehalt und Vermittlungsprovision in Franken zu erhalten, wobei wiederum der Ver-

---

23 Zum ganzen *U.H. Schneider* aaO. (Fn. 14) S. 2478; speziell zur Umstellung siehe Dok. 94 C/130/05 der Kommission.

24 *U.H. Schneider* aaO. (Fn. 14) S. 2481; zu den Aufwendungen der Banken, die im Zuge der Vorbereitung bereits gemacht worden sind, siehe *Rehbein* in diesem Heft S. 93 ff.

25 Auch dazu *U.H. Schneider* ebenda.

mittler, nicht aber der Spieler mit Barzahlung einverstanden ist. § 8 der Euro-Verordnung gilt hier nicht, es bestünde m.E. auch kein Anlaß, § 244 BGB ersatzlos aufzuheben. Allerdings bedarf nach den eingangs genannten währungsrechtlichen Vorschriften eine unter Gebietsansässigen getroffene Vereinbarung einer Fremdwährungsschuld einer Genehmigung durch die Deutsche Bundesbank. Im Schrifttum[26] geht man davon aus, daß § 3 WährG ersatzlos aufgehoben werden muß; selbst wenn man annimmt, daß die Regelung nur für die Währungen von Teilnehmern der Währungsunion gilt, so ist doch fraglich, ob es eine Instanz, die eine Rechtsgrundlage für eine entsprechende Genehmigung hat, in der Übergangszeit noch geben wird. Wir müssen also tatenlos zuschauen, wenn die unser Land überschwemmenden russischen Fußballer ihr Salär in Rubel ausgezahlt haben wollen, obwohl sie während der Dauer ihrer Anstellung hiesige Gebietsansässige sind.

Komplizierter wird es, wenn der Gläubiger seine Bank in Monaco hat. Es ist nämlich ungewiß, ob Art. 8 Abs. 3 der Verordnung danach unterscheiden will, ob es sich um eine Inlands- oder Auslandszahlung handelt. Denkbar ist auch, daß der Gläubiger, wenn seine ausländische Bank die Entgegennahme von DM ablehnt, eine in Euro oder in einer ausländischen Währungseinheit denominierte Schuld nicht als erfüllt anzusehen braucht. Der in Deutschland tätige tschechische Profispieler, der sich mit den Gedanken an einen Wechsel nach Spanien trägt, könnte schließlich wohl auch Zahlung in Euro vereinbaren, er müßte dann allerdings ein Bankkonto haben und sollte zur Deckung seines täglichen Bedarfs an Mineralwasser bei seiner Bank regelmäßig einige DM eintauschen, da er in Deutschland während des Übergangszeitraums in bar nur in DM zahlen kann, ebenso wie der Deutsche, der als Tourist nach Frankreich will, ein paar Euro-DM in Euro-Franc wird umtauschen müssen.[27] Andere Folgen für den grenzüberschreitenden Rechtsverkehr ergeben sich daraus, daß es während der Übergangsphase in den Teilnehmerländern nicht nur zwei untereinander in dem bezeichneten Verhältnis stehende Währungen geben wird, sondern damit auch verschiedene international-privatrechtliche Anknüpfungsnormen, die man als „Währungsstatut" bezeichnen kann.[28] Daraus folgt, daß eine vertragliche

26 *Schefold* aaO. (Fn. 3) S. 7; *Hafke*, Börsenzeitung v. 3.7.1996; s. auch *U.H. Schneider* aaO. (Fn. 14) S. 2479.
27 Beispiel von *U.H. Schneider* aaO. (Fn. 14) S. 2479.
28 Zum folgenden *Sandrock* aaO. (Fn. 5) S. 6 ff.

Verpflichtung, eine nach dem 1.1.1999 fällig werdende Geldschuld in DM zu zahlen, wenn diese Verpflichtung vor dem Gericht eines EG-Mitgliedstaats streitig wird, dieses gem. Art. 6 Abs. 2 der Euro-VO I zu berücksichtigen hat, daß jeder Mitgliedstaat an die neue Regelung des Währungsrechts gebunden ist. Das Gericht wird also die Zahlung in Euro als Erfüllung anerkennen müssen, auch wenn der Gläubiger, um dessen Verpflichtung zur Annahme von Euro-Buchgeld gestritten wird, seinen Sitz in einem Mitgliedstaat hat, der (noch) nicht an der Währungsunion teilnimmt. Dagegen würde dem schweizerischen oder dem US-amerikanischen Gläubiger ein Gericht seines Heimatlandes den Einwand gestatten müssen, daß er statt der vereinbarten DM keine Euro annehmen wolle - ein Ergebnis, das angesichts der sich bereits heute ankündigenden Flucht vor dem Euro aufhorchen lassen könnte.

d) Wenn § 3 WährG gestrichen wird, fällt auch das Verbot der Indexierung, das im EG-Vertrag ohnehin nicht besteht. Sein derzeitiger Geltungsbereich im deutschen Recht geht aber über den Regelungsbereich der Euro-Verordnung hinaus. Ein Bedürfnis nach Wertsicherung, die nicht lediglich in der Vereinbarung einer Valutawertschuld besteht, wird es auch nach Einführung des Euro durchaus geben, und zwar sowohl angesichts der Festlegung der Umrechnungskurse bei Denominierung einer Schuld in Euro als auch bei Denominierung in einer nationalen Währung. Ob die Gerichte ohne eine dem § 3 WährG entsprechende Regelung, die auch die für die Genehmigung zuständige Stelle bestimmt, in Anwendung der Vorschriften des allgemeinen Rechts der Inhaltskontrolle, also in Deutschland praktisch nur des § 138 BGB, dahin gelangen werden, daß der Grundsatz „Euro gleich Euro“ zum Anstandsgefühl aller billig und gerecht Denkenden oder jedenfalls zum ordre public économique gehört, ist zweifelhaft. Das Problem ist nicht zu unterschätzen, zumal es durchaus Sinn haben kann und auch nicht zu verhindern ist, daß in einer Ruhegeldvereinbarung die Zahlung der Pension unmittelbar in Schweizer Franken oder in US-Dollar vereinbart wird.[29]

Also wird wohl der Gesetzgeber sprechen müssen, wobei an den europäischen zu denken ist, da die schon wirtschafts-philosophische Frage nach Wert oder Unwert von Indexierungen nicht gut in den Mitgliedstaaten unterschiedlich behandelt werden kann. Wenn die Indexierung im Rahmen von Geldwertklauseln erfolgen soll, so kommt eine Regelung, die auf Gläubiger-

29 *U.H. Schneider* aaO. (Fn. 14) S. 2480.

oder Schuldnerseite auf eine der an der Währungsunion teilnehmenden Währungen Bezug nehmen will, nicht mehr in Frage, weil die Determinierung des Werts der Forderungen zum unwiderruflich festgelegten Umrechnungskurs in Euro erfolgen muß. Die Währungen von Drittländern, also der Schweizer Franke oder der US-Dollar, können aber zur Wertsicherung von auf Euro lautenden Forderungen eingesetzt werden, dasselbe gilt für Goldwertklauseln. Wie sich die Indexierung durch Abstellen auf Preisänderungen in einem bestimmten Waren- und Dienstleistungskorb nach Einführung des Euro auswirken wird, ist m.E. noch spekulativ (siehe aber immerhin oben I.3.), da einerseits noch nicht abzusehen ist, ob nach Einführung des Euro mit einem gleichbleibenden Korb ähnliche Rechnungen werden angestellt werden können, und weil, wie bisweilen befürchtet wird, möglicherweise der Euro in einzelnen Regionen der Gemeinschaft eine unterschiedliche Kaufkraftentwicklung erfahren wird.

2. Folgeprobleme

Die Wirkung der Regelungen der beiden Euro-Verordnungen auf das nationale Recht der Fremdwährungsschulden ist sicherlich von zentraler Bedeutung für den grenzüberschreitenden Verkehr, läßt jedoch während der Übergangsphase die Abwicklung von in DM denominierten Verbindlichkeiten unberührt. Insoweit wird es insbesondere für langfristige Verträge Änderungen erst geben, wenn der Euro als „einheitliche" und nicht nur als „eigenständige" Währung die nationalen Einheiten verdrängt hat. Schon für die Zeit davor zeichnen sich allerdings Folgeprobleme ab, die der europäische Verordnungsgeber möglicherweise nicht alle bedacht hat, die aber erörtert werden müssen, weil die ganze Tendenz der Regelungen auf europäischer Ebene dahin geht, einen im wesentlichen irreversiblen Zustand zu schaffen, wenn die Währung eines Mitgliedstaates einmal auf Euro umgestellt ist.[30]

a) Zunächst wird man sich darauf verständigen können, daß die – auch grenzüberschreitende – Abtretung einer in einer nationalen Einheit denominierten Forderung an den Modalitäten ihrer Erfüllung nichts ändert. Aber das

30 Stark betont bei *Hauser/Gerharter* ÖBA 1996, S. 3, 4; es überzeugt daher nicht ganz, wenn das deutsche BVerfG aaO. (Fn. 1) davon ausgeht, die Bundesrepublik könnte sich aus der Wirtschaftsunion lösen, wenn diese keine Stabilitätsgemeinschaft bleiben sollte.

bedeutet nicht, daß sich nach ihrer Abtretung auch ein Schwede zur Entgegennahme der Leistung ein Euro-Konto zulegen muß; hier sind die Regeln des internationalen Privatrechts angesprochen, in die die Bestimmungen der Euro-Verordnungen nicht eingreifen, wenn man davon absieht, daß es in der Konsequenz der europarechtlichen Regelung liegt, in das Währungsstatut zumindest der Teilnehmerländer in dem Sinne einzugreifen, daß die ihm obliegende Bestimmung, welches Geld als gesetzliches Zahlungsmittel anerkannt wird, nicht mehr von den materiell-rechtlichen Regelungen über die - während der Übergangsphase - eigenständige, danach die einheitliche europäische Währung abweichen kann;[31] dies gilt, obwohl der europäische Gesetzgeber zwar für die währungsrechtlichen, nicht aber für die allgemein-vertragsrechtlichen Aspekte von Rechtsverhältnissen eine unbeschränkte Kompetenz hat.[32]

Eine einheitliche Antwort hat in den bisherigen literarischen Äußerungen[33] die Frage nach der Möglichkeit der Aufrechnung von in nationaler Währung und Euro-denominierten Forderungen gefunden, die bei währungsverschiedenen Verbindlichkeiten bisher nicht uneingeschränkt zu bejahen war. Da die Währungen der Teilnehmerländer nur noch Untergliederungen ein und derselben Währung sind, ist jetzt Gleichartigkeit im Sinne des § 387 BGB anzunehmen. Art. 8 Abs. 6 der Euro-VO II schreibt demgemäß vor, daß nationale Vorschriften zur Aufrechnung oder Verrechnung auf Geldschulden unabhängig von deren Währungsbezeichnung Anwendung finden, wenn die Schuld auf Euro oder eine nationale Währungseinheit (naturgemäß: eines Teilnehmerlandes) lautet, wobei Umrechnungen zu den (festgelegten) Umrechnungskursen stattfinden. Das weicht von der bisherigen Behandlung der Aufrechnung mit währungsverschiedenen Forderungen[34] deutlich ab.

b) Nicht selten begnügt sich das BGB, privatrechtliche Ansprüche als auf Geld gerichtet zu bezeichnen, naturgemäß ohne sich über die Währung Gedanken zu machen. Zu nennen sind die Ansprüche des Schadensersatzgläubigers auf den zur Herstellung erforderlichen Geldbetrag (§ 249 Satz 2 BGB), den „Ersatz in Geld“ gem. § 250 Satz 2 BGB, die „billige Entschädigung in Geld“ gemäß § 847 Abs. 1 BGB, aber auch Ansprüche auf Wert-

31 Dazu im einzelnen *Oberlechner* ÖBA 1996, S. 933, 938 f.
32 *Sandrock* aaO. (Fn. 5) S. 11.
33 *Schefold* aaO. (Fn. 3) S. 12; *U.H. Schneider* aaO. (Fn. 14) S. 2482.
34 BGH WM 1993, 2011; *Staudinger/Gurksy*, 12. Aufl., vor § 387 Rdnr. 67.

ersatz gem. § 818 Abs. 2 BGB oder der Aufwendungsersatzanspruch gem. § 670 BGB. Man wird davon ausgehen können, daß diese Forderungen vom Gläubiger, der sie geltend macht, während der Übergangsphase in DM ausgedrückt werden und ihm auch von den Gerichten so zugesprochen werden können. Er muß aber auch unter Zugrundelegung des offiziellen Umrechnungskurses auf Zahlung in Euro klagen können, und es muß auch eine entsprechende Vollstreckung stattfinden können,[35] wobei zweckmäßigerweise den mit der Vollstreckung befaßten Organen, obwohl die öffentliche Hand ihrerseits ja, wie gesagt, während der Übergangszeit den Euro noch nicht anfassen will, Angaben über die Umrechnung vorliegen sollen, damit etwa der Gerichtsvollzieher weiß, wieviel Euro der Videorecorder wert ist, den er gerade pfändet und damit das Vollstreckungsgericht die Pfändungsfreigrenze bei Arbeitseinkommen, das in DM denominiert ist, richtig auf die in Euro titulierte Forderung beziehen kann. Daß in der Zwangsversteigerung § 171 e ZVG nicht mehr paßt, ebenso wie andere an Fremdwährungen anknüpfende Bestimmungen wie Art. 36 ScheckG und Art. 41 WechselG soll nur der Vollständigkeit halber erwähnt werden.[36]

c) Bei einigen Regeln werden Zweifel hinsichtlich der Anwendbarkeit signalisiert. Dabei wird z.T. an etwas entlegene Bestimmungen gedacht, wie den § 361 HGB, der u.a. bestimmt, daß die Währung, die am Ort gilt, wo der Vertrag erfüllt werden soll, im Zweifel als die vertragsmäßige zu betrachten ist. Man sollte meinen, daß dies während der Übergangszeit der Euro und seine am Ort maßgebliche Untergliederung ist.

Wichtiger ist gewiß die Befassung mit § 244 HGB, der vorschreibt, den Jahresabschluß in DM aufzustellen, und hierfür Vermögensgegenstände, die in ausländischer Währung erfaßt sein könnten, zum Stichtag in DM umzurechnen. Vom Regelungsprinzip der Euro-Verordnungen aus gesehen könnte den Unternehmen schon während der Übergangszeit freigestellt sein, in Euro oder in DM abzuschließen, sofern man einen Jahresabschluß wie einen Vertrag oder ein Gesetz als „Instrument" i.S. der Verordnungen versteht. Dann wäre in § 244 HGB der Hinweis auf DM entsprechend zu lesen. Es fragt sich aber, ob in einer Phase, in der möglicherweise noch nicht generell in Euro gerechnet wird, der Gesetzgeber im Sinne öffentlicher Rechnungslegung es

35 Im einzelnen *Schefold* aaO. (Fn. 3) S. 12.

36 Diese und die nächsten Hinweise verdankt der Verfasser einem Vortrag von *Hartenfels* vor dem Tübinger Symposium, über das *Sixt* aaO. (Fn. 7) berichtet.

nicht doch als „true and fair“ betrachten kann, noch die bisherige und den Vergleich mit den früheren Bilanzen erleichternde Denomination vorzuschreiben; die deutsche Finanzverwaltung will offenbar bis zum 31.12.2001 entsprechend ihrer eigenen Freistellung von der Berücksichtigung der eigenständigen supra-nationalen Währung die Steuerbilanzen nur in DM einfordern.[37] Das hat den Ruf nach einem Euro-Bilanzgesetz laut werden lassen,[38] und in der Wirtschaft wird erwogen, ob man nicht schon während der Übergangszeit Vorkehrungen treffen muß, um zum 1.1.2002 das Rechenwerk auf Euro umstellen zu können, was sich am ehesten lohnen würde, wenn man nicht mehr in DM zu bilanzieren brauchte und nicht nur, was jedenfalls unbedenklich wäre, die interne Buchführung auf den Euro umstellt. Dies alles würde erreicht, wenn man den § 244 HGB als automatisch dahin geändert ansieht, daß es keinen Zwang, aber auch keine Behinderung bei der Denomination in Euro gibt. Aus der rechtspolitischen Arbeit war zuletzt zu hören, daß durch eine Änderung des § 244 HGB der Euro als Währungseinheit für den Jahres- wie für den Konzernabschluß vorgeschrieben werden soll, während für die Übergangszeit durch eine Regelung des EGHGB vorläufig noch weitere Abschlüsse in DM gestattet werden sollen. Mit dem Erreichen der Endstufe sollen dann noch besondere Regelungen für die Behandlung von Fremdwährungspositionen vorgesehen werden.[39] Ob dieses Programm, zu dem noch andere hier zu erörternde Gesetzesvorschläge gehören, die durch Einführung des Euro bedingt sind, in der laufenden Legislaturperiode noch durchgeführt werden kann, bleibt angesichts der in letzter Zeit zu beobachtenden Reduzierung der Überlegungen zur Währungsunion auf das „Ob“ und das „Wann“ der ganzen Maßnahme freilich abzuwarten.

d) Wenn es um die Besicherung von Geldforderungen durch Grundpfandrechte geht, stößt man auf den ersten Blick auf das Problem der Vertragskontinuität, auf das aber, weil es sehr viel weiter greift, gesondert einzugehen ist. Eher eine Spezialfrage, auf die man gewissermaßen erst auf den zweiten Blick kommt, ist die künftige Handhabung des § 28 Satz 2 GBO, nach dem einzutragende Geldbeträge in inländischer Währung anzugeben sind. Aber dieses Gesetz ist überraschend modern: Der Bundesmini-

---

37 *Sixt* aaO. (Fn.7) m. Nachw. zur Kritik an dieser Einstellung.
38 *U.H. Schneider/Sünner* DB 1996, S. 817, („zweite“) Fn. 4.
39 Siehe den Bericht „aus den Parlamenten“ in DZWir 1997, 261 ff.

ster der Justiz kann eine Angabe in einer einheitlichen europäischen Währung, gegen die währungspolitische Bedenken nicht zu erheben sind, durch Rechtsverordnung zulassen. Man fragt sich sogar, ob er das während der Übergangszeit überhaupt tun muß oder ob nicht nach dem Stichtag automatisch die „eigenständige" Währung nach Wahl der Parteien auch in der Grundbucheintragung in DM oder in Euro denominiert werden kann. Überzeugte Europäer werden auch Bedenken dagegen haben, daß der Justizminister, der allerdings zu seiner Verordnung das Einverständnis des im Hinblick auf die Währungsunion über jeden Zweifel erhabenen derzeitigen Finanzministers braucht, vor Erlaß der betreffenden Regelung erst prüfen muß, ob gegen den Euro währungspolitische Bedenken bestehen. Man stelle sich einmal vor, was koalitionspolitisch geschähe, wenn der Bundesjustizminister solche Bedenken, wozu er den Finanzminister ja nicht benötigt, bejahen und für durchschlagend erachten würde und deshalb die Verordnung nicht erließe. Wahrscheinlich würde es also auch in diesem Bereich wieder darauf hinauslaufen, daß auch ohne entsprechende gesetzgeberische Schritte schon nach der lex lata für eine auf Euro lautende Verbindlichkeit eine DM-Hypothek bestellt werden kann und umgekehrt.

In einer anderen Frage ist noch stärkere Flexibilität gefragt. Wenn ein Akkreditiv sich auf eine in DM denominierte Leistung bezieht und die vorzulegenden Dokumente auf Euro lauten, mag man noch so sehr davon überzeugt sein, daß die Wahl der Denomination während der Übergangszeit frei bleiben muß; die Dokumentenstrenge und die damit verbundenen Anforderungen an den Formalismus bei der Prüfung durch die Banken[40] sollte auch der Euro-Gesetzgeber nicht durch seinen Spruch zu lockern versuchen, da er damit die beteiligten Unternehmen, insbesondere die Kreditinstitute, vor die bei diesen Geschäften durchaus kontraproduktive Notwendigkeit einer sorgfältigen Prüfung stellt, ob das europäische Recht das für das Geschäft maßgebliche nationale Recht in diesem Punkt überhaupt betrifft. Eine gesetzliche Regelung dieses Komplexes ist nicht gut vorstellbar, denkbar sind vielleicht von den Verbänden in grenzüberschreitender Kooperation unter den Teilnehmerländern auszuarbeitende Regelungen in den Vertragsformularen. Es wäre nicht das erste Mal, daß selbstgeschaffenes Recht der

40 Dazu näher *Kümpel*, Bank- und Kapitalmarktrecht, 1995, Rdnr. 7, 97 ff. Siehe auch *Fischer/Klanten* (ZBB) 1996, S. 5 f.; *Steuer*, FS für Claussen (1997) S. 552; *Pohl* WM 1997, S. 1186, 1189.

Wirtschaft trotz des Argwohns beamteter Juristen (Richter und Universitätsprofessoren) ihm gegenüber ein schwieriges Problem lieber zu 50% löst, als es ungelöst zu lassen.

III. Schwerpunkte der gegenwärtigen Diskussion

1. Auswirkungen der Währungsunion auf bestehende Verträge

Schwerpunkt der Schwerpunkte ist natürlich eigentlich die Frage, ob die Währungsunion überhaupt kommt und wie sie sich auf die Geldwertstabilität auswirkt.[41] Allen, denen dies zweifelhaft ist, dürfte es aber ein Bedürfnis sein, Verträge, die längere Zeit vor der Übergangsphase geschlossen sind, möglicherweise vor den in Madrid und Dublin getroffenen politischen Absprachen auf ihre weitere Geltung zu überprüfen, gegebenenfalls eine Beendigung oder substantielle Änderungen durchsetzen zu können. Dies ist nach dem derzeitigen Eindruck vom Stand des wissenschaftlichen Schrifttums die Frage, die die Juristen nicht nur in Deutschland am meisten beschäftigt, worüber sich auch die Kommission im klaren war.[42]

a) Nun wird man auch als deutscher Jurist nicht bestreiten können, daß Änderungen der Währung, der Wegfall währungsspezifischer Zinsunterschiede, die Verlagerung der Kompetenzen der Deutschen Bundesbank, die die Hüterin der DM war, auf die EZB, die möglicherweise eine andere Währungspolitik verfolgt und sich mit vielen Regierungen statt mit einer verständigen muß, Ereignisse sind, die nicht nur von fern wie eine Veränderung der Geschäftsgrundlage aussehen. Erst recht gilt dies für erhebliche Wertver-

---

41 Zu den Gefahren der monetären Integration aus wirtschaftswissenschaftlicher Sicht siehe die Überlegungen von *Duijm* auf dem Tübinger Symposium, zitiert nach *Sixt* aaO. (Fn. 7) S. 474, 478 ff.

42 AaO. (Fn. 8) Punkt 132. Dabei wußte die Kommission auch, daß in dieser Frage Unterschiede in den nationalen Rechtsordnungen zu berücksichtigen sein würden; auch im „Szenario von Madrid" erklärte der Rat, der Übergang zum Euro dürfe die Kontinuität der vertraglichen Rechtsverhältnisse nicht beeinträchtigen aaO. (Fn. 8) Ziff. 10. Zum Thema eingehend *Koch* ÖBA 1996, S. 9 ff.; *Oberlechner* ÖBA 1996, 933 ff.; *Fischer/Klanten,* aaO. (Fn. 40) S. 1 ff.; *Schefold* aaO. (Fn. 3) S. 12 ff. (dort auch Übersicht über die Reaktionen und Forderungen der Praxis und der Verbände); speziell zu den Auswirkungen auf derivative Geschäfte *Steuer*, aaO (Fn. 40) S. 527 ff.; *Pohl,* aaO (Fn. 40) S. 1185 ff.

schiebungen der „underlyings" bei Aktienkursderivatkontrakten sowie für die vielfach vorhergesagten nicht unerheblichen Zinsänderungen. Wer dies so sieht, wird es als eine Bevormundung des nationalen Privatrechts empfinden, wenn die Kommission im Grünbuch lapidar feststellte, der Übergang zur Währungsunion stelle weder im ökonomischen noch im rechtlichen Sinne eine tiefgreifende Änderung dar. Ziemlich genau dieser Weg, die Kontinuität der Verträge und der Bestimmungen in Verwaltungsakten, Gerichtsentscheidungen oder Rechtsvorschriften sozusagen par ordre du mufti zu verfügen und eine Schuldbefreiung oder Erfüllungsverweigerung auszuschließen, ist jetzt mit Art. 3 der am 20.6.1997 in Kraft getretenen Euro-Verordnung II[43] über „bestimmte Vorschriften im Zusammenhang mit der Einführung des Euro" gegangen worden. Da die Regelung sich ihrem Wortlaut nach u.a. direkt an die Parteien „rechtlicher Verpflichtungen" wendet, die nicht die Befugnis haben sollen, wegen der Einführung des Euro „ein Rechtsinstrument einseitig zu ändern oder zu beenden", zielt sie also auf materielle Rechtsverhältnisse ab. Im deutschen Recht will sie somit eine Vorschrift des BGB, etwa einen § 242 a, bilden, die bestimmt, daß die bei uns für solche Änderungen, wie sie durch eine Einführung einer neuen Währung eingreifen, wohl zuständige Geschäftsgrundlagenlehre[44] auf die jetzt vorgesehene Ersetzung der deutschen durch eine „eigenständige" und später die „einheitliche" europäische Währung nicht anzuwenden sei. Ich muß gestehen, daß ich mir die Einstellung der im allgemeinen gegenüber den Produkten heutiger Gesetzgebungskunst recht selbstbewußten deutschen Rechtsprechung zu einer solchen Vorschrift nur schwer vorstellen kann.

b) Problematisch ist bereits die Rechtsgrundlage einer solchen Verordnung. Art. 109 l Abs. 4 des EG-Vertrages befähigt den Rat, die unwiderruflich festen Kurse, zu denen die Währungen der Teilnehmerstaaten durch den Euro ersetzt werden, anzunehmen, wodurch dieser zu einer eigenständigen Währung werde. Weiter heißt es, der Rat treffe alle sonstigen Maßnahmen, die für die rasche Einführung der einheitlichen Währung erforderlich sind. Das ist von der systematischen Stellung der Norm im Vertrag her deutlich

---

43 AaO. Fn. 4.

44 Zur Geschäftsgrundlagenlehre, die in Deutschland und in Österreich (natürlich mit Unterschieden) angewendet wird, siehe *Oberlechner* aaO. (Fn. 42) S. 936 ff. Übersicht über die Lösungsansätze des englischen und französischen Rechts bei *Schefold* aaO. (Fn. 3) S. 14; *Oberlechner* ebenda S. 939.

eine währungsrechtliche Zuständigkeit.[45] Das, was mit Art. 3 der Euro-VO II angestrebt wird, ist dagegen eine privatrechtliche Norm, für die Art. 109 l als Rechtsgrundlage nicht paßt. Das Thema ist von der Kommission, die zunächst mehr an Lösungen durch die nationalen Gesetzgeber gedacht hatte, nicht vertieft worden. Das gilt auch für eine eventuelle Grundlegung der Regelung in Art. 235 des EG-Vertrages, der dem Rat auf Vorschlag der Kommission und nach Anhörung des Europäischen Parlaments gestattet, „die geeigneten Vorschriften" zu erlassen, wenn ein Tätigwerden der Gemeinschaft erforderlich erscheint, um im Rahmen des gemeinsamen Marktes eines ihrer Ziele zu verwirklichen. Diese Regelung ist unter der weiteren Voraussetzung möglich, daß im EG-Vertrag „die hierfür erforderlichen Befugnisse nicht vorgesehen" sind. Wenn man gewohnt ist, Regelungen über Ermächtigungsgrundlagen sorgfältig auszulegen, und wenn man sieht, daß der EG-Vertrag im allgemeinen Rechtssetzungskompetenzen in Bezug zu bestimmten Gemeinschaftszielen und -politiken setzt, so verbietet sich eine Interpretation des Art. 235, die jede im Vertrag nicht vorgesehene - aber zur Verwirklichung des gemeinsamen Marktes erforderlich erscheinende - Kompetenz quasi herbeizaubert.[46] Ob es tunlich ist, eine solche Regelung, wozu Art. 235 des EG-Vertrages zwingt, dem Parlament vorzulegen, kann daher dahinstehen.

Art. 100 a des EG-Vertrages schließlich, an den in diesem Zusammenhang auch gedacht wurde, betrifft allgemein Maßnahmen zur Angleichung der Rechts- und Verwaltungsvorschriften der Mitgliedstaaten, welche die Errichtung und das Funktionieren des Binnenmarktes zum Gegenstand haben. Im hier untersuchten Fall will der Verordnungsgeber aber nicht Vorschriften der Mitgliedstaaten angleichen, sondern sie, soweit sie Teilnehmerländer der Währungsunion sind, außer Kraft setzen und durch Einheitsrecht ersetzen. Das erscheint von der Rechtsgrundlage nicht gedeckt.

Die Erfindungskraft von Juristen ist - zumindest unter Juristen - anerkannt. In der europäischen und deutschen Verwaltung will man offenbar der Regelung durch die Verordnung nur „deklaratorischen" Charakter beilegen, ihr Gehalt ergebe sich bereits aus den zivilrechtlichen Regelungen der Mit-

---

45 *Schmidthuber* BörsZ v. 20.7.1996; *Sandrock* aaO. (Fn. 5) S. 11; in diesem Sinne wohl auch *Oberlechner* aaO. (Fn. 42) S. 941.

46 Skeptisch auch von *v. Borries/Repplinger-Hach* aaO. (Fn. 14) S. 496; dagegen wohl *Sixt*, aaO (Fn. 7) S. 428, 432.

gliedstaaten.[47] Das läßt gerade den deutschen Juristen aufhorchen, da unser Recht die Geschäftsgrundlagenlehre - sicher aus guten Gründen - nicht kodifiziert hat. Vor allem aber bleibt so das Problem ungelöst, das sich ergibt, wenn ein Gericht tatsächlich meinen sollte, ein Vertrag leide wegen der Einführung des Euro an einen Wegfall der Geschäftsgrundlage:[48] Hat dann das Gericht die „deklaratorische" Feststellung des Inhalts des deutschen Rechts durch die Verordnung der Gemeinschaft verkannt oder „deklariert" umgekehrt die Verordnung den Inhalt des deutschen Rechts falsch, was ja jedem einmal passieren kann?

Nun läßt sich die Verordnung auch nicht einfach ignorieren. Wenn man, wie es die Verordnung sieht, als Rechtsgrundlage Art. 109 l Abs. 4 EG-Vertrag nimmt, so handelt es sich um eine Maßnahme zur raschen Einführung der einheitlichen Währung, wodurch also das Währungsrecht der Teilnehmerländer und damit ihr Währungsstatut berührt wird. Das heißt, daß international-privatrechtlich nach dem Recht des Staates, der eine Währung schafft und anerkennt, auch zu beurteilen ist, welche Bedeutung diese Währung als Zahlungsmittel hat, ob Geldwertveränderungen zu Änderungen des Nominalwerts einer in dieser Währung denominierten Verbindlichkeit führen, ob Indexierungen zulässig sind, ferner, ob es einen festen Umrechnungskurs zu anderen Währungen geben soll und schließlich auch, ob diese Währung hinfort nur Untereinheit einer supra-nationalen sein oder ganz durch die letztere ersetzt werden soll.[49] Das Währungsstatut, also mit dem Inkrafttreten der Verordnung das nationale Recht der betreffenden EG-Staaten, bestimmt, ohne daß hierfür das auf einen Vertrag im übrigen anwendbare materielle Recht befragt zu werden braucht, die Modalitäten eines Wechsels der Währung, so daß die Parteien eines Rechtsverhältnisses nur in dem Rahmen, den die europäischen Verordnungen lassen, zwischen Erfüllung von Verbindlichkeiten in Euro oder nationaler Währung wählen können oder sich die neue Währung aufzwingen lassen müssen, wobei ihnen

47 *v. Borries/Repplinger-Hach* ebenda; siehe auch *Schefold* aaO. (Fn. 3) S. 14; zur diesbezüglichen Stellungnahme der Kommission auch *Oberlechner* aaO. (Fn. 31) S. 941.

48 Nach *v. Borries/Repplinger-Hach* aaO. (Fn. 14) läßt sich die Berufung auf die Geschäftsgrundlagenlehre vor einem deutschen Gericht durch die VO nicht ausschließen, siehe auch *Pohl* aaO (Fn. 40) S. 1185, 1188 für Währungsderivatgeschäfte.

49 Grundlegend *Mann*, The legal aspect of Money, 5. Aufl. 1992, S. 463; siehe ferner *Oberlechner* aaO. (Fn. 31) S. 934; *Steuer* aaO. (Fn. 40) S. 542 f.

auch der Umrechnungskurs zwingend vorgegeben werden kann;[50] dies ist das Prinzip des „rekurrenten Anschlusses“.[51] Ob aber eine danach vorgegebene Verpflichtung, in Euro oder in einem bestimmten Umrechnungsverhältnis von nationaler Währung zum Euro zu erfüllen, für den Vertrag und seine Durchführung eine grundlegende Änderung enthält, eventuell gar als Fall der Unmöglichkeit der Vertragserfüllung angesehen werden kann, gehört zum Schuldstatut und ist damit nach der international-privatrechtlichen Parteiautonomie zu beurteilen.[52] In das Schuldstatut kann die europäische Verordnung, wie gesagt, nicht eingreifen, und Art. 3 der Verordnung trägt dem auch dadurch Rechnung, daß er eine Anpassung oder Beseitigung eines bestehenden Vertrages wegen der Währungsänderungen nur vorbehaltlich etwaiger Parteivereinbarungen verbietet, was folgerichtig Anlaß gibt, intensiv über vertragliche Anpassungsregeln nachzudenken.[53]

c) Vielleicht werden die Dinge am Ende aber gar nicht so heiß gegessen. Wenn nämlich die Einführung des Euro eine Änderung der Geschäftsgrundlage theoretisch sein kann, insbesondere auch andere durch die Änderung der Währungseinheit ausgelösten Folgen, die es durchaus geben kann und die eingangs genannt wurden, so heißt dies zunächst doch nur, daß man sich auf die materiell-rechtliche Prüfung einlassen muß, ob Umstände eingetreten sind, die zu einer schwerwiegenden Äquivalenzstörung geführt haben, welche für die Parteien nicht vorhersehbar war und nicht in die vertragliche Risikosphäre einer der Parteien fällt.[54] Aber man wird angesichts der hohen Anforderungen, die jedenfalls im deutschen und im österreichischen, stärker noch im englischen Recht an die grundlegende Veränderung des Gleichgewichts und die Unvorhersehbarkeit dieser Entwicklung für die Parteien gestellt werden, nicht zu befürchten haben, daß auf diesem Weg das nationale Recht die Entscheidung des – durch Europarecht modifizierten – Währungsstatuts leichthin beiseite schiebt.

---

50 Siehe *Hahn* aaO. (Fn. 12) S. 382 f.; *Kegel*, Internationales Privatrecht, 6. Aufl. 1987, S. 738.

51 *Mann* aaO. (Fn. 49) S. 275 Fn. 9; *Steuer* aaO. (Fn. 40) S. 544.

52 *Sandrock* aaO. (Fn. 5) S. 11 f.; ähnlich *Oberlechner* aaO. (Fn. 31) S. 934 f.

53 Dazu zuletzt eingehend *Sandrock* aaO. (Fn. 5) S. 11 ff.

54 Zu diesen Maßstäben besonders *Oberlechner* aaO. (Fn. 31) S. 936, der entgegen *Koch* aaO. (Fn. 42) S. 12 die Möglichkeit schwerwiegender Äquivalenzstörungen in diesem Bereich nicht pauschal in Frage stellen will.

Eine solche Kollision von vornherein ganz auszuschließen, wäre auch noch aus einem anderen Grunde mißlich. Selbst wenn man nämlich davon ausginge, daß das Kontinuitätsgebot der Gemeinschaft über eine Verordnung Inhalt des nationalen materiellen Rechts der Teilnehmerländer wird, so wäre die international-privatrechtliche Parteiautonomie, die etwa auf schweizerisches oder US-amerikanisches Recht verweist, schwerlich ausgeschaltet.[55] Hier und erst recht bei Mitwirkung von Vertragspartnern aus Nicht-Teilnehmerländern ist keineswegs gesagt, daß die Frage, ob die Veränderung der Währung den Bestand eines Vertrages antastet, nicht nach dem Schuldstatut angeknüpft wird und sich stattdessen nach dem Währungsstatut richtet, welches als aus der völkerrechtlichen Souveränität abgeleiteter Ausdruck hoheitlicher Gewalt der international-privatrechtlichen Teilautonomie vorgehen würde.

Schließlich könnte man getreu der Regelung in Art. 3 der Verordnung noch prüfen, ob die Parteien sich durch Abschluß längerfristiger Verträge auf die Maßgeblichkeit der im Zeitpunkt der Fälligkeit ihrer Leistung geltenden Währung konkludent eingelassen haben. Das aber wird man zumindest bei den Deutschen, so wie ihre Einstellung zur DM und zum Euro derzeit gesehen wird, durchaus bezweifeln müssen. Auch können sich bei Abgrenzung des Währungs- vom Schuldstatut zahlreiche weitere kollisionsrechtliche und materiell-rechtliche Differenzierungen ergeben, die nicht alle durch eine Regelung wie die hier vorgesehene mit einem Schlag beseitegeschoben werden können. Im Ergebnis wird man sich also doch auf die Prüfung einlassen müssen, wie die nationalen Vertragsrechte auf die Einführung des Euro vermutlich reagieren werden.

Damit sind die gleichermaßen aus § 242 BGB abzuleitenden Rechtsinstitute der ergänzenden Vertragsauslegung und der Anpassung von Verträgen an Veränderungen der Geschäftsgrundlage angesprochen. In diesem Zusammenhang können nun nicht die Grundlagen der hier vorhandenen Anpassungsinstrumente diskutiert werden, es sind nur die folgenden allgemein anerkannten Prüfungselemente festzuhalten.

d) Eine ergänzende Vertragsauslegung setzt voraus, daß ein Vertrag gemessen an seinem Regelungsplan lückenhaft ist, d.h. eine Frage nicht regelt, die nach der grundsätzlichen Konzeption des Geschäfts durch die Vertragspartner hätte geregelt werden müssen oder von ihnen als geregelt

55 Auch hierzu *Sandrock* aaO. (Fn. 5) S. 12.

angesehen wurde. Eine so – bereits durch teleologische Auslegung – gefundene Lücke wird dann durch Ergänzung des Regelungskonzepts der Parteien geschlossen. Wenn man also prüfen muß, ob die Veränderungen der Währung in Verträgen zu Änderungen etwa des Verhältnisses von Leistung und Gegenleistung der Vertragsparteien, zu einem Kündigungs- oder Rücktrittsrecht einer Seite führen, oder ob einfach die neue Denomination die alte ersetzt, ist dies am wirtschaftlichen Gleichgewicht von Chancen und Risiken auszurichten, wie es die Parteien mit dem Vertrag schaffen wollten. Hierbei sind in erster Linie die getroffenen Vereinbarungen einschließlich etwaiger allgemeiner Regeln, Rahmenvereinbarungen oder Usancen heranzuziehen. Nun gibt es diese naturgemäß nicht allgemein, sondern durchweg nur bezogen auf bestimmte Geschäftstypen. Jedenfalls sind danach die in Anleihebedingungen, aber auch in langfristigen Kreditverträgen und bei standardisierten Börsengeschäften anzutreffenden sogenannten „Kontinuitätsklauseln" ein wirksames Hindernis gegenüber Änderungs- oder Kündigungswünschen einer Partei, wobei hier zur Inhaltskontrolle solcher Vereinbarungen, die – ebenfalls differenziert nach dem Schuldstatut – in Betracht kommen mag, nichts gesagt werden soll. Etwa in diesem Sinne wird im Schrifttum[56] auch geltend gemacht, daß bei nach deutschem Recht zu beurteilenden Finanztermingeschäften der hierfür geschlossene Rahmenvertrag, der eine Kündigung nur aus wichtigem Grund vorsieht, in dem Sinne zu verstehen sei, daß die in diesen Rahmen fallenden Einzelgeschäfte, sollten bei ihnen Störungen auftreten, keine Auswirkungen auf die in demselben Rahmen abgeschlossenen anderen Geschäfte und auf den Rahmenvertrag selbst haben, es sei denn, die Störung hat so viel Gewicht, daß sie über die Abwicklung eines Einzelgeschäfts hinausgeht. Dies könnte etwa sein, wenn aufgrund der Veränderungen die Erfüllungsfähigkeit eines Vertragspartners ausgeschlossen erscheint. Nicht immer wird man allerdings auf konkrete und ziemlich präzise Regelungen wie den Rahmenvertrag zurückgreifen können, um das Gestaltungskonzept der Parteien, welches zur Ermittlung von Vertragslücken bekannt sein muß, und den für die Lückenfüllung zu ermittelnden hypothetischen Parteiwillen festzustellen. Häufiger wird man zu überlegen haben, ob eine Partei das Risiko einer Änderung der tatsächlichen Verhältnisse nach den ausdrücklich oder schlüssig getroffenen Abreden zu

56 *Steuer* aaO. (Fn. 40) S. 545 f.

tragen haben soll; danach richtet sich dann sowohl die Feststellung als auch die Schließung einer Lücke.

Bei der Anwendung der Lehre vom Fortfall der Geschäftsgrundlage ist dies, wie bereits gesagt, die entscheidende Frage. Bekanntlich geht es hier nicht nur um die Bedeutung der Existenz oder des Fortbestandes gewisser tatsächlicher Umstände für die Gerechtigkeitsgewähr des Vertrages, die in dem privatautonom gefundenen Ausgleich von Leistung und Gegenleistung liegt, sondern nach einer solchen Feststellung der objektiven oder subjektiven Geschäftsgrundlage ist ausschlaggebend, ob nach dem Vertrag, was notfalls wiederum durch Auslegung zu ermitteln ist, eine Partei das Risiko bestimmter Veränderungen der Geschäftsgrundlage übernommen hat. Es führt dann aber nicht weiter, einfach generell nach Kontinuität oder Änderbarkeit von Verträgen bzw. was die Praxis besonders und verständlicherweise scheut, nach einer Pflicht zur Neuverhandlung[57] zu fragen; dies kann nur unter konkreter Prüfung der Umstände bei verschiedenen Geschäftstypen geschehen, da die Verteilung von Chancen und Risiken gerade im Hinblick auf Änderungen der Denomination oder auch sogar schon „der Währung" nicht überall dieselbe sein wird.

2. Folgerungen für bestimmte Vertragstypen

Niemand wird erwarten, daß eine Konkretisierung der im vorigen angestellten allgemeinen Überlegungen nur in bezug auf alle oder auch nur auf die wichtigsten langfristigen Verträge oder Bankverträge geschieht. Es sollten nur einige herausgegriffen werden, wobei das Auswahlprinzip nur deshalb nicht ganz willkürlich ist, weil bei den Punkten, die behandelt werden, sehr wirkungsvoll auf literarische Vorarbeiten anderer Autoren zurückgegriffen werden kann.

a) Was die Rechtslage bei Schuldverschreibungen betrifft, so empfiehlt es sich zunächst, den Umfang einer möglichen Anwendung etwa zur Vertragsänderung führender rechtlicher Instrumente abzustecken. Bei Anleihen der öffentlichen Hand ist in dem erwähnten Szenario von Madrid daran gedacht, daß die Mitgliedstaaten nach Beginn der Übergangsphase neue Emissionen nurmehr in Euro vornehmen und im übrigen Regelungen erlas-

---

57 Hierzu eingehend *Horn* AcP 181 (1981) S. 255 f.; *Eidenmüller* ZIP 1995, S. 1063.

sen, nach denen vor diesem Zeitpunkt emittierte Obligationen vorzeitig auf den Euro umgestellt werden.[58] Bei Schuldverschreibungen privater Emittenten, die auf DM lauten, muß die Umrechnung auf Euro nicht schon mit Beginn der Übergangszeit, wohl aber zum 1.1.2002 erfolgen,[59] was zunächst, da die Umrechnungskurse feststehen, nur ein technisches Problem zu sein scheint. Nun ist nicht auszuschließen, daß sich zunächst aufgrund der Veränderungen der Zentralbankpolitik und möglicherweise auch der Einstellung der internationalen Märkte zur europäischen Währung das Zinsniveau gegenüber dem für eine Anleihe früher maßgeblichen nationalen Markt verändert; das wäre eine Art „Risikoprämie für den Euro". Dies ist aber, solange es sich dabei nicht nur um besonders heftige Ausschläge zur einen oder anderen Seite handelt, auch heute schon keine unvorhersehbare Entwicklung,[60] so daß keine Partei sich deswegen auf Veränderung der Geschäftsgrundlage sollte berufen dürfen, und es hat ja auch schon immer gewisse Schwankungen im allgemeinen Zinsniveau gegeben, besonders wenn ausländische Entwicklungen mit zu den maßgeblichen Umständen gehören. Wenn eine Anleihe rechtzeitig auf Euro umgestellt ist, was möglich ist, und wenn die zu zahlenden Beträge den Gegenstand eines Swap-Geschäfts bilden, so kann der Zahlungsempfänger, wenn ihm - was zwar nur unbar möglich ist, aber in der Praxis nichts ausmachen wird - jetzt Euro gezahlt werden, diesen Betrag in die im Swap-Geschäft vorgesehene nationale Währung umtauschen. Die Geschäftsgrundlage derartiger Verträge dürfte dadurch nicht berührt werden. Dies kommt aber in Betracht bei den hier schon angedeuteten erheblichen Verschiebungen der Werte von „underlyings".

Bei Kreditverträgen sind ähnliche Überlegungen anzustellen,[61] sowohl für die Umstellung der Denomination als auch für die Änderungen des Zinsniveaus. Zu erwähnen ist allerdings, daß die Kommission, die bekanntlich ein Faible für den Verbraucherschutz hat, die Einführung eines besonderen Kündigungsrechts für Verbraucher bei für sie nachteiligen Veränderungen des Zinsniveaus erwägt,[62] was aber in Deutschland angesichts des das

---

58 Siehe oben bei Fn. 23.

59 *Fischer/Klanten* aaO. (Fn. 40) S. 6 f.

60 Ähnlich *Fischer/Klanten* ebenda; siehe auch *Oberlechner* aaO. (Fn. 31) S. 939.

61 *Fischer/Klanten* aaO. (Fn. 40) S. 4 ff.

62 Bericht zur Verbraucherkreditlinie (87/102/EWG v. 22.12.1986) ABl Nr. L 42/48 v.12.12.1987.

öffentliche Gewissen anscheinend einigermaßen beruhigenden § 609 a BGB kaum große praktische Bedeutung erlangen wird. Immerhin hat aber vor noch nicht langer Zeit der BGH zugunsten eines Schuldners, der nach einer darlehensweisen Überlassung des Erlöses aus dem Verkauf von Aktien das Darlehen durch Zahlung des zur Wiederbeschaffung der Aktien nötigen Betrages zurückzugewähren hatte, eine ruinöse Kurssteigerung als schwere Äquivalenzstörung im Sinne der Lehre vom Fortfall der Geschäftsgrundlage gelten lassen.[63]

Ein Schreckensszenario für Anleihen und Kreditverträge erwächst aber aus der Vorstellung - die ein einfacher Zivilrechtler, der europäische Vorgänge nicht durchschaut geschweige denn zu beeinflussen vermag, kaum auszusprechen wagt -, es könnte eine Vertragspartei in Deutschland eines Tages der Meinung sein, der Umrechnungskurs von DM in Euro sei aus irgendwelchen, vielleicht politischen, Gründen ganz falsch festgesetzt worden. Das haben die Deutschen vor noch gar nicht lange zurückliegender Zeit schon einmal erlebt, und die in der Öffentlichkeit deutlichen Vorbehalte gegen den Euro, die entsprechenden Zutrauenskundgebungen zur DM und das geringe Vertrauen in die Durchsetzungsfähigkeit der Bundesregierung auf europäischer Ebene würden es gar nicht verwunderlich erscheinen lassen, wenn an dieser Stelle Klagen erhoben würden. Dem wäre gegebenenfalls mit Hinweis auf die Vorhersehbarkeit solcher Entwicklungen und auf die vertragliche Risikoübernahme durch eine Vertragspartei nicht beizukommen, und daß eine nach Ansicht eines Gerichts krasse Fehlentscheidung über den Umrechnungskurs, auch wenn sie durch eine supra-nationale Instanz getroffen wäre, keinen Grundlagenbezug in privatrechtlichen Verträgen hätte, wird man jedenfalls nach den gängigen Definitionen der Geschäftsgrundlage nicht annehmen können. Auch daß währungsrechtliche Prinzipien, wie der zwar nicht in den bisherigen Regelungen verankerte, aber von der zentralen Wirtschafts- und Währungspolitik wohl mit Selbstverständlichkeit zu verfolgende Grundsatz „Euro gleich Euro" den Respekt vor der Umrechnungsentscheidung begründen oder diese gar als unangreifbar erscheinen lassen könnte, ist wenig wahrscheinlich, denn bis zu dieser Entscheidung ist nun einmal DM nicht gleich Euro. Man sollte auch hier die möglichen Entwicklungen nicht zu düster malen, muß aber auch daran erinnern, daß das deutsche BVerfG die Erwartung, daß die Währungspolitik nach

63 BGH DB 1993, S. 448; zu dem Urteil auch *Pohl* aaO. (Fn. 40) S. 1189.

Beginn der Währungsunion auf Stabilitätskriterien ausgerichtet sein werde, gewissermaßen als völkerrechtliche Geschäftsgrundlage des Maastricht-Vertrages angesehen hat.[64]

b) Die schwere Durchschaubarkeit von Chancen und Risiken bei den außerbörslichen Finanztermingeschäften oder OTC-Derivaten erschwert es zusätzlich, zum Problem der Vertragskontinuität auf diesem speziellen Sektor Stellung zu nehmen. Es kommt hinzu, daß die Verträge verbreitet dem englischen Recht oder dem des Staates New York unterliegen,[65] so daß der Geltungsanspruch des von der Kommission befürworteten Kontinuitätsdenkens von vornherein begrenzt ist. Auch für diesen Bereich werden die Folgen einer Umstellung der Denomination nicht allein nach dem Währungsstatut, der lex monetae, beurteilt, so daß kraft internationalem Privatrecht auch eine andere als die deutsche Rechtsordnung berufen sein kann, die ihrerseits durchaus statt auf das Währungsstatut auf nationales Privatrecht verweist.

Vor diesem Hintergrund wird im Schrifttum geltend gemacht, mit Ersetzung der nationalen Währungen durch den Euro als der endgültigen einheitlichen Währung, also ab 1.1.2002, sei kraft Währungsrecht nur noch die neuere Denomination maßgeblich, so daß nur noch in Euro gezahlt werden könne; insbesondere bedeutet die Umstellung keine Unmöglichkeit der Erfüllung dennoch auf nationale Währung lautender Verbindlichkeiten.[66] Ein solcher Fall von Leistungsstörung kann aber eintreten, wenn sich eine Option oder ein Wertpapierpensionsgeschäft auf Aktien einer bestimmten Denomination bezieht, die es bei Fälligkeit nicht mehr gibt.[67] Allerdings sind dann auch Regelungen der Geschäftsbedingungen zu beachten, die es gestatten, Optionen auf Aktien inhaltlich zu ändern, wenn dies nötig ist, um etwa die Zahl der für die Erfüllung gebrauchten Aktien zu erhöhen. Ob man allerdings im Wege der ergänzenden Vertragsauslegung eine Pflicht annehmen kann, anstelle eines ursprünglich auf DM lautenden Wertpapiers das umgewandelte Euro-Papier zu liefern, wird dann höchst zweifelhaft, wenn – was niemand ganz ausschließen kann – der Markt Euro-Wertpapieren anfangs oder auch längerdauernd Mißtrauen entgegenbringt, das sich in der

64 Oben Fn. 7.

65 Dazu im einzelnen *Steuer* aaO. (Fn. 40) S. 528 f. m. Nachw. aus den Verbandsvereinbarungen und Geschäftsbedingungen.

66 Im einzelnen begründet bei *Pohl* aaO. (Fn. 40) S. 1186 f.

67 Dazu *Steuer* aaO. (Fn. 40) S. 548 ff., 551 f.

Bewertung deutlich niederschlägt. Auch daß der Gläubiger insoweit stets das Risiko zu tragen hätte, so daß ein Wegfall der Geschäftsgrundlage ausschiede, wird man nicht mit Anspruch auf generelle Gültigkeit behaupten können.

Wieder anders ist die Rechtslage, wenn ein Geschäft in Derivaten, etwa ein Währungs-Swap, den Zweck hatte, eine Vertragspartei gegen Währungsschwankungen zu sichern.[68] Dieses Risiko vermindert sich erheblich, wenn die aus dem Geschäft erwachsenden beiderseitigen Zahlungsverbindlichkeiten nunmehr auf Euro lauten bzw. in dieser Denomination erfüllt werden können, also bereits nach Beginn der Übergangszeit. Dann, so könnte man meinen, entfalle der Sinn des Vertrages. Dem steht allerdings entgegen, daß etwa der in einem Swap liegende doppelte Devisenkauf auch dazu bestimmt gewesen sein kann, wechselseitige Zahlungspflichten auf Terminebene leichter erfüllen zu können oder sich Zugang zu anderen Kapitalmärkten zu verschaffen.[69] Trotz Gleichheit der beiden betroffenen Verpflichtungen im Hinblick auf die Denomination kann durch einen solchen Kontrakt noch ein anderes Risiko abgefangen sein, nämlich, daß der nunmehr feststehende und nicht mehr variable Umrechnungskurs von dem von den Parteien vereinbarten Kursverhältnis abweicht. Auch können die Parteien Zinsänderungen ins Auge gefaßt haben, gegen die weiterhin eine Sicherheit soll eingesetzt werden können. Dies alles tritt womöglich akzentuiert auf, wenn im Zuge von „hedging"-Strategien gegenläufige Geschäfte miteinander gekoppelt sind.[70] In allen diesen Fällen wird die Vernichtung des Geschäfts wegen Unmöglichkeit, die auf den Gedanken der Zweckerreichung zu stützen wäre, nicht ohne weiteres angenommen werden können. Die dennoch nicht ganz auszuschließende Anwendbarkeit der Geschäftsgrundlagenlehre ist aber nicht auf breiter Front zu befürchten, da derartige Geschäfte mit einer nicht unerheblichen Zahl von unbekannten Größen operieren, mit deren Veränderung gegenüber der Zeit des Vertragsschlusses immer gerechnet werden mußte. Auch wird in Einzelfällen zu berücksichtigen sein, daß Derivatgeschäfte ausgesprochenen Spekulationscharakter haben können, was dann die Anwendung der Geschäftsgrundlagenlehre ausschließt. Insgesamt ist

68 Hierzu und zum folgenden *Pohl* aaO. (Fn. 40) S. 1186; *Fischer/Klanten* aaO. (Fn. 40) S. 9; *Steuer* aaO. (Fn. 40) S. 552 f.

69 Dazu *Pohl* ebenda.

70 Auch dazu *Pohl* aaO. (Fn. 40) S. 1189.

daher die Gefahr, daß zahlreiche oder alle hierher gehörenden Geschäfte nächstens neu verhandelt werden müssen, nicht allzu groß.[71]

c) Von den Vertragsinhalten her gesehen, scheint dies bei solchen Geschäften näherzuliegen, die sich auf einen Referenzzinssatz beziehen, der mit dem Eintreten in die Übergangszeit oder einige Zeit danach wegfällt.[72] Freilich ist auch hier zu differenzieren.

Wenn bei einem Kredit, etwa einem roll-over-Euro-Kredit, ähnlich bei Zinssatzbegrenzungsgeschäften wie Cap, Floor und Collar, eine laufende Anpassung des Zinssatzes an den Libor oder Fibor als Referenzzinssatz vereinbart ist, wobei während der Vertragsdauer noch unterschiedliche Zinsperioden festgelegt sein können, so wird die Einführung des Euro vermutlich nicht sofort, aber doch nach einiger Zeit zu einer stärkeren Berücksichtigung der neuen Denomination führen, ohne daß heute schon zu übersehen ist, ob die Referenzzinssätze noch in nationaler Währung festgestellt werden. Die Ansichten darüber gehen offenbar auseinander. Möglicherweise werden an den betreffenden Finanzplätzen London und Frankfurt alsbald Referenzzinssätze in Euro als Anhaltspunkte für den drei- oder sechsmonatigen Interbankenzins benannt.[73] Das würde, da dann der allgemein geltende Umrechnungskurs bekannt ist, ein Urteil darüber erlauben, ob die Ausrichtung der Zinsen an dem neuen Referenzzinssatz im Zuge einer ergänzenden Vertragsauslegung als von den Parteien vernünftigerweise gewollt angesehen werden kann, wofür im Schrifttum plädiert wird,[74] oder ob die hierdurch eingetretene Änderung das von den Parteien vereinbarte Gleichgewicht der Vor- und Nachteile eines variablen Zinssatzes so entscheidend verändern wird, daß von einem Fortfall der Geschäftsgrundlage die Rede sein kann. Im Augenblick scheinen hierüber endgültige, in eine noch ungewisse Zukunft hinein wirkende Aussagen verfrüht. Im übrigen kommen auch hier wieder bei einigen Geschäftstypen Kontinuitätsklauseln als Lösung in Frage.

---

71 Ebenso *Oberlechner* aaO. (Fn. 42) S. 937 für die Frage, ob der Wegfall einer Währung für den Schuldner eine nicht zu vertretende Unmöglichkeit darstellen könne.

72 Zum folgenden wiederum *Pohl* aaO. (Fn. 40) S. 1192 ff.; *Steuer* aaO. (Fn. 40) S. 550; *Koch* ÖBA 1996, S. 9, 14 ff.

73 Für einen in London anzuwendenden „Euro-Libor“ *Fischer/Klanten*, Die Sparkasse 1997, S. 35, 38; *Schwung* WiB 1997, S. 115, 116 f.; zu den Zinssatzbegrenzungsgeschäften auch *Steuer* aaO. (Fn. 40) S. 536.

74 Näher *Pohl* aaO. (Fn. 40) S. 1191.

Während Libor und Fibor möglicherweise ersetzt werden, wird der „Diskontsatz" der Deutschen Bundesbank (§§ 15, 33 BBankG) und damit die hierauf gestützte Politik entfallen, eine entsprechende Änderung des BBankG ist vorgesehen.[75] Das ist für laufende Verträge, die für den Vertrags- oder auch Verzugszins auf den Diskontsatz verweisen, mit einiger Sicherheit eine unvorhergesehene Veränderung, die auch nicht als unrichtig abgetan werden kann, weil die problemlose Berechenbarkeit des konkret geschuldeten Zinses, solange nicht eine Ersatzgröße festliegt, entfällt. Eine entsprechende schlüssige Risikoübernahme seitens einer Partei wird man nicht immer bejahen können, wenn auch auf Seiten der Banken seit längerem die Unsicherheiten der Refinanzierbarkeit auf der Grundlage einer an den Diskont- oder auch andere Referenzzinssätze gebundenen Vereinbarung bekannt sein dürften.[76] Soweit es sich um den Verzugszins handelt, bleibt dem Gläubiger im übrigen eine konkrete Schadensberechnung möglich. Allerdings ist eine Prognose bezüglich der Ergebnisse einer ergänzenden Vertragsauslegung hier noch schwieriger, weil die auf den Diskont- als Referenzzinssatz bezogenen Verträge nicht nur unter Banken, sondern häufig auch unter Privatleuten und ohne eine den Referenzzinssatz betreffende Vertragsverhandlung geschlossen werden. Für einen Wegfall der Geschäftsgrundlage wird diese Entwicklung vielleicht nicht typischerweise ausreichen, die mit einer Bezugnahme auf den Diskontsatz verfolgten Zwecke können aber im Einzelfall sicher ein entsprechend starkes Gewicht beanspruchen. Eine andere Frage ist, ob die Gefahr des Wegfalls der Refinanzierungsmöglichkeit durch das Diskontgeschäft und damit eines der wichtigsten Kreditschöpfungsmittel für die mittelständische Wirtschaft nicht zumindest aus deutscher Sicht dazu zwingen wird, möglichst bald einen Weg zur Rediskontierung auch bei der EZB zu schaffen, was nicht ausgeschlossen erscheint.[77] Deshalb ist es auch zu begrüßen, daß nach dem Begleittext zum Referentenentwurf eines Gesetzes zur Umstellung des Gesellschaftsrechts auf den Euro, der im Mai 1997 veröffentlicht wurde,[78] im Ministerium geprüft wird, auf welche Weise der Diskontsatz unter dem Regime der EZB

75 Entwurf eines sechsten Gesetzes zur Änderung des BBankG v. 22.4.1997, BT-Drucks 13/7493 S. 3 Abs. 1 Nr. 5.

76 Dazu näher *Koch* aaO. (Fn. 42) S. 96.

77 Siehe dazu Art. 12.1. Satz 2 der Satzung der EZB, der unter den Instrumenten der Geldpolitik auch die Festsetzung eines Leitzinses erwähnt.

78 Schreiben v. 23. Mai 1997, Geschäftszeichen III Az-3505/6-32 2117/96, S. 7.

ersetzt werden kann. Diese Bemerkung bezieht sich zwar dort nur auf gesellschaftsrechtliche Vorschriften (wie die §§ 305, 320 b AktG, § 15 b UmwG), sie würde aber, wenn ein Äquivalent gefunden wird, vielleicht auch die Ergänzung längerfristig laufender privater Verträge ermöglichen und ist mit Rücksicht auf den Diskontkredit dringend notwendig.

3. Gesellschaftsrechtliche Fragen

Das Gesellschaftsrecht, im wesentlichen das Kapitalgesellschaftsrecht, steht so oft im Mittelpunkt von Reformforderungen, die aus der Unzufriedenheit mit seiner Handhabung vor allem durch die Gesellschaftsorgane herrühren, daß Änderungswünsche, die die Praxis aus einer von außen kommenden Neuentwicklung wie der Währungsunion ableitete, einmal ganz emotionslos betrachtet werden können. Vieles, was hier zu besprechen ist, scheint nur technische Details zu betreffen, in einigen Punkten sind aber auch hier Grundsatzpositionen angesprochen. Im übrigen betreffen Änderungsnotwendigkeiten nicht nur Regelungen des AktG, die auf den Euro umzustellen der vorhin erwähnte Referentenentwurf[79] unternimmt, sondern auch die Anpassung von Satzungen bestehender Gesellschaften an die neue Lage. Daß, wie im wissenschaftlichen Schrifttum bereits dargelegt worden ist,[80] auch einige europäische Richtlinien geändert werden müssen, soweit sie an europäische Rechnungseinheiten anknüpfen, etwa die Kapitalrichtlinie und die Jahresabschluß-Richtlinie, kann hier nur am Rande erwähnt werden.

a) Im Vordergrund aller Überlegungen stehen die §§ 6, 8 AktG, die bestimmen, daß das Grundkapital und die Aktien auf einen Betrag in DM lauten müssen. Übersetzt man diese Vorschrift, was das Grundkapital betrifft, einfach in Euro, würde auf der Grundlage des gegenwärtig vermuteten Umrechnungskurses der Mindestnennbetrag des Kapitals auf 52.910,05 Euro gestellt werden, der Mindestnennbetrag einer Aktie würde 2,6455 Euro ausmachen.[81] Entsprechend „krumme“ Zahlen würden sich bei bisher höhe-

---

79 Referentenentwurf eines Gesetzes zur Umstellung des Gesellschaftsrechts auf den Euro (EuroGUG) v. 20.5.1997, BMJ III A 2 (mit ausführlicher Begründung), ZIP 1997, S. 1259 ff. Siehe neuerdings den Entwurf des (Artikel-)Gesetzes zur Einführung des Euro (EuroEG), BR-Drucks. 725/97 v. 26.9.1997.

80 *U.H. Schneider/Sünner* DB 1996, S. 817, 818.

81 Zum Zahlenwerk *U.H. Schneider/Sünner* ebenda; *König* EWS 1996, S. 156 ff.; *Schröer* ZIP 1997, S. 221 ff.

ren Aktiennennbeträgen ergeben. Eine analoge Umrechnung müßte für § 95 AktG mit Blick auf die Bestimmung der personellen Stärke des Aufsichtsrats, für §§ 103, 120, 122 AktG und andere Regelungen der Antragsbefugnis, ebenso für § 254 Abs. 2 AktG wegen der Grenze für die Anfechtungsbefugnis von Aktionären erfolgen.

Dies sind aber keine nennenswerten Probleme im Vergleich zu dem Umstand, daß Rundungen in den Euro-Beträgen, die man wegen der Verbriefung und der Handelbarkeit der Rechte wohl vornehmen muß, Diskrepanzen zwischen dem in Euro umgerechneten Grundkapital und dem - mathematisch gesprochen - Produkt der Aktien und ihren Nennbeträgen ergeben müssen. Geht man von einem Umrechnungskurs von 1,94 DM für den Euro aus, so beläuft sich das Grundkapital einer Gesellschaft, das bisher 1 Mrd. DM betrug, künftig auf 515.463.917,53 Euro, was eindrucksvoll genug klingt, aber seine Brisanz erst erhält, wenn man davon ausgeht, daß das Kapital auf 200 Mio. Aktien zu je 5 DM verteilt ist, die - zusammengenommen und mit demselben Faktor in Euro umgerechnet - das Grundkapital nun auf 516 Mio. Euro stellen würde, so daß bereits eine Differenz entsteht. Die Berechnung, die von der Wertkontinuität noch nicht allzuweit abweichen mag, stellt sich kaum befriedigender dar, wenn man eine Rundung auf vier oder mehr Stellen nach dem Komma vornimmt. In keinem Fall läßt sich nämlich verhindern, daß der Aktionär nach der Umrechnungsoperation nicht mehr genau den ihm zustehenden Nennwert erhält. Was das bei dem manche Hauptversammlung erlebenden Typ des Aktionärs bedeuten kann, auch wenn man hoffen mag, daß die Instanzgerichte seine Wünsche souverän nach dem Satz „minima non curat praetor“ einordnen werden, ist nicht schwer vorzustellen. Abgesehen davon ist natürlich nach gegenwärtigem Recht, wenn man nur die Denomination ändert, ein Betrag des Grundkapitals, welcher nicht auf eine volle Euro-Summe lautet, ebenso unzulässig wie ein Nennbetrag einer Aktie und einem Euro.

Im Schrifttum sind eine Reihe von Verfahren erwogen worden, dieses Problems Herr zu werden, wobei in allen Fällen gesetzliche Regelungen vorgeschlagen werden, die eine Umstellung des Mindestnennbetrages des Grundkapitals und der Aktien im Auge haben, aber bis zur Einführung der sogenannten „unechten nennwertlosen Aktie“ reichen.[82] Damit würden

82 *U.H. Schneider/Sünner* aaO. (Fn. 8) S. 818 f.; zur Einführung der nennwertlosen Aktie besonders *Schröer* aaO.; schon vorher dazu *Eberstadt* WM 1995,

natürlich mehrere Fliegen mit einer Klappe geschlagen, was aber kein Nachteil sein muß. Dieser Vorschlag ist auch vom Bundesministerium der Justiz aufgegriffen worden, das am 20.6.1997 einen „Diskussionsentwurf zur Einführung der Aktie ohne Nennbetrag (Stückaktie)" vorgelegt hat.[83] Man versteht darunter eine Aktie, die nicht mehr auf einen Nennbetrag lautet, aber wie die herkömmliche Nennbetragsaktie einen Anteil am Grundkapital verkörpert, der sich nach der Zahl der ausgegebenen Aktien bestimmen soll. Der Entwurf hofft, damit die Grundsätze der Kapitalaufbringung und -erhaltung nicht zu gefährden, was der echten nennwertlosen Aktie nachgesagt wird. Diese Neuerung, die nur mittelbar mit der bevorstehenden Währungsunion zusammenhängt, kann hier nicht nebenbei diskutiert werden. Die übrigen derzeit vorliegenden Vorschläge, die teilweise den oben[84] erwähnten Entwurf beeinflußt haben, lassen sich trotz ihrer Unterschiedlichkeit wie folgt zusammenfassen.

Bleibt man dabei, daß Stammkapital und Aktiennennwert in Euro so behandelt werden müssen wie jetzt in DM, so müssen aus Euro-Bruchteilen runde Beträge gemacht werden. Das könnte durch einen Handel in Spitzen geschehen, wobei über den geltenden § 71 AktG hinaus die Gesellschaft in den Stand gesetzt werden müßte, Teilrechte zu erwerben.[85] Die Belastungen, die ein solcher Ausgleich für das Bankensystem bedeuten würde, dürften erheblich sein. Ein anderer Vorschlag sieht eine Rundung des Stammkapitals durch eine Kapitalerhöhung aus Gesellschaftsmitteln vor, wobei natürlich unterstellt wird, daß die nötigen Rücklagen vorhanden sind.[86] Wieder anders, wenn die Rundung durch eine Kapitalherabsetzung erreicht würde, die meist nur in begrenztem Umfang nötig wäre, aber selbstverständlich dort ausscheidet, wo das Stammkapital gerade die gesetzliche Mindesthöhe erreicht. Auch die Schwierigkeiten, die sich ergeben, wenn die Gesellschaft bisher Aktien im Nennbetrag von 5 DM sowie von 50 DM ausgegeben hat, erscheinen auf einem dieser Wege lösbar. Dennoch ist der Aufwand stets beträchtlich. Dies und das Für und Wider der verschiedenen Vorschläge

---

S. 1797, ZIP Aktuell 1997 A 58, 148. Siehe neuerdings den Entwurf des EuroEG (Fn. 79 mwN.).

83 Geschäftszeichen III A 2-3505-22-32 1194/97.

84 Siehe Fn. 78.

85 Dazu näher *U.H. Schneider/Sünner* aaO. (Fn. 80) S. 821.

86 Auch hierzu und zum folgenden *U.H. Schneider/Sünner* ebenda; *Schröer* aaO. (Fn. 81) S. 222.

kann wahrscheinlich am besten anhand einer Diskussion des erwähnten Entwurfs des Bundesjustizministeriums erörtert werden.

Der Entwurf entscheidet sich für das Modell einer Ersetzung der bisher verwendeten glatten DM-Beträge durch ebenfalls glatte Euro-Beträge, wobei von vornherein die in Euro ausgedrückte Betragszahl gegenüber der Denomination in DM zu halbieren ist. Da man von einem Umrechnungskurs von knapp 2 DM für 1 Euro ausgeht, ist der Unterschied der Nennbeträge nicht hoch und die Gesamtdimension der Operation verringert sich auch dadurch, daß der Mindestnennbetrag pro Aktie von derzeit 5 DM auf 1 Euro herabgesetzt werden soll. Als Glättungsmethode sieht der Entwurf die Kapitalerhöhung aus Gesellschaftsmitteln oder die Kapitalherabsetzung vor, wobei vorgerechnet wird, daß bei Aktien mit (derzeit) höheren Nennbeträgen, etwa einer 50-DM-Aktie, der Kapitaländerungsbedarf geringer ist, da im Beispiel bei einem angenommenen Umrechnungskurs von 1,90 DM für 1 Euro nur eine Erhöhung um 2,58 % erforderlich wäre, um eine dieser DM-Aktien auf 27 Aktien zu je 1 Euro umzustellen. So einfach wird die Operation freilich nicht immer ablaufen können; vielmehr kann es vorkommen, daß erhebliche umwandlungsfähige Rücklagen eingesetzt werden müssen, die eigentlich nicht für diesen Zweck bestimmt waren und möglicherweise auch unter unternehmerischen Gesichtspunkten nicht unbedenklich verfügbar sind.[87] Eine Lösung über die Zusammenlegung von Aktien hat erhebliche Änderungen in zahlreichen Bilanzpositionen zur Folge,[88] ist also auch nicht ideal. Zuzustimmen ist aber der Grundtendenz des Entwurfs zu einer Lösung nach Wahl der Gesellschaft unter Berücksichtigung aller Umstände des konkreten Einzelfalles; auch sieht sich der Entwurf zu Recht im Trend der weiteren Herabsetzung des Nennbetrages der Aktien.

b) Die für das deutsche Aktienrecht nicht unbedingt selbstverständliche Einräumung von Entscheidungsspielräumen gilt auch für das Verfahren und für die vorgesehene Übergangsregelung.

Was das Verfahren anbelangt, so sollen die Kapitalmaßnahmen grundsätzlich mit einfacher Mehrheit beschlossen werden können, was immerhin die Frage aufwirft, wie es weitergehen soll, wenn nicht einmal eine solche zustandekommt. Bei kleineren Aktiengesellschaften und bei GmbHs mit einem kleineren Gesellschafterkreis könnte man, so heißt es weiter, auch zu

---

87 *König* aaO. (Fn. 80) S. 157.

88 Auch dazu *König* ebenda.

einer ganz geringfügigen Erhöhung des Kapitals mit anschließender völliger Neu-Stückelung der Anteile greifen, wenn alle Gesellschafter einverstanden sind. Probleme, die mit diesem Erfordernis zusammenhängen, mögen durch die in letzter Zeit für zahlreiche Fragen aktualisierte Treupflicht im Zusammenhang mit Kapitalmaßnahmen gelöst werden können, wie es schon aus der Zeit der Anpassung des GmbH-Stammkapitals an die neue gesetzliche Mindesthöhe bekannt ist,[89] nur daß bei großen Gesellschaften möglicherweise die Treupflicht eines Kleinstaktionärs, deren Existenz ja das Girmes-Urteil des BGH bestätigt hat,[90] in verhältnismäßig komplizierten Verfahren durchgesetzt werden muß.

Der Entwurf sucht allerdings den zeitlichen Druck von den Gesellschaften zu nehmen, wenn sie ihn nicht freiwillig selber erzeugen. Zwar müssen die gesetzlichen Regelungen, die es erlauben, den hier angedeuteten Weg zu gehen, bereits bei Beginn der Übergangsphase vorliegen, die Gesellschaften sollen jedoch in dieser Zeit nicht verpflichtet sein, die Umstellung vorzunehmen. Vom 1.1.2002 an ergebe sich allerdings aus Art. 14 der Euro-VO II, daß Bezugnahmen in nationalen Rechtsinstrumenten auf eine nationale Währung, also auch auf Regelungen in Satzungen und Gesellschaftsverträgen von Gesetzes wegen als Bezugnahme auf den Euro gelten, so daß auch jetzt eine ausdrückliche Umschreibung nicht erforderlich sei, um die Rechtsgültigkeit des „Instruments“ zu erhalten. Nun kann die Prozedur freilich auch nicht beliebig lange verschoben werden. Deshalb soll ein sanfter Druck in der Art ausgeübt werden, daß eine Gesellschaft eine Kapitaländerung nicht ins Handelsregister eintragen lassen kann, wenn sie nicht bei dieser Gelegenheit auch die Nennbeträge auf glatte Euro-Zahlen stellt. Hingegen sollen börsennotierte Gesellschaften bis zum Ende der Übergangszeit umgestellt haben; tun sie dies nicht, so gilt für sie ab 2002 eine umfassende Registersperre. Vielleicht ist dies ein zusätzliches Argument, wenn es darum geht, Widerstände gegen Glättungsmaßnahmen zu überwinden.

---

89 Dazu BGHZ 98, 276, 280; BGH BB 1987, 1200; *Baumbach/Hueck*, GmbHG, 16. Aufl., § 5 GmbHG Rdnr. 62.

90 BGHZ 129, 136 ff.

IV. Abschließender Ausblick

Wie soll es nach einem solchen, mit Zahlen und Rechnungen ausgestatteten Überblick über den Problemkreis dem Referenten gelingen, zu einem die Dinge zugleich abschließenden und schlaglichtartig beleuchtenden Schlußakzent zu kommen? Ich fürchte, daß dies unmöglich ist, da die Klammer, die die einzelnen Teile der vorstehenden Überlegungen umspannen könnte, allenfalls in der allgemeinen Frage besteht, was im Zivilrecht geschieht, wenn die Bundesrepublik wirklich demnächst an der Währungsunion teilnimmt. Wie aber diese Frage zu entscheiden ist und entschieden wird, hängt sicher nicht von der größeren oder geringeren Mühe ab, die die Zivilrechtler mit der Einführung einer supra-nationalen Währung in die nationale Privatrechtsordnung haben. Daß die Anforderungen an das Recht bei einem harten Euro tragbar erscheinen, bei einem weichen aber härter werden, verwundert gewiß niemanden, der - und sei es auch nur aus dem akademischen Unterricht - eine Erinnerung daran hat, zu welchen Krisen und zum Teil halsbrecherischen Lösungsschritten eine auf die Verhältnisse einer Verkehrswirtschaft ausgerichtete Rechtsordnung durch Inflation, aber auch durch Kapitalflucht gebracht werden kann. Aus der Sicht eines Unternehmens, das zu den „global players" zählt, und für das angesichts der Zahl und Bedeutung seiner grenzüberschreitenden Aktivitäten die Schwierigkeiten mit der Umstellung auf den Euro keineswegs alle anderen Währungsprobleme verdrängen, nehmen sich die im vorigen erörterten Fragen des Privatrechts vermutlich z.T. etwas kleinbürgerlich aus. Aber die alte Weisheit, daß Geld allein zwar nicht glücklich macht, daß aber insoweit geordnete Verhältnisse doch sehr beruhigen, gilt für alle und ist nicht schichtenspezifisch. In diesem Sinne fällt in der historischen Situation, die vielleicht eintreten wird, dem Privatrecht eine bedeutende neue Ordnungsaufgabe zu.

Zivilrechtliche Auswirkungen der Einführung des Euro aus dem Blickwinkel eines Drittstaates*

Prof. *Dr. Wolfgang Wiegand*,
Direktor des Instituts für Bankrecht der Universität Bern

Inhaltsübersicht

---

* Bei der Ausarbeitung haben Frau Dr. Annette Althaus und Herr Fürsprecher Bernhard Berger wertvolle Hilfe geleistet.

I. Relevanz der Währungsumstellung im Verhältnis zu Drittstaaten

Auf den ersten Blick scheint die Einführung einer neuen Währung im Bereich der Europäischen Union primär diese zu betreffen und in der Tat zeigen die zahllosen amtlichen ebenso wie die wissenschaftlichen Publikationen zu dem Thema die ausserordentliche Bedeutung und Tragweite des Vorgangs für die Mitgliedstaaten auf.[1] Indessen wäre es verfehlt, daraus den Schluss zu ziehen, dass diese Währungsumstellung für die Aussenstehenden von geringerer Relevanz sei. Im Gegenteil: Bei näherer Betrachtung wird sich zeigen, dass die Regelungs- und Anpassungsprobleme in den Drittländern wahrscheinlich komplexer und weitreichender sind, als man zunächst annehmen möchte. Im folgenden soll dies in erster Linie am Beispiel der Schweiz aufgezeigt werden, für die diese Problematik einerseits wegen ihrer engen wirtschaftlichen Verflechtung mit der EU,[2] aber andererseits auch wegen ihrer Einbettung in den zukünftigen Euro-Raum von besonderer Bedeutung ist.[3]

Exemplarisch ist in dieser Hinsicht ein Postulat, das am 22. März 1996 im Schweizerischen Nationalrat eingebracht wurde.[4] Darin wird der Schweizerische Bundesrat aufgefordert, zu der Frage Stellung zu nehmen, welche Konsequenzen sich für die Schweiz aus der Währungsumstellung ergeben. Insbesondere wird nach den Auswirkungen auf langfristige Verträge

---

1 Zum Zeitplan für die Realisierung der Europäischen Wirtschafts- und Währungsunion (EWWU) sowie zu den Voraussetzungen der Teilnahme: *Becker-Neetz*, Rechtliche Probleme im Zusammenhang mit der Europäischen Währungsunion, EWS 1996, S. 369 ff.

2 Die Schweiz gehört zu den Ländern mit den höchsten Ein- und Ausfuhrwerten pro Kopf und mit den höchsten Anteilen des Aussenhandels am Bruttoinlandprodukt. 1995 wurden mit den OECD-Ländern 79% der Exporte und 90% der Importe getätigt. 62% aller Importe und 80% aller Exporte entfielen allein auf den Aussenhandel mit den Ländern der EU. Die Schweiz bezog aus der EU Waren im Wert von über 75 Mrd. Sfr. und exportierte Güter für rund 60 Mrd. Sfr. in die EU-Staaten (Quelle: Statistisches Jahrbuch der Schweiz 1997, Ziff. 6.4 Aussenhandel, S. 171 ff.).

3 Eine kurze Übersicht über spezifische Rechtsfragen, die sich aus der Sicht der Schweiz durch die Einführung der EWWU ergeben, findet sich in: Bericht einer Arbeitsgruppe der *Schweizerischen Bankiervereinigung (SBVg*), Die Europäische Währungsunion und die Schweiz, 1996, S. 12 ff.

4 Postulat Nabholz, Praktische Auswirkungen durch Einführung des EURO in der EU, Postulat Nr. 96.3171, Amtliches Bulletin der Bundesversammlung, Nationalrat, 1996, S. 1865 ff.

(Leasingverträge, Versicherungen, Darlehensverträge, Anleihen oder Kredite) gefragt. In diesem Zusammenhang wird die Frage aufgeworfen, ob allenfalls die *clausula rebus sic stantibus* zur Anwendung komme. In seiner Antwort vom 28. August 1996 hat der Schweizerische Bundesrat festgehalten, dass letztlich kein besonderer Anlass zu Besorgnis bestehe und dass gesetzgeberische Massnahmen nicht erforderlich seien.[5] Auch in der schweizerischen Literatur und in den zahlreichen Publikationen von grossen Anwaltskanzleien und Treuhandsfirmen,[6] überwiegen die Stimmen ganz deutlich, die in rechtlicher Hinsicht keine gravierenden Folgen durch die Einführung des Euro befürchten und keinen Anlass zu besonderen Massnahmen sehen. Im folgenden werde ich näher untersuchen, inwieweit dieser Befund zutrifft; dabei werde ich, soweit dies möglich und sachdienlich ist, auf Entwicklungen in anderen Drittländern eingehen. Die Argumentation und Darstellung geht aber von der rechtlichen Situation in der Schweiz aus; dabei sind zwei Komplexe zu unterscheiden: Zum einen geht es um den Anpassungsbedarf, der in der Schweiz entsteht, zum anderen um die Konsequenzen, die sich aus der Währungsumstellung ergeben.

II. Anpassungsbedarf bei Verträgen ohne Auslandsbeziehung

1. In der Schweiz existieren zahllose Verträge, bei denen Geldleistungen in Fremdwährungen geschuldet werden. Dies hat vielfältige Gründe und deshalb sind die anzuwendenden Rechtsnormen und Rechtsfolgen ganz unterschiedlich. Auf Verträge mit einer internationalen Beziehung finden die Regeln des Internationalen Privatrechts Anwendung, worauf später näher einzugehen sein wird (unten III.). Zunächst sind diejenigen Verträge von Interesse, die in einer Fremdwährung denominiert sind, ohne dass auf sie international-privatrechtliche Regeln Anwendung finden. Zu denken ist etwa an Leistungsbeziehungen von Schweizern untereinander oder von in der Schweiz lebenden, natürlichen oder juristischen Personen, die - aus welchen Gründen auch immer - Zahlung in einer Fremdwährung vereinbaren. Solche

5 Stellungnahme des Bundesrates vom 28. August 1996, Amtl. Bull. NR, 1996, S. 1865 ff.

6 Nach schweizerischer Terminologie werden die grossen Auditing firms, die in deutscher Terminologie Wirtschaftsprüfungsgesellschaften sind, als Treuhandgesellschaften bezeichnet.

Vertragsverhältnisse kommen bei Lieferbeziehungen dann vor, wenn bestimmte Güter weltweit in bestimmten Währungen, insbesondere etwa in Dollar, gehandelt werden. In derartigen Verträgen findet sich sehr häufig auch die Bezugnahme auf international übliche Referenzzinssätze. So wird vielfach die Klausel verwendet, dass eventuelle Verzugszinsen zu berechnen seien nach LIBOR,[7] FIBOR[8] oder PIBOR[9] plus x Prozent. In allen diesen Fällen stellt sich die Frage, wie diese Verträge beim Übergang zum Euro zu handhaben sind.[10]

Von besonderem Interesse sind natürlich in unserem Kreise die Bankgeschäfte, wobei man wohl im Zeichen der Allfinanz[11] auch die Versicherungsgeschäfte einbeziehen kann und muss.

So vertreibt etwa der Schweizerische Bankverein ein als DM-Bond-Selection bezeichnetes Papier, das in der Schweiz gehandelt wird und Schweizerischem Recht unterstellt ist. Und nahezu alle Banken führen Fremdwährungskonti, viele davon in Währungen der Nachbarländer, die der Europäischen Union angehören und sich am Euro beteiligen werden; schliesslich gibt es eine erstaunlich grosse Zahl von Lebensversicherungsverträgen in Fremdwährungen, wobei insbesondere eine Massierung von Kontrakten in italienischen Lira und Deutscher Mark festzustellen ist.

2. In all diesen Konstellationen stellt sich die Frage nach der Anpassung und eventuellen Anpassungsmodalitäten; denn anders als bei den Teilnehmerländern gibt es im Drittland keine gesetzliche Regelung, die zu einer automatischen Umwandlung der bisherigen Denomination in den Euro führt.[12] Dieser würde immerhin ein Weg nahestehen, der sich als erster aufdrängt. Man könnte die Vereinbarung der Parteien, eine Rechtsbeziehung in

---

7 London Interbank Offered Rate.

8 Frankfurt Interbank Offered Rate.

9 Paris Interbank Offered Rate.

10 Vgl. für die besondere Bedeutung dieser Referenzzinssätze im Geschäft mit Derivaten: *Pohl,* Finanzderivate im Griff der Währungsunion, - „Fin de siècle“ für langfristige Kontrakte?, in: WM 1997, S. 1185 ff. (S. 1191 f.); *Steuer,* Europäische Wirtschafts- und Währungsunion – Kontinuität von Verträgen unter Berücksichtigung der Besonderheiten der ausserbörslichen Finanztermingeschäfte, in: FS Claussen, Köln 1997, S. 527 ff. (S. 535 f.).

11 Exemplarisch dafür ist der in der zweiten Jahreshälfte 1997 erfolgte Zusammenschluss zwischen der Credit Suisse Group und der Winterthur Versicherungen; zur „Allfinanz“-Problematik *Zobl* (Hrsg.), Rechtsprobleme der Allfinanz, Zürich 1997.

12 Vgl. den Beitrag von *Westermann* (S. 3 ff.) in diesem Band.

fremder Währung zu vereinbaren, dahin deuten, dass es sich um einen nach IPR zu beurteilenden Vertrag handelt. Dann müsste freilich ein internationales Verhältnis im Sinne des Art. 1 Abs. 1 Ingress des IPR-Gesetzes[13,14] vorliegen, so dass Art. 147 IPRG und damit die *lex monetae*[15] zur Anwendung kommen könnte, womit das Umstellungsproblem gelöst wäre. Ob dieser unten näher zu erläuternde Mechanismus ausgelöst wird, hängt indessen davon ab, ob man die „Internationalität des Sachverhaltes" bejaht.[16] Dies erscheint zweifelhaft, da die beteiligten Personen ein rein schweizerisches Rechtsverhältnis vereinbart haben und die ausgetauschten Leistungen an sich das Kriterium der „Internationalität" nicht begründen. Man würde eine solche Internationalität wohl kaum annehmen, wenn in der Schweiz zwei Personen einander „des pistaches exportées d'Iran" verkaufen (so BGE 116 II 436). Denkbar wäre allenfalls, dass man im Wege der Auslegung zu einer sinngemässen Anwendung des Währungsstatutes kommt; man müsste dann den Parteiwillen dahingehend interpretieren, dass mit dieser vertraglichen Vereinbarung zugleich das Einverständnis verbunden sei, sich in allen Belangen und unter allen Bedingungen nach dem Währungsrecht des jeweiligen Staates zu richten. Ohne konkrete Anhaltspunkte, die eine derartige Auslegung rechtfertigen würden, halte ich diesen Weg nicht für gangbar.[17]

---

13 Bundesgesetz über das Internationale Privatrecht (IPRG) vom 18.12.1987, in Kraft seit 1.1.1989, SR 291.

14 *Art. 1 IPRG:* [1] Dieses Gesetz regelt im internationalen Verhältnis: a) die Zuständigkeit der schweizerischen Gerichte oder Behörden; b) das anzuwendende Recht; c) die Voraussetzungen der Anerkennung und Vollstreckung ausländischer Entscheidungen; d) den Konkurs und den Nachlassvertrag; e)die Schiedsgerichtsbarkeit.
[2] Völkerrechtliche Verträge sind vorbehalten.

15 Die *lex monetae* besagt, dass nach dem (öffentlichen) Recht des Staates, dessen Währung in Frage steht, zu entscheiden ist, was als „Währung" und damit als gesetzliches Zahlungsmittel gilt (sog. Währungsstatut); vgl. dazu *Dasser,* in: *Honsell/Vogt/Schnyder* (Hrsg.), Kommentar zum Schweizerischen Privatrecht, Internationales Privatrecht, Basel 1996, Art. 147, Rn. 3 (nachfolgend zit. IPRG-[Kommentator]).

16 Der Begriff des internationalen Verhältnisses wird in Art. 1 Abs. 1 IPRG zwar erwähnt, jedoch nicht definiert. Ob ein Sachverhalt mit Auslandsbezug vorliegt, ist daher von Fall zu Fall selbständig zu bestimmen; vgl. dazu IPRG-*Schnyder* (Fn. 15), Art. 1, Rn. 1 f. m.w.H.

17 Zu den bei der Vertragsauslegung heranzuziehenden Kriterien vgl. *Wiegand*, in: *Honsell/Vogt/Wiegand* (Hrsg.), Kommentar zum Schweizerischen Privatrecht,

Denkbar wäre auch eine dritte Möglichkeit: Man könnte die später näher zu besprechende Regelung des Artikels 84 OR[18] heranziehen.

Art. 84 OR: [1] Geldschulden sind in Landesmünze zu bezahlen.

[2] Ist in dem Vertrage eine Münzsorte bestimmt, die am Zahlungsorte keinen gesetzlichen Kurs hat, so kann die geschuldete Summe nach ihrem Werte zur Verfallzeit dennoch in der Landesmünze bezahlt werden, sofern nicht durch den Gebrauch des Wortes „effektiv“ oder eines ähnlichen Zusatzes die wortgetreue Erfüllung des Vertrages ausbedungen ist.

Nach Art. 84 Abs. 2 OR kann der Schuldner, sofern eine vereinbarte Währung am Zahlungsort keinen Kurswert hat, in Landesmünze, d.h. in Schweizer Franken erfüllen. Damit wäre indessen das Problem nicht gelöst; denn die Vorschrift führt nicht dazu, dass eine bisher in Fremdwährung bestehende Verbindlichkeit in Euro umgewandelt werden kann, sondern erlaubt *allein für die Erfüllung* eine Tilgung in Schweizer Franken.[19] Damit liesse sich zwar für die Erfüllung der Schuldpflicht eine Lösung finden, jedoch nicht für die ganz im Vordergrund stehende Umgestaltung der Vertragsverhältnisse. Bei diesen geht es ja keineswegs nur um die Erfüllung, sondern um die sachgerechte Fortführung der Rechtsverbindung. Dafür lässt sich m.E. aus Art. 84 OR keine Lösung ableiten.

Selbst wenn man anders entscheiden wollte, ergäbe sich keine wirkliche Lösung; denn es stellt sich dann die Frage, nach welchem Kurswert die Schuld in Schweizer Franken zu bestimmen wäre. Massgeblich für den Zeitpunkt der Berechnung bei derartigen Umwandlungen ist die Fälligkeit.[20] Das würde keine Schwierigkeiten bereiten, solange die ausländische Währung (etwa D-Mark oder Lira) noch existiert, also bis zum 30.6.2002, denn bis zu diesem Zeitpunkt dürfte wohl eine Kursrelation zwischen Schweizer Franken und der jeweiligen Währung feststellbar sein. Danach aber entfällt eine solche Relation und sie kann auch nicht durch eine historische ersetzt werden. Eine der beiden Parteien würde nämlich immer Einbussen erleiden, wenn etwa im Jahre 2010 eine DM-Schuld in Schweizer Franken getilgt und

---

Obligationenrecht I, 2. neubearbeitete Aufl. Basel 1996, Art. 18, Rn. 16 ff. (nachfolgend zit. OR-[Kommentator]).

18 Bundesgesetz betreffend die Ergänzung des Schweizerischen Zivilgesetzbuches (Fünfter Teil: Obligationenrecht) vom 30. März 1911, SR 220.

19 Art. 84 OR handelt nur von der Geldzahlung als Erfüllungsmodalität; vgl. OR-*Leu* (Fn. 17), Art. 84, Rn. 1.

20 OR-*Leu* (Fn. 17), Art. 84, Rn. 8.

die Berechnung auf der Basis des zuletzt notierten Kurses vom Juni 2002 erfolgen müsste.

3. Auch bei den praktisch bedeutsamen Zinsklauseln ergeben sich erhebliche Schwierigkeiten:[21] Zwar haben die Finanzmarktteilnehmer inzwischen bekanntgegeben, dass sie einen gemeinsamen neuen Interbankenzinssatz kreieren wollen, der zumindest in den Teilnehmerländern die bisherigen ersetzen soll. Dabei ergeben sich zwei Probleme: Die Bezugnahme auf bisherige Ansätze wie FIBOR oder PIBOR bedeutet ja nicht nur eine lokale Anbindung, sondern zugleich auch eine Verknüpfung mit einem bestimmten Zinsniveau. Die Umstellung auf einen europaweiten neuen Interbankenzinssatz (EURIBOR) kann deshalb zu ganz erheblichen Veränderungen für denjenigen führen, der etwa Verzugszinsen wegen verspäteter Lieferung zahlen muss, die bisher auf FIBOR-Basis berechnet wurden und nunmehr von dem neuen Zinssatz ausgehen. Es erscheint mir mehr als zweifelhaft, ob mit den traditionellen Auslegungsmitteln der Parteiwille dahingehend interpretiert werden kann, dass ein solcher Übergang durch den ursprünglichen Parteiwillen abgedeckt wäre. Bei der Bezugnahme auf LIBOR ist die Lage nur auf den ersten Blick einfacher. Zwar wird es bei Nichtteilnahme Englands am Euro wie bisher einen LIBOR geben, es ist indessen zu erwarten, dass wegen der veränderten Umstände diesem weder die bisherige Funktion zukommen, noch das Zinsniveau gleichbleiben wird. Anders als beim Wegfall des Bezugszinssatzes stellt sich hier die Frage, ob eine derartige Abweichung noch vom Parteiwillen gedeckt ist, oder ob eine Vertragsanpassung erforderlich ist. Zu den Voraussetzungen, unter denen eine solche Vertragsanpassung verlangt werden kann bzw. gewährt werden muss, ist im Zusammenhang mit der Umstellung von Schulden generell Stellung zu nehmen, so dass auf das dort Ausgeführte verwiesen werden kann (siehe unten IV.). Hier genügt es zunächst darauf hinzuweisen, dass auch bei den Zinsklauseln ein Anpassungsbedarf besteht, so dass sich als ein erstes Zwischenergebnis festhalten lässt:

In zahlreichen rein schweizerischen Verträgen tritt durch die Umstellung auf den Euro ein Regelungsbedarf auf, weil eine automatische Anpassung

---

21 Speziell zu den sog. Wertsicherungsklauseln vgl. *Hafke*, Rechtliche Fragen von Wertsicherungsvereinbarungen vor und nach Eintritt in die Währungsunion, WM 1997, S. 693 ff.

prinzipiell nicht erfolgt und auch durch Umwegkonstruktionen oder Auslegung in aller Regel nicht erreicht werden kann.

4. Für die Beteiligten hat dies weitreichende Konsequenzen: Es handelt sich bei diesen Vertragsanpassungen um Vertragsinhaltsänderungen, die nur von den Parteien gemeinsam vorgenommen werden können. Der normale Weg wäre also der, dass eine Partei der anderen eine solche Vertragsänderung anbietet und diese Partei dem zustimmt. Das lässt sich im Bereich von Verträgen mit individuellem Leistungsinhalt wie etwa Lieferverträgen oder einer einzelnen Bankgarantie, die z.B. auf Wunsch der beteiligten Parteien in Französischen Franc abgegeben wurde oder bei einem Lizenzvertrag, bei dem die Lizenzgebühr in Deutscher Mark vereinbart wurde, relativ leicht bewerkstelligen. Bei der zentralen Bedeutung, die der von der Versicherung zu erbringenden Leistung für den Versicherungsnehmer zukommt, wird man wohl eine solche individuelle Aushandlung einer eventuellen Umstellung auch bei einer Lebensversicherung erwarten können und müssen. Hier kann die Lösung nur darin bestehen, dass dem Versicherungsnehmer die Vertragsänderung angeboten und ihm bei Nichtannahme ein Auflösungsrecht eingeräumt wird. Natürlich drängt sich schon hier aus Gründen der Rationalisierung die Frage auf, ob dies nicht durch Zustellung eines vorformulierten und nur den jeweiligen Gegebenheiten angepassten Schreibens erfolgen kann, womöglich noch mit der Konsequenz, dass Schweigen als Zustimmung gilt. Dieses Bedürfnis wird noch in erhöhtem Masse dort bestehen, wo es sich um massenhaft vorkommende Verträge handelt, also etwa bei den Fremdwährungskonti der Banken oder bei von den Banken ausgegebenen Papieren, die auf eine in Euro umzustellende Währung lauten. In der Tat ist es hier so, dass sich die Frage der Praktikabilität der individuellen Zustimmung stellt.

Bei der Antwort wird man zwei Dinge unterscheiden müssen: Zunächst wäre zu prüfen, ob in den allgemeinen Vertragsbedingungen sowohl der Versicherungswirtschaft wie auch bei den einzelnen Bankgeschäften Klauseln enthalten sind, die ein derartiges Vorgehen zulassen würden. Eine Durchsicht der mir bekannten Formulare und insbesondere auch der verschiedenen Bankbedingungen lässt dies mehr als zweifelhaft erscheinen. Ansatzpunkte bieten sich allenfalls für die Fremdwährungskonti, für die die Bankbedingungen in der Regel folgende Sonderbestimmung enthalten:

> Die den Guthaben der Kunden in fremder Währung entsprechenden Aktiven der Bank werden in gleicher Währung inner- oder ausserhalb des Landes der betreffenden Währung angelegt. Der Kunde trägt anteilmässig alle wirtschaftlichen und rechtlichen Folgen, die das Gesamtguthaben der Bank im Lande

der Währung oder der Anlage als Folge von behördlichen Massnahmen treffen sollten.[22]

Meines Erachtens reicht diese Bestimmung nicht aus, um daraus ein einseitiges Inhaltsänderungsrecht der Bank abzuleiten; sie hat vielmehr eine ganz andere Funktion. Sie dient der Abwälzung des Währungsrisikos auf den Kunden. Daraus kann allenfalls der Schluss gezogen werden, dass der Kunde auch zu einer Umwandlung in Euro seine Zustimmung geben muss, nicht aber, wie diese zu bewirken ist.

Es bleibt also nur die grundsätzliche Frage, die in weiten Bereichen des Bankrechts und darüber hinaus seit vielen Jahren diskutiert wird: Wie die Grundkonzepte der allgemeinen Rechtsgeschäftslehre mit den Bedürfnissen der massenhaften Vertragsabwicklung zu vereinbaren sind.[23] Dabei geht es zunächst und in erster Linie gar nicht um die AGB-Problematik, und dies schon gar nicht in der Schweiz, wo eine Inhaltskontrolle Allgemeiner Geschäftsbedingungen im eigentlichen Sinne nicht existiert. Es geht vielmehr nur, aber immerhin darum, ob an die Regeln über die Abgabe und Annahme von Willenserklärungen im massenhaften Geschäftsverkehr die gleichen Massstäbe angelegt werden können, wie in individuell abgewickelten Vertragsbeziehungen. Grundsätzlich ist davon auszugehen, dass der Grad der Anforderungen sich nach der Bedeutung und der Tragweite des zu regelnden Punktes richtet. Geht man von diesem Ansatz aus, so erscheint es mir zumindest diskutabel, wie folgt vorzugehen: Der Vertragspartner, hier also vor allem der Versicherungsnehmer und noch häufiger der Bankkunde, sind durch ein vorformuliertes Schreiben über die Währungsänderung in Bezug auf das eingegangene Vertragsverhältnis zu orientieren und dabei aufzufordern, eine Stellungnahme abzugeben. Dies kann mit dem Hinweis verbunden werden, dass die Bank oder die Versicherung das Schweigen als Zustimmung betrachtet.

Geht man davon aus, dass es sich in dem hier dargelegten Sinne um eine Vertragsänderung handelt, wird man gleichzeitig dem Kunden die Möglichkeit einräumen müssen, die bisherige Vertragsbeziehung im Hinblick auf die nichtvereinbarte Änderung aufzuheben. Dagegen kann andererseits der

22 Ziff. 10 Abs. 1 der Allgemeinen Geschäftsbedingungen der UBS Schweizerische Bankgesellschaft (Ausgabe 1985) sowie der Credit Suisse (Version 1/97).

23 Vgl. dazu statt vieler: *Bucher*, Obligationenrecht - Allgemeiner Teil, 2. Aufl., Zürich 1988, S. 151 ff.

Kunde eine Fortführung des Vertragsverhältnisses zu den bisherigen Bedingungen nicht verlangen, weil spätestens am 1.7.2002 die Erfüllung in der ursprünglichen Währung unmöglich würde; ein Aspekt, zu dem später noch eingehend Stellung zu nehmen ist (siehe unten IV.3.c.).

Ob die Praxis derartige Wege gehen wird, erscheint zweifelhaft. Vermeidbar wären sie mit zwei Argumentationen, die ich beide für problematisch halte: Zum einen könnte man sich auf den Standpunkt stellen, dass die Bezugnahme auf eine Fremdwährung im Vertrag in jedem Falle zur Anwendung des Währungsstatutes der denominierten Währung führt, auch wenn es sich nicht um einen Vertrag mit internationalem Bezug handelt.[24] Im Ergebnis käme dies einer Anwendung der *lex monetae* gleich. Gerade deshalb halte ich dies methodisch für nicht vertretbar; denn dann wäre der richtige Weg, in der Verweisung auf eine Fremdwährung eine internationale Beziehung im Sinne des IPR zu sehen und dieses direkt anzuwenden, was m.E. aus den dargelegten Gründen nicht in Betracht kommt.

Zum anderen könnte man davon ausgehen, dass der Vertragspartner, der eine Fremdwährung als Erfüllungswährung vereinbart hat, gegen Treu und Glauben verstossen würde, wenn er seine Zustimmung zu einer Vertragsanpassung verweigert. Oder umgekehrt: Wer unter den gegebenen Umständen auf einer Auflösung des Vertrages beharrt, handelt rechtsmissbräuchlich im Sinne des Art. 2 Abs. 2 ZGB.[25,26] Stützen könnte man sich vor allem auf Argumente und Modelle, die in der Diskussion über die Neuverhandlungspflicht von Verträgen entwickelt worden sind.[27] Selbst wenn man zu dem

---

24 So offenbar IPRG-*Dasser* (Fn. 15), Art. 147, Rn. 3; *Vischer,* in: *Heini/Keller/Siehr/Vischer/Volken* (Hrsg.), IPRG Kommentar, Art. 147, Rn. 2; *Vischer,* Probleme des Währungsrechtes nach dem Entwurf des schweizerischen IPR-Gesetzes, in: *von Graffenried* (Hrsg.), Beiträge zum schweizerischen Bankenrecht, Bern 1987, S. 425 ff. (S. 428).

25 Schweizerisches Zivilgesetzbuch vom 10.12.1907, SR 210.

26 Zum Wortlaut von Art. 2 Abs. 2 ZGB siehe unten Fn. 98. Zu dessen Inhalt und Konkretisierung vgl. *Merz,* in: Berner Kommentar, Kommentar zum schweizerischen Privatrecht, Schweizerisches Zivilgesetzbuch, Bd. I/1, Bern 1966, Art. 2, Rn. 21 ff. (nachfolgend zit. BK-[Kommentator]) und *Mayer-Maly,* in: *Honsell/Vogt/Geiser* (Hrsg.), Kommentar zum schweizerischen Privatrecht, Schweizerisches Zivilgesetzbuch I, Basel 1996, Art. 2, Rn. 32 ff.

27 Dazu grundlegend *Horn,* Die Vertragsdauer als schuldrechtliches Problem. Empfiehlt sich eine zusammenfassende Regelung der Sonderprobleme von Dauerschuldverhältnissen und langfristigen Verträgen?, in: *Bundesminister der Justiz* (Hrsg.), Gutachten und Vorschläge zur Überarbeitung des Schuldrechts,

Ergebnis gelangt, dass hier eine Zustimmungspflicht besteht, müsste sie doch zumindest in der oben beschriebenen Weise eingeholt werden.

5. Geschieht das, so ergibt sich sofort die Frage, inwieweit dieser Zustimmung eine angemessene Aufklärung vorausgehen muss. Die Antwort auf diese Frage hängt nicht nur hier, sondern bei allen Aufklärungspflichten entscheidend davon ab, welche Parteien miteinander in rechtsgeschäftlichem Kontakt stehen. Handelt es sich um versierte Geschäftspartner, so besteht praktisch kein Aufklärungsbedarf, sondern allenfalls eine auf ein Minimum beschränkte Hinweispflicht. Je stärker jedoch das Kompetenz- und Informationsgefälle wird, desto intensiver werden die Informationspflichten.[28] Als besonders hilfreich erweist sich in diesem Zusammenhang der Rückgriff auf die Modelle und Kriterien, die für die Aufklärung im medizinischen Bereich entwickelt worden sind.[29] Danach hat etwa die Bank bei der Umstellung eines Kontos auf Euro oder die Versicherung bei der Umwandlung einer DM-Police in eine Euro-Police den Kunden über Bedeutung und Tragweite dieser Umstellung so zu orientieren, dass er „en connaissance de cause" entscheiden kann. Diese von mir schon seit längerem postulierte Übertragung der Kriterien aus dem Medizinalbereich auf die Finanzgeschäfte hat das Bundesgericht denn auch in einem neuesten Entscheid ausdrücklich gutgeheissen.[30]

Erfolgt keine angemessene Aufklärung, so ist die daraufhin erteilte Zustimmung mit einem Willensmangel behaftet. Dies bedeutet in jedem Falle, dass die dadurch zustandegekommene Vertragsänderung angefochten werden könnte.[31] Praktisch wird eine Rückgängigmachung dieser Umstel-

---

Köln 1981, Bd. I, S. 551 ff. und *ders.*, Neuverhandlungspflicht, AcP 181 (1981), S. 257 ff.

28 Grundlegend dazu *Abegglen*, Die Aufklärungspflichten in Dienstleistungsbeziehungen, insbesondere im Bankgeschäft, Diss. Bern 1995, ASR Heft 573.

29 Vgl. dazu *Wiegand*, in: *Honsell* (Hrsg.), Handbuch des Arztrechts, Zürich 1994, S. 119 ff.; *Wiegand*, Die Aufklärung bei medizinischer Behandlung - Eine Standortbestimmung anlässlich der neusten bundesgerichtlichen Rechtsprechung, recht 1993, S. 149 ff.; *Wiegand/Abegglen*, Die Aufklärung bei medizinischer Behandlung - Modalitäten der Aufklärung und Folgen der Verletzung der Aufklärungspflicht, recht 1993, S. 189 ff.

30 (Noch) nicht publiziertes Urteil vom 7.10.1997.

31 Es ist an dieser Stelle nicht darauf einzugehen, wie sich die verschiedenen in der Schweiz vertretenen Konzeptionen des Irrtumsrechts hier auswirken: Nach der von der h.L. nach wie vor aufrecht erhaltenen Anfechtungstheorie ist eine mit einem Willensmangel behaftete Erklärung zunächst gültig und kann nur durch

lung nicht in Betracht kommen, sondern allenfalls die Frage auftauchen, ob infolge mangelhafter Information eine Schadensersatzforderung wegen Verletzung einer Aufklärungspflicht geltend gemacht werden kann.[32] Ob und inwieweit tatsächlich Schaden entstanden ist, hängt von den Konsequenzen der Umstellung ab. Diese sind identisch mit den Folgen, die sich bei denjenigen Verträgen ergeben, deren Umstellung wegen ihrer Internationalität direkt nach der *lex monetae* oder vergleichbaren Mechanismen erfolgt. Diese sind im folgenden zunächst zu erörtern, ehe dann am Ende noch einmal auf die Informations- und Beratungspflichten und die Konsequenzen ihrer Verletzung zurückzukommen ist (unten V.).

III. Der Euro und die lex monetae

1. Die schweizerische Lösung

Wie bereits mehrfach angedeutet, kann ausländisches Währungsrecht dann zur Anwendung kommen, wenn ein dem Schweizerischen Recht unterliegender Vertrag internationale Beziehungen aufweist und deshalb die *lex monetae* Anwendung findet. Die *lex monetae* wird von vielen als ein weltweit anerkannter, gewissermassen überpositiver Rechtsgrundsatz betrachtet.[33] Ob und inwieweit dies der Fall ist, mag einstweilen dahinstehen;[34] denn für die Schweiz bedarf es einer solchen Diskussion nicht, da die *lex*

Anfechtung beseitigt werden. Dagegen ist das Bundesgericht (seit BGE 114 II 131) der Auffassung, dass mit einem Willensmangel behaftete rechtsgeschäftliche Erklärungen von Anfang an ungültig seien; zum Meinungsstand vgl. OR-*Schwenzer* (Fn. 17), Art. 23 Rn. 8 ff. und eingehend zur gesamten Problematik *Wiegand*, Bemerkungen zum Picasso-Entscheid, recht 1989, S. 101 ff.

32 Die Nebenpflichtverletzungen werden in der Schweiz entweder als nichtgehörige Erfüllung – so der Gesetzestext von Art. 97 OR – oder in Anlehnung an die deutsche Doktrin als positive Vertragsverletzung bezeichnet; zu der in der Dogmatik weitgehend übereinstimmenden Konzeption vgl. die zusammenfassende Darstellung in OR-*Wiegand* (Fn. 17), Art. 97 Rn. 25 ff.

33 Grundlegend dazu *Mann,* The Legal Aspect of Money, 5. Aufl., Oxford 1992, S. 274; *ders.*, Währungszersplitterung und Währungsbestimmung, NJW 1968, S. 643 ff.; vgl. auch *Nussbaum*, Money in the Law National and International, 1950, S. 353 ff.

34 Für die Behandlung vor amerikanischen Gerichten wird dieser kollisionsrechtliche Grundsatz in Frage gestellt von *Gruson,* Altwährungsforderungen vor US-Gerichten nach Einführung des Euro, WM 1997, S. 699 ff.

monetae im Gesetz über das internationale Privatrecht ausdrücklich kodifiziert ist. Der bereits mehrfach zitierte Artikel 147 IPRG bestimmt:

> *Art. 147 IPRG:* [1] Was unter einer Währung zu verstehen ist, bestimmt das Recht des Staates, dessen Währung in Frage steht.
>
> [2] Die Wirkungen einer Währung auf die Höhe einer Schuld unterstehen dem Recht, das auf die Schuld anwendbar ist.
>
> [3] In welcher Währung zu zahlen ist, richtet sich nach dem Recht des Staates, in dem die Zahlung zu erfolgen hat.

Daraus ergibt sich: Gemäss Abs. 2 des Art. 147 IPRG, der die sogenannte *lex causae* (auch *lex obligationis* oder *lex contractus* genannt) enthält, bestimmen sich Inhalt und Umfang der Schuld nach dem für das Vertragsverhältnis massgebenden Recht.[35] Nach diesem Recht ist der Vertrag auch auszulegen, wenn die Parteien darüber streiten, welche Währung geschuldet ist.[36] Führt die Anwendung der *lex obligationis* dazu, dass eine Fremdwährungsschuld vorliegt, so kommt die in Art. 147 Abs. 1 IPRG enthaltene *lex monetae* zur Anwendung: Das Recht des Landes, dessen Währung geschuldet ist, entscheidet darüber, was „seine Währung" ist (sog. Währungsstatut). Kommt es in diesem Lande zu einer Währungsumstellung,[37] so ist diese für den Rechtsanwender in der Schweiz verbindlich.[38] Auf den Euro bezogen ergibt sich daraus: Sofern und sobald der Euro in einem Land zur nationalen Währung wird, findet Art. 147 Abs. 1 IPRG Anwendung. Demnach werden schweizerische Gerichte die Umstellung auf den Euro problemlos nachvollziehen, sobald in den jeweiligen Ländern die gesetzlichen Voraussetzungen für die Umstellung geschaffen sind.[39]

---

35 Die Kommentatoren sprechen vom „Schuldstatut"; IPRG-*Dasser* (Fn. 15), Art. 147, Rn. 7 ff.; *Vischer, IPRG* Kommentar (Fn. 24), Art. 147, Rn. 3 ff.

36 *Mann* (Fn. 33), S. 221; IPRG-*Dasser* (Fn. 15), Art. 147, Rn. 8.

37 Allgemein zur Problematik einer Währungsnachfolge: *Mann* (Fn. 33), S. 266 ff.; *Vischer* (Fn. 24), S. 427; *ders.*, Internationales Vertragsrecht, Bern 1962, S. 220; *Hahn, Währungsrecht*, München 1990, S. 383 ff.

38 D.h. es findet ein sog. rekurrenter Anschluss (recurrent link; lien récurrent) statt; vgl. *Thévenoz,* Le droit suisse des contracts face à la monnaie unique, in: *Thévenoz* (Hrsg.), Journée 1996 de droit bancaire et financier, Berne 1996, S. 17 ff. (S. 27 f.) m.w.H.

39 Wie hier *Thévenoz* (Fn. 38), S. 26 ff.; *Weber*, Rechtliche Rahmenbedingungen der Europäischen Währungsunion, in: *Weber/Hirszowicz* (Hrsg.), Perpektiven der Europäischen Währungsunion und die Schweiz, Zürich 1997, S. 33 ff. (S. 46, 50); *Roth,* Rechtlicher Handlungsbedarf im Hinblick auf die Europäische

Die Grundlage solcher gesetzlicher Änderungen bilden die beiden Verordnungen vom 16.10.1996.[40] Eigentlichen „monetarischen“ Charakter hat nur die Euro-VO II, die am 1. Januar 1999 in Kraft gesetzt werden wird, während die bereits in Kraft getretene Euro-VO I, welche sich auf Art. 235 EGV[41] stützt, einen eigenartigen Mischcharakter aufweist, worauf noch näher einzugehen sein wird.

Infolgedessen bestehen in der Schweiz anders als in einigen anderen Staaten der Welt keine Zweifel daran, dass sich der Wechsel zum Euro bei den Verträgen mit internationaler Beziehung problemlos abwickeln lassen wird. Dies sagt indessen noch nichts darüber aus, wie die Umstellung sich auf die nunmehr in Euro denominierten Rechtsverhältnisse auswirken wird. Dieser Frage ist später im einzelnen nachzugehen.

2. Die amerikanische Lösung

Ehe dies geschieht, ist jedoch darauf hinzuweisen, dass sich die Umstellung auf den Euro nicht in allen Drittländern so reibungslos nachvollziehen lässt. So ist einige Zeit lang intensiv diskutiert worden, ob die *lex monetae* in allen Teilen der Welt ohne weiteres anerkannt wird; während vor allem *Mann* dies stets bejaht hat,[42] sind Zweifel daran geäussert worden, ob in denjenigen Ländern, in denen die *lex monetae* nicht gesetzlich fixiert sei, die Gerichte sie dessen ungeachtet im Sinne eines internationalen Gewohnheitsrechts oder einer Art *lex mercatoria* anwenden würden.[43] Inzwischen hat die Diskussion einerseits durch die Relativierung der von *Gruson* geäusserten Zweifel an

---

Währungsunion und die Einheitswährung, in: *Weber/Hirszowicz* a.a.O., S. 121 ff. (S. 134).

40 Euro-VO I (Verordnung des Rates über einige Bestimmungen der Einführung des Euro vom 16.10.1996), publiziert unter Aktz. 96/0249 (CNS), verkündet im Amtsblatt der EU am 19.6.1997 (Nr. L 162/1), in Kraft getreten am 20.6.1997. Euro-VO II (Verordnung des Rates über die Einführung des Euro vom 16.10.1996), publiziert unter Aktz. 96/0250 (CNS); Datum des Inkrafttretens ist gemäss Art. 17 Euro-VO II der 1.1.1999.

41 Vertrag zur Gründung der Europäischen Gemeinschaft vom 25. März 1957 (heute in der Fassung des Vertrages über die Europäische Union vom 7.2.1992).

42 Vgl. die Nw. in Fn. 33.

43 *Gruson,* Altwährungsforderungen (Fn. 34), S. 702 f.

Brisanz verloren,[44] zum anderen aber vor allem dadurch, dass einige Teilstaaten der USA gesetzliche Regelungen erlassen haben, die die Anerkennung des Euro als Nachfolgewährung ausdrücklich regeln und festlegen. Für den internationalen Kapitalmarkt ist von besonderer Bedeutung, dass ein solches Gesetz auch im Staat New York erlassen wurde,[45] dessen Recht auf die ganz überwiegende Zahl internationaler Finanzkontrakte kraft Rechtswahl der Parteien Anwendung findet.[46] Durch diese Regelungen ist die Anerkennung des Euro als Währung durch die für den Kapitalmarkt massgeblichen amerikanischen Gerichte im wesentlichen gesichert.

Diese Regelungen sind in verschiedener Hinsicht bemerkenswert: Das gilt zunächst für die ökonomischen und rechtspolitischen Gründe und Hintergründe, auf die hier nicht näher einzugehen ist. Es gilt aber auch für einige inhaltliche Aspekte: Die Frage nach der Anerkennung des Euro wird in all diesen gesetzlichen Regelungen unter dem Titel „continuity of contract" behandelt,[47] eine Sichtweise, die auch in der Regelung der Europäischen Union[48] und der sich damit befassenden Literatur[49] dominiert. Mir scheint diese Perspektive im Ansatz verfehlt aus Gründen, die ich später bei der Behandlung dieser Frage im einzelnen darlegen werde.

Aufmerksamkeit verdient auch der Umstand, dass in den amerikanischen Regelungen nicht nur die Anerkennung des Euro als Währung geregelt wird, sondern dass sie darüber hinaus auch alle sehr detaillierte Bestimmungen

---

44 *Gruson*, Altwährungsforderungen (Fn. 34), S. 703 f. kommt zum Schluss, dass vor New Yorker Gerichten gestützt auf die *act of state doctrine* die Umstellung auf den Euro voraussichtlich anerkannt würde.

45 The State of New York Senate Bill 5049 (1997 NY S.B. 5049), an act to amend the general obligations law, in relation to the continuity of contract and the single currency in the European Union. Ein ähnliches Gesetz wurde im Staat Illinois erlassen: The State of Illinois House Bill 1418 (1997 IL H.B. 1418), an act concerning currency changes in Europe. Im Staat Kalifornien ist ein entsprechender Erlass in Vorbereitung.

46 Vgl. dazu die Nw. bei *Steuer* (Fn. 10), S. 529, Fn. 9.

47 Vgl. z.B. Section 10 der Regelung für den Staat Illinois (Fn. 45).

48 Art. 3 Euro-VO I.

49 Vgl. z.B. *Pigott*, European Monetary Union: Continuity of Contracts, Butterworths Journal of International Banking and Financial Law 1996, S. 10 ff.; *Bamford*, The Change to a Single Currency: Legal Problems and Solutions, Butterworths Journal of International Banking and Financial Law 1996, S. 219 ff. (S. 221 ff.) sowie die in Fn. 57 zit. Literatur.

über die Behandlung von Verträgen enthalten, die auf ECU lauten.[50] Damit stellt sich für die amerikanische Rechtsprechung eine Frage nicht, die in der Schweiz zu Problemen führen könnte.

3. Die ECU und die lex monetae

In der Euro-VO I wird wie in den soeben erwähnten amerikanischen Gesetzen die Frage geregelt, welche Bedeutung eine Bezugnahme auf die ECU (European Currency Unit) in Zukunft haben soll. Art. 2 bestimmt:

> Art. 2 Euro-VO I: (1) Ab dem 1.1.1999 wird jede Bezugnahme in Rechtsinstrumenten auf die ECU im Sinne von Artikel 109g EG-Vertrag und in der Definition der Vorordnung (EG) Nr. 3320/94 des Rates durch eine Bezugnahme auf den Euro zum Kurs von 1 Euro für 1 ECU ersetzt. Bezugnahmen in einem Rechtsinstrument auf die ECU, die keine solche Definition enthalten, gelten als Bezugnahmen auf die ECU im Sinne von Artikel 109g EG-Vertrag und in der Definition der Verordnung (EG) Nr. 3320/94 des Rates.
>
> (2) Die Verordnung (EG) 3320/94 des Rates wird mit Wirkung vom 1.1.1999 aufgehoben.

Ziel dieser Bestimmung ist es, auch für die ECU faktisch einen „rekurrenten Anschluss"[51] herzustellen, und zwar für alle Erscheinungsformen, in denen die ECU im Rechtsverkehr auftritt. Ohne auf diese im einzelnen einzugehen, ist folgendes festzuhalten: Die ECU ist, sei es in ihrer offiziellen Form, sei es als sogenannte private ECU,[52] keine wirkliche Währung. Vielmehr handelt es sich um eine Rechnungseinheit, die durch einen offiziell festgelegten oder von den Parteien konstituierten Währungskorb gebildet wird.[53] Daraus ergibt sich mit Selbstverständlichkeit, dass Bestimmungen in den Euro-Verordnun-

---

50 Vgl. z.B. Section 10 (b) der Regelung für den Staat Illinois (Fn. 45): „If a subject or medium of payment of a contract, security, or instrument is the ECU, the euro shall be a commercially reasonable substitute and substantial equivalent that may be either (i) used in determining the value of the ECU or (ii) tendered, in each case at the conversion rate specified in, and otherwise calculated in accordance with, the regulations adopted by the Council of the European Union."

51 Vgl. dazu oben Fn. 38.

52 Vgl. zu dieser Unterscheidung *Roth* (Fn. 39), S. 133 und *Weber* (Fn. 39), S. 47.

53 Zum Ganzen ausführlich *Roth* (Fn. 39), S. 132 f.; Allgemein zu Rechtsfragen betreffend die ECU *Sunt,* Legal Aspects of the ECU, London & Edinburgh 1989.

gen, welche die ECU betreffen, im technischen Sinne nicht dem Währungsrecht zugerechnet werden können. Vielmehr handelt es sich um rechts- und wirtschaftspolitisch motivierte Anpassungsregeln, die einen nahtlosen Übergang zum Euro ermöglichen sollen. Da die Euro-VO I wie die Euro-VO II in den Mitgliedstaaten unmittelbare Geltung haben, spielt es letzten Endes für die beteiligten Staaten keine Rolle, ob Bestimmungen dieser Verordnungen dem Währungsrecht im rechtstechnischen Sinne zuzurechnen sind oder nicht.

Für Drittstaaten ist diese Frage jedoch von entscheidender Bedeutung; denn nur dann, wenn es sich um Regelungen des Währungsrechts im technischen Sinne handelt, kann die *lex monetae* zur Anwendung kommen. In der Schweiz ist man allgemein und zu Recht der Auffassung, dass die Anpassungsvorschrift des Art. 2 Euro-VO I nicht zum Währungsrecht gehört und deshalb das Währungsstatut (lex monetae; Art. 147 Abs. 2 IPRG) an sich nicht anwendbar ist.[54] Man verkennt indessen nicht, dass ein erhebliches praktisches Bedürfnis für eine Regelung im Sinne des Art. 2 Euro-VO I besteht. Als dogmatischer Ausweg wird deshalb vorgeschlagen, das Währungsstatut *analog* auf die ECU anzuwenden.[55] Daraus würde sich die Möglichkeit ergeben, Art. 2 Euro-VO I als eine dem Währungsrecht der EU-Staaten angehörende Umstellungsnorm zu behandeln. Für eine solche analoge Anwendung sprechen in der Tat zahlreiche Gründe der Praktikabilität. Dagegen spricht jedoch nicht nur das rein dogmatische Argument, dass im technischen Sinne keine Währung vorliegt, sondern vor allem der sich daraus ergebende Umstand, dass für die Bezugnahme auf die ECU den Parteien bei Abschluss der Vertragsverhältnisse andere Voraussetzungen und andere Konsequenzen vor Augen standen, als sie bei der Bezugnahme auf eine wirkliche Währung gegeben sind. Deshalb halte ich die analoge Anwendung des Währungsstatuts auf die ECU für unzulässig; denn sie trägt den Vorstellungen der Parteien bei Vertragsschluss nicht hinreichend Rechnung. Auf diese Vorstellungen ist aber bei allen Vertragsverhältnissen, soweit und sofern dies irgend möglich ist, primär abzustellen. Infolgedessen ist nicht die analoge Anwendung des Währungsstatuts der richtige Weg,

---

54 *Schenker,* Rechtliche Aspekte der Einführung des Euro, Der Schweizer Treuhänder, 1996, S. 779 ff. (S. 784); *Thévenoz* (Fn. 38), S. 52; *Roth* (Fn. 39), S. 135.

55 Für eine analoge Anwendung der *lex monetae: Schenker* (Fn. 54), S. 784; *Roth* (Fn. 39), S. 135 f.; unklar *Weber* (Fn. 39), S. 49.

sondern es ist durch die (nach der *lex obligationis* festzustellenden) Prinzipien der Auslegung der Parteiwille bei Abschluss des Vertrages zu ermitteln und das weitere Schicksal dieses Vertrages nach dem so gefundenen Ergebnis zu bestimmen.[56] Dieses Verfahren ist bei verschiedenen Konstellationen anzuwenden, so dass darauf in allgemeiner Form bei der nunmehr zu behandelnden Frage nach dem Bestand, der Fortdauer und der Abwicklung von Verträgen einzugehen ist.

IV. Bestand und Fortdauer von Verträgen

1. Zur „Kontinuität" von Verträgen

a) Kontinuität als Postulat und Prinzip

Im Zentrum der Diskussion um die Wirkungen, die von der Einführung des Euro ausgehen, steht sowohl innerhalb der EU, aber auch in den sogenannten Drittländern – wie das Beispiel der USA zeigt – die Frage nach der Behandlung von Verträgen, die in einer Währung abgeschlossen worden sind, welche durch den Euro ersetzt wird. Zum Schlagwort für diese Fragestellung ist die Formel von der „Kontinuität der Verträge" geworden.[57]

aa) Ihren Ausgangs- und Anknüpfungspunkt hat diese Terminologie im Grünbuch, das die EU im Jahre 1995 veröffentlicht hat.[58] Dort wird zunächst und in erster Linie aus ökonomischen Gründen eine Fortgeltung geschlosse-

---

56 Wie hier: *Thévenoz (*Fn. 38), S. 52 ff., der von einer Vertragslücke ausgeht, die nach den Rechtsregeln zu füllen ist, auf welche die *lex causae* verweist.

57 Vgl. etwa *Steuer* (Fn. 10), S. 542 ff.; *Schefold,* Die Europäischen Verordnungen über die Einführung des Euro, WM Sonderbeilage Nr. 4/1996 zu Heft Nr. 47, S. 13 ff.; *Fischer/Klanten,* Langfristige Bankverträge und die Euro-Währung, ZBB 1996, S. 1 ff. (S. 3 f.); *Schneider,* Die Vereinbarung und die Erfüllung von Geldschulden in Euro, DB 1996, S. 2477 ff. (S. 2480); *Schwung,* Rechtliche Vorwirkungen des Euro, WiB 1996, S. 113 ff. (S. 115); *von Borries/Repplinger-Hach,* Rechtsfragen der Einführung der Europawährung, EuZW 1996, 492 ff.; *Sandrock,* Der Euro und sein Einfluss auf nationale und internationale privatrechtliche Verträge, Betriebsberater, Beilage zu Heft Nr. 31 1997, S. 7, 11 ff.; *Sixt,* Euro – Notwendigkeit oder Bedrohung? (Teil I), DZWir 1997, S. 428 ff. (S. 435 f.) sowie den Beitrag von *Westermann* (S. 3 ff.) in diesem Band; für die Schweiz: *Thévenoz* (Fn. 38), S. 32 ff.; *Weber* (Fn. 39), S. 57 ff.; *Roth* (Fn. 39), S. 136 ff.; *Schenker* (Fn. 54), S. 784; Bericht SBVg (Fn. 3), 9 f., 13 ff.

58 Eine Währung für Europa – Grünbuch über die praktischen Verfahren zur Einführung der Einheitswährung, Luxemburg 31.5.1995.

ner Verträge gefordert.[59] Dieses an sich verständliche und durchaus berechtigte Postulat wird dann von allem Anfang an juristisch in eine falsche Richtung gelenkt, indem der Eindruck erweckt wird als sei die Forderung nach der Fortgeltung von Verträgen etwas Ungewöhnliches. So wird vom Grundsatz der Unwiderrufbarkeit der Verträge gesprochen, der für alle Fälle garantiert werden müsse.[60] Eine nähere Betrachtung zeigt indessen, dass die Perspektive des Grünbuchs im Ansatz verfehlt ist, denn es besteht ja kein Zweifel daran, dass der Grundsatz der „Unwiderrufbarkeit" von Verträgen allenthalben gilt und nirgends ernsthaft in Zweifel gezogen ist. Das Prinzip *pacta sunt servanda* gehört in den auf der romanistischen Tradition aufbauenden Rechtskulturen zu den Selbstverständlichkeiten, die nicht einmal gesetzlicher Fixierung bedürfen, aber auch im anglo-amerikanischen Rechtskreis, wo von vornherein eine gesetzliche Fixierung von Prinzipien nicht in Betracht kommt, besteht kein Zweifel an der fundamentalen Bedeutung dieses Prinzips.[61] Ebenso gewiss aber ist, dass der Grundsatz *pacta sunt servanda* - wie alle Prinzipien - Ausnahmen kennt und kennen muss. Diese sind trotz der Unterschiedlichkeit der Terminologie und der Andersartigkeit der grundlegenden Konzeptionen einander ähnlich oder sogar identisch, worauf später näher einzugehen sein wird. Hier kommt es zunächst nur darauf an, das Folgende festzuhalten: Die Erwägungen im Grünbuch und die daran anknüpfenden Regelungen betreffen nicht eigentlich das Prinzip der Kontinuität von Verträgen, sondern dessen Ausnahmen. Gewollt ist etwas ganz Spezielles und Spezifisches: Es soll festgelegt werden, dass die Einführung des Euro keinen der in den verschiedenen nationalen Rechtsordnungen anerkannten Ausnahmetatbestände erfüllt, die einen „Widerruf" (so das Grünbuch[62]) des Vertrages ermöglichen oder rechtfertigen. Genau hier knüpft Art. 3 Euro-VO I an, der das Postulat des Grünbuchs umsetzt, indem er bestimmt:

---

59 Grünbuch (Fn. 58), Ziff. 129 ff.

60 Im Grünbuch (Fn. 58), Ziff. 132, werden die Mitgliedstaaten aufgefordert, ggf. gesetzgeberische Massnahmen zu ergreifen, um „die einheitliche Anwendung des Grundsatzes der Unwiderrufbarkeit zu garantieren"; auch im Bericht SBVg (Fn. 3), S. 10, werden legislatorische Massnahmen angeregt.

61 Für das Schweizerische Recht statt vieler: *Bucher* (Fn. 23), S. 92. Aus der bundesgerichtlichen Rechtsprechung: BGE 120 II 166, 119 II 351, 116 II 636.

62 Grünbuch (Fn. 58), Ziff. 132.

Art. 3 Euro-VO I: Die Einführung des Euro bewirkt weder eine Veränderung von Bestimmungen in Rechtsinstrumenten oder eine Schuldbefreiung oder eine Entschuldigung für die Nichterfüllung rechtlicher Verpflichtungen noch gibt sie einer Partei das Recht, ein Rechtsinstrument einseitig zu ändern oder zu beenden. Diese Bestimmung gilt vorbehaltlich etwaiger Vereinbarungen der Parteien.

Ist der Text der Regelung noch nebulös und unscharf, was – wie immer bei EU-Richtlinien – auf die Notwendigkeit zurückzuführen ist, einen für alle Beteiligten akzeptablen, d.h. vor allem mit den nationalen Denk- und Sprachgewohnheiten zu vereinbarenden Text zu formulieren,[63] so werden Hintergrund und Absicht deutlicher in der Begründung zu Art. 3, die folgendermassen lautet:

Mit diesem Artikel wird bestätigt, dass die Rechtsinstrumente und insbesondere die Verträge fortbestehen. Er hat nur deklaratorischen Charakter. Da die WWU weder als unvorhersehbares Ereignis bezeichnet werden kann, noch eine schwerwiegende Veränderung der Umstände darstellt, rechtfertigt es die Einführung des Euro nicht, sich auf den Wegfall der Geschäftsgrundlage („principle of frustration" bzw. „théorie de l'imprévision") oder Rechtsinstitute mit ähnlicher Wirkung zu berufen. Bereits der Europäische Rat von Madrid hat in seinem Übergangsszenario den Grundsatz der Kontinuität hervorgehoben.

Unter die „Bestimmungen in Rechtsinstrumenten" fallen insbesondere Zinssätze in Finanzkontrakten, doch auch alle sonstigen Konditionen.

Die Bestimmung gilt für in Währungen der teilnehmenden Mitgliedstaaten und in ECU denominierte Verträge, unabhängig davon, ob sie nach dem Recht teilnehmender oder nichtteilnehmender Mitgliedstaaten geschlossen sind.

Der Artikel bezieht sich auf die „Einführung des Euro": das Wort „Einführung" wird in Artikel 109*l* Absatz 4 EG-Vertrag verwendet und ist umfassender als „Ersetzung". Der Begriff schliesst die Ersetzung der Bezugnahmen auf die ECU im Sinne von Artikel 2 dieser Verordnung durch Bezugnahmen auf den Euro ein.

---

63 Einen wesentlich detaillierteren Vorschlag machte die *City of London Joint Working Group on European Economic and Monetary Union*, Memorandum for the European Commission and the European Monetary Institute on the proposed EU regulation on conversion to a single currency, continuity of contracts and related issues, in: Butterworths Journal of International Banking and Financial Law, London 1996, S. 282 ff. (Art. 5 und 6); abgedruckt bei *Thévenoz* (Fn. 38), S. 35 f.

> Der letzte Satz bestätigt, dass das allgemein anerkannte Prinzip der Vertragsfreiheit gültig bleibt.[64]

Richtig daran ist, dass die Feststellung, dass die Verträge fortbestehen, nur „deklaratorischen Charakter" hat. Der eigentliche Kern aber liegt in der Aussage, dass die WWU weder als „unvorhersehbares Ereignis" bezeichnet werden kann, noch eine „schwerwiegende Veränderung der Umstände" darstellt. Damit sollen die zuvor erwähnten Ausnahmetatbestände, die in den verschiedenen dogmatischen Ausprägungen ausdrücklich aufgeführt werden, ausgeschlossen werden. Wenn am Ende dann darauf hingewiesen wird, dass der Europäische Rat in Madrid in einem Übergangsszenario den Grundsatz der Kontinuität bereits hervorgehoben habe, so erklärt sich vielleicht daraus das allgemein verbreitete Missverständnis, dass es hier um die Kontinuität von Verträgen gehe. So wird gemeinhin gesagt und geschrieben, dass durch diesen Art. 3 Euro-VO I das Prinzip der Kontinuität oder Unwiderrufbarkeit von Verträgen gesetzlich festgehalten werde.[65]

bb) Dies ist indessen eine verfehlte Perspektive. Der Kern der Bestimmung betrifft gerade nicht dieses unproblematische Prinzip, sondern die tatbeständlichen Voraussetzungen seiner Ausnahmen. Das eine wie das andere entzieht sich indessen einer gesetzlichen Regelung und dies gleich aus mehreren Gründen: Zunächst ist davon auszugehen, dass der EU keine Kompetenz zu materiellrechtlichen Regelungen des Privatrechts zusteht.[66] Dieser Umstand verbietet nicht nur eine Regelung, durch die der Widerruf von Verträgen generell ausgeschlossen wird, sondern zugleich auch eine Bestimmung, in der festgelegt werden könnte, welche Sachverhalte einen solchen Widerruf rechtfertigen oder nicht.

Lässt man diese europarechtliche Perspektive einmal ausser Betracht, so ergeben sich gegen eine derartige Regelung auch grundlegende Bedenken: Ebenso wie das Prinzip *pacta sunt servanda* nur eine Konsequenz der Privatautonomie darstellt, erweisen sich auch dessen Begrenzungen als Konsequenzen einer richtig verstandenen Privatautonomie. Das zeigt sich in besonders klarer Weise an dem Konzept, das das Bundesverfassungsgericht

---

64 Erläuterungen zur Ratsverordnung vom 16.10.1996 über einige Bestimmungen der Einführung des Euro, Kommission der Europäischen Gemeinschaften, Aktz. KOM (96) 499 endg.

65 Vgl. für die schweizerische Literatur: *Roth* (Fn. 39), S. 139; *Weber* (Fn. 39), S. 57 *ff.*; *Schenker* (Fn. 54), S. 785; *Thévenoz* (Fn. 38), S. 35 ff.

66 Vgl. dazu den Beitrag von *Westermann* (S. 3 ff.) in diesem Band.

im Bürgschaftsurteil[67] zugrunde gelegt und das *Schimansky* in seinem grundlegenden Vortrag über „Bankvertragsrecht und Privatautonomie"[68] verdeutlicht und vertieft hat. Geht man von diesem Konzept aus, in dessen Zentrum die Selbstbestimmung des Privatrechtssubjektes steht, so scheint mir klar zu sein, dass auch die nationalen Gesetzgeber wohl kaum die Befugnis hätten, die Kontinuität von Verträgen in der von der Euro-VO I angestrebten Weise anzuordnen, d.h. konkret etwa die Berufung auf den Wegfall der Geschäftsgrundlage kraft Gesetzes auszuschliessen. Zum gleichen Resultat dürfte man auch nach Schweizerischem Recht gelangen, weil eine derartige Bestimmung die Grundnorm von Art. 27 ZGB[69] in unzulässiger Weise einschränken würde.[70]

Aber selbst wenn man davon ausgeht, dass der Text von Art. 3 Euro-VO I sowie die bereits zitierte Erwägung der Kommission zu dieser Vorschrift in Wahrheit gar nicht die Kontinuität von Verträgen dadurch anordnen wollen, dass sie den Widerruf als solchen ausschliessen, sondern nur ausschliessen wollen, dass die Einführung des Euro als ein Tatbestandsmerkmal für einen solchen Widerruf betrachtet wird, bestehen auch hiergegen erhebliche Bedenken. Sie richten sich gegen die Floskel, dass „die WWU weder als unvorhersehbares Ereignis bezeichnet werden kann, noch eine schwerwiegende Veränderung der Umstände darstellt". Es ist nicht Sache des Gesetzgebers zu entscheiden, ob ein Ereignis vorhersehbar oder unvorhersehbar ist, ob es sich um eine gravierende oder weniger gravierende Veränderung der Umstände handelt. All diese topoi beziehen sich auf die bereits erwähnten unterschiedlichen Ausprägungen der Lehre von der Geschäftsgrundlage und ihren Pendants in anderen Rechtsordnungen („principle of frustration" oder

---

67 BVerfGE 89, 214.

68 *Schimansky*, WM 1995, S. 46 *ff.*; zur Kritik statt aller *Zöllner*, Regelungsspielräume im Schuldvertragsrecht, AcP 196 (1996), S. 1 ff.

69 *Art. 27 ZGB*: [1] Auf die Rechts- und Handlungsfähigkeit kann niemand ganz oder zum Teil verzichten.
[2] Niemand kann sich seiner Freiheit entäussern oder sich in ihrem Gebrauch in einem das Recht oder die Sittlichkeit verletzenden Grade beschränken.

70 Art. 27 ZGB kommt funktional Verfassungsrang zu. Vgl. zu dieser zentralen Norm des Schweizerischen Privatrechts die Kommentierung von *Bucher*, in: BK-*Bucher* (Fn. 26), Bd. I, 2. Abt., Bern 1993. Da das Schweizerische Recht jedoch keine verfassungsgerichtliche Kontrolle von Gesetzen des Bundes kennt (Art. 113 Abs. 3 Bundesverfassung [SR 101]), würde eine entsprechende Regelung in der Schweiz wohl sanktionslos bleiben.

„théorie de l'imprévision"). Es gehört gerade zum Wesen dieser Rechtsinstitute, dass die Frage der Unvorhersehbarkeit oder der Veränderung von Umständen nicht generell abstrakt entschieden werden kann. Vielmehr hat der Richter durch wertende Betrachtung zu beurteilen, ob aus Sicht der Parteien unvorhersehbare Ereignisse oder schwerwiegende Veränderungen eingetreten sind; denn bei diesen Rechtsinstituten handelt es sich durchwegs um Entscheidungen, die in jedem Einzelfall neu getroffen werden müssen, weil sie auf die Vorstellungen der konkret betroffenen Parteien beim Vertragsschluss abstellen.[71] Deshalb liegt es eigentlich auf der Hand, dass der Gesetzgeber nicht *ex ante* in generell-abstrakter Weise zu Fragen der Vorhersehbarkeit der WWU Stellung nehmen kann.[72] Erschwerend kommt hinzu, dass es sich eigentlich bei näherer Betrachtung gar nicht um die Frage der Vorhersehbarkeit der Einführung des Euro selbst handelt, wie im folgenden anhand der Diskussion dieser Fragen im Schweizerischen Recht gezeigt werden wird.

cc) Zuvor ist für die Anwendung dieses Schweizerischen Rechts als Resümee festzuhalten, dass schon bezüglich der für die EU getroffenen Regelungen und deren Bedeutung für das nationale Recht grundsätzliche Bedenken gegenüber dem eingeschlagenen Weg bestehen. Diese beziehen sich teils auf die Frage der Kompetenz, aber auch auf das methodisch richtige Vorgehen bei der Abfassung der Euro-Verordnungen. Dieser Aspekt soll hier nicht weiter vertieft werden; es mag genügen, in diesem Zusammenhang auf den Beitrag von *Westermann* hinzuweisen.[73] Für die hier zu behandelnde Sicht der Drittstaaten ist nur eine Frage entscheidend: Lassen sich die Euro-Verordnungen und insbesondere die Euro-VO I als Teile des Währungssta-

---

71 Es ist m.a.W. Aufgabe des Richters, *ex post* (d.h. *nach* Eintritt eines bestimmten Ereignisses) für den konkreten Einzelfall zu entscheiden, ob eine gravierende Störung des Äquivalenzverhältnisses im Sinne der Lehre von der Geschäftsgrundlage entstanden ist und ob dieses Ergebnis bei Vertragsabschluss vorhersehbar war oder nicht.

72 Im Ergebnis wie hier *Schneider* (Fn. 57), S. 2480, welcher Art. 3 Euro-VO I nur bezogen auf die Währungsumstellung als solche versteht und für allfällige Konsequenzen der Einführung des Euro eine Berufung auf den Wegfall der Geschäftsgrundlage nicht ausschliesst. Er übersieht jedoch m.E., dass Art. 3 Euro-VO I die Kontinuität von Verträgen über die blosse Währungsnachfolge hinaus sichern will (vgl. auch Fn. 74).

73 Vgl. den Beitrag von *Westermann* (S. 3 ff.) in diesem Band sowie *Schefold* (Fn. 57), S. 15 und *Sandrock* (Fn. 57), S. 11 ff.

tuts betrachten und behandeln, oder ist dies ausgeschlossen? Den oben angeführten Zitaten lässt sich zweifelsfrei entnehmen, dass insbesondere die Euro-VO I ganz eindeutig *auch* darauf abzielt, vertragsrechtliche Kontinuität durch Ausschluss von Widerrufsmöglichkeiten oder Elimination der entsprechenden Voraussetzungen zu regeln. Besonders klar und deutlich kommt dies zum Ausdruck in der Ziff. 8 der Erwägungen zur Euro-VO I, die folgendermassen lautet:

> „Die ausdrückliche Bestätigung des Grundsatzes der Kontinuität wird auch dazu beitragen, dass die Fortgeltung von Verträgen in der Rechtsprechung dritter Länder anerkannt wird".

Für mich besteht kein Zweifel daran, dass die Verfasser damit keineswegs nur die währungsrechtliche, sondern auch die vertragsrechtliche Kontinuität gemeint haben.[74] Das bedeutet aber zugleich auch, dass die in dieser Ziff. 8 getroffene Aussage keine Feststellung, sondern allenfalls ein Wunsch ist; denn wenn es sich um eine materiellrechtliche Kontinuität von Verträgen handelt, so ist diese selbstverständlich nach der *lex causae* zu beurteilen und damit nach dem Vertragsrecht des jeweiligen Drittlandes. Im folgenden soll nun untersucht werden, wie sich der nach der *lex monetae* (Art. 147 Abs. 2 IPRG) anerkannte Wechsel von einer EU-Währung zum Euro nach den schweizerischen vertragsrechtlichen Regeln beurteilt.[75] Zu diesem Zweck gebe ich zunächst eine kurze Übersicht über die in Betracht kommenden rechtlichen Grundregeln und Institute, um diese dann im einzelnen zu diskutieren.

b) Die Regeln im Schweizer Recht

Ausgangspunkt aller Überlegungen zur „Kontinuität" von Verträgen bildet natürlich auch im Schweizerischen Recht der Grundsatz *pacta sunt*

---

74 *Sandrock* (Fn. 57), S. 7 ff. unterscheidet zwar an sich zutreffend zwischen währungsrechtlicher Kontinuität und vertragsrechtlicher Kontinuität, berücksichtigt dabei aber m.E. nicht hinreichend, dass die Euro-Verordnungen, insbesondere die Euro-VO I - wie sich aus den im Text wiedergegebenen Zitaten eindeutig erkennen lässt - ganz bewusst auch die vertragsrechtliche Kontinuität regeln wollen.

75 Die im folgenden behandelten Fragestellungen ergeben sich auch, wenn die Umstellung durch Auslegung des Vertrages oder durch Parteivereinbarung bewirkt wird (vgl. dazu unten 4.).

servanda, der dem gesamten Vertragsrecht zugrunde liegt.[76] Ebenso selbstverständlich wie die grundsätzliche Bindung der Parteien an den geschlossenen Vertrag ist deren Begrenzung. Auch sie hat wie das Prinzip *pacta sunt servanda* keine explizite allgemeine Regelung im gesetzten Recht erfahren, lässt sich jedoch in genereller Weise folgendermassen beschreiben: Die Bindung findet ihre Grenze immer dann und überall dort, wo sie vom bei Vertragsabschluss vorhandenen Parteiwillen nicht oder nicht mehr gedeckt ist. Dieses hier bewusst sehr allgemein formulierte Prinzip kann natürlich nicht die unmittelbare Grundlage der Rechtsanwendung sein. Es findet vielmehr seine Ausprägung und Konkretisierung in einer Reihe von Rechtsinstituten, die untereinander verwandt sind, aber doch als selbständige Rechtsbehelfe betrachtet werden. Es geht um den Wegfall der Geschäftsgrundlage, die *clausula rebus sic stantibus*, die Kündigung aus wichtigem Grund und verwandte Rechtsfiguren. Trotz der Gemeinsamkeit in den Grundlagen sind die Tatbestände unterschiedlich ausgestaltet; dies gilt nicht nur innerhalb der einzelnen Rechtsordnungen, sondern naturgemäss in noch vermehrtem Masse, wenn man die konkrete Ausformung in den einzelnen Rechtsordnungen vergleicht. Aus diesem Grunde ist es erforderlich, einige terminologische und strukturelle Eigenarten der schweizerischen Regelung dieser Tatbestände voranzuschicken.

Das Schweizerische Recht kennt keine eigentliche Lehre von der Geschäftsgrundlage. Das unter diesem topos im Deutschen[77] und auch im Österreichischen Recht[78] behandelte Phänomen wird in der Schweiz durch zwei Rechtsinstitute abgedeckt, die zwar funktionell die in Deutschland und Österreich als Geschäftsgrundlagenfälle behandelten Sachverhalte erfassen, in ihrer rechtstechnischen Ausgestaltung aber in erheblicher Weise abweichen. Dies gilt insbesondere für den sogenannten Grundlagenirrtum, auf dessen Entstehungsgeschichte zunächst kurz einzugehen ist, weil erst und

---

76 Vgl. dazu die in Fn. 61 zit. Literatur.

77 Vgl. u.a. *Medicus,* Vertragsauslegung und Geschäftsgrundlage, in: FS Flume Bd. I, Köln 1978, S. 629 ff.; *Fikentscher,* Die Geschäftsgrundlage als Frage des Vertragsrisikos: dargestellt unter besonderer Berücksichtigung des Bauvertrages, München 1971; *Larenz,* Geschäftsgrundlage und Vertragserfüllung: die Bedeutung „veränderter Umstände“ im Zivilrecht, 3. Aufl., Köln 1963.

78 Für Österreich zuletzt *F. Bydlinski,* Zum Wegfall der Geschäftsgrundlage im österreichischen Recht, Ksiega Pamiatkowa ku czci Profesora Stanislawa Wlodyki, Studia z Prawa Gospodarczego i Handlowego, S. 79 ff.

nur dadurch die Bedeutung dieses Rechtsinstitutes für die Problematik des Euro verständlich gemacht werden kann.

Im Obligationenrecht der Schweiz von 1881 war das Irrtumsrecht im wesentlichen den gemeinrechtlichen Traditionen gefolgt; es enthielt infolgedessen auch den Tatbestand des sogenannten Eigenschaftsirrtums,[79] der heute noch im Deutschen Recht in § 119 Abs. 2 BGB geregelt ist und vielfältige Probleme aufwirft. Solche Probleme hatten sich auch bei der Anwendung des Obligationenrechts ergeben, als dieses zum Zwecke der Anpassung an das neugeschaffene ZGB zu Beginn des Jahrhunderts revidiert wurde. Der Gesetzgeber nahm das zum Anlass, den Eigenschaftsirrtum zu eliminieren und an seine Stelle eine Bestimmung zu setzen, die in ganz offenkundiger Weise an diejenigen Floskeln anknüpft, die von der in jener Zeit in Deutschland entwickelten Lehre von der Geschäftsgrundlage geprägt sind. So entstand der Art. 24 Abs. 1 Ziff. 4 des Obligationenrechts von 1911, der folgendermassen lautet:[80]

> *Art. 24 OR:* [1] Der Irrtum ist namentlich in folgenden Fällen ein wesentlicher:
> ...
> 4. wenn der Irrtum einen bestimmten Sachverhalt betraf, der vom Irrenden nach Treu und Glauben im Geschäftsverkehr als eine notwendige Grundlage des Vertrages betrachtet wurde.

Der nicht unter diesen Tatbestand fallende Teil der Geschäftsgrundlagenfälle wird im Schweizerischen Recht mit der traditionellen Figur der *clausula rebus sic stantibus* erfasst.[81] Während diese nur die Anpassung und eventuelle Aufhebung wirksam zustandegekommener Verträge betrifft, stellt der Grundlagenirrtum schon deren Zustandekommen in Frage. Deshalb ist der Grundlagenirrtum zunächst zu erörtern, ehe auf die Fälle der *clausula rebus sic stantibus* und die damit verwandten Rechtsfiguren einzugehen ist.

---

79 Art. 19 Ziff. 3 aOR lautete: „Der Irrtum ist insbesondere ein wesentlicher, ... (3) wenn die irrig vorausgesetzten Eigenschaften der Sache so erheblich sind, dass dieselbe, je nachdem diese Eigenschaften vorhanden sind oder fehlen, im Verkehre zu einer ganz verschiedenen Gattung oder Art von Gütern gerechnet wird; ..."

80 Grundlegend zur Entstehungsgeschichte des Irrtumsrechts im Obligationenrecht von 1911: *Fick, D*er wesentliche Irrtum im revidierten schweizerischen Obligationenrecht, in: FS Cohn, Zürich 1915, S. 617 ff. (insbes. S. 645 ff.).

81 Zum Verhältnis zwischen Art. 24 Abs. 1 Ziff. 4 OR und der deutschen Lehre von der Geschäftsgrundlage vgl. BK-*Schmidlin* (Fn. 26), Bd. VI, 1. Abt., Bern 1995, Vorbem. zu Art. 23 ff., Rn. 90 ff. m.w.H.

2. Bestand geschlossener Verträge

a) Konzeption des Irrtumsrechts nach der Rechtsprechung des Bundesgerichts

Die Brisanz, die der Grundlagenirrtum für die im Zusammenhang mit dem Euro möglicherweise entstehenden Probleme hat, lässt sich aus der Formulierung des Tatbestandes nicht ablesen. Sie beruht auch nicht auf diesem Tatbestand selber und seiner sogleich zu besprechenden Interpretation durch die Rechtsprechung (unten b.), sondern auf der dogmatischen Konzeption des Irrtumsrechts, die die Rechtsprechung des Schweizerischen Bundesgerichts im letzten Jahrzehnt entwickelt hat. Sie ist durch zwei Elemente geprägt, die auf eine komplexe Weise miteinander verknüpft sind. Es ist hier nicht der Ort, die konzeptionellen Grundlagen im einzelnen darzulegen oder gar zu diskutieren;[82] denn für die heute zu behandelnde Problematik kommt es allein auf die Konsequenzen an. Diese sind die folgenden: In dem inzwischen berühmt gewordenen Picasso-Entscheid des Bundesgerichts[83] hat dieses zwei grundsätzliche Positionen formuliert: es geht zunächst davon aus, dass ein mit einem Willensmangel behafteter Vertrag von Anfang an ungültig ist.[84] Das Bundesgericht hat damit die bis zu diesem Zeitpunkt ganz herrschende sogenannte Anfechtungstheorie[85] aufgegeben, die - wie das Deutsche Recht[86] - annahm, dass der irrtumsbehaftete Vertrag zunächst wirksam sei, aber durch Ausübung eines Gestaltungsrechtes rückwirkend vernichtet werden könne. Stattdessen folgt es der sogenannten Ungültigkeitstheorie, die besagt, dass mit Willensmängeln behaftete Erklärungen für den, der sich in einem Irrtum befand, keinerlei Verbindlichkeit erzeugen können.[87] Offen geblieben ist im Urteil die Frage, ob diese Unverbindlich-

---

82 Dazu ausführlich BK-*Schmidlin* (Fn. 81), Vorbem. zu Art. 23 ff.

83 BGE 114 II 131; dazu *Wiegand*, Bemerkungen zum Picasso-Entscheid (Fn 31) und *Gauch*, SAG 1989, S. 152 ff.

84 BGE 114 II 131, Erw. 3.b) (S. 142 ff.). Zu den Konsequenzen dieser Auffassung ausführlich *Wiegand*, Bemerkungen zum Picasso-Entscheid (Fn. 31), S. 109 ff.

85 *Bucher* (Fn. 23), S. 209 ff. (S. 210) m.w.H.

86 Vgl. vor allem den Wortlaut von § 119 Abs. 1 BGB.

87 Das Bundesgericht stützt sich dabei im wesentlichen auf *Gauch*, Vertrag und Parteiwille, in: *Peter* et al. (Hrsg.) Hundert Jahre Schweizerisches Obligationenrecht, Freiburg 1982, S. 343 ff.

keit nur für die Erklärung desjenigen eintritt, der sich geirrt hat, oder ob der Vertrag als Ganzes ungültig ist.[88]

Darauf kommt es im vorliegenden Zusammenhang auch gar nicht an; entscheidend ist vielmehr, dass eine Partei, die sich im Irrtum befand, nicht etwa die Ungültigkeit des Vertrag durch Anfechtung herbeiführen muss, sondern sich auf die Ungültigkeit des Vertrages berufen kann. Diese Berufung - und das ist die noch gewichtigere Aussage des bundesgerichtlichen Urteils - ist zeitlich unbeschränkt möglich.[89] Zwar muss nach Entdeckung des Irrtums die Ungültigkeit des Vertrages innerhalb Jahresfrist geltend gemacht werden, aber es gibt keinerlei Verjährungs- oder Verwirkungsfrist, die die Berufung auf den Irrtum als solchen ausschliessen würde. Konkret bedeutet das, dass - wenn der Irrtum erst 10, 20 oder 30 Jahre nach Vertragsschluss entdeckt wird, die Berufung auf die Ungültigkeit des Vertrages jederzeit möglich ist, sofern sie nicht ausnahmsweise als rechtsmissbräuchlich zu beurteilen wäre.[90]

Es bedarf keiner weiteren Begründung, dass ein derart konzipiertes Irrtumsrecht ein ganz erhebliches Risikopotential im Hinblick auf den Euro enthält, wenn dessen Einführung unter den Tatbestand des Grundlagenirrtums subsumiert werden könnte. Deshalb ist als nächstes die Interpretation zu beschreiben, die die Rechtsprechung diesem Tatbestand gegeben hat, um anschliessend zu prüfen, ob er im Zusammenhang mit dem Euro relevant werden könnte (dazu unten c.).

b) Interpretation des Grundlagenirrtums durch die Rechtsprechung

Das Bundesgericht umschreibt den Grundlagenirrtum folgendermassen:

> „Nach Art. 24 Abs. 1 Ziff. 4 OR ist an den Vertrag nicht gebunden, wer sich bei seinem Abschluss über einen bestimmten Sachverhalt geirrt hat, der ihm notwendige Grundlage des Vertrages war und bei objektiver Betrachtung, nach Treu und Glauben im Geschäftsverkehr, sein durfte."[91]

---

88 Hinweise auf den Streitstand bei OR-*Schwenzer* (Fn. 17), Art. 23, Rn. 8.

89 BGE 114 II 131, Erw. 2.b) (S. 140 f.). Das Bundesgericht lehnt es entgegen einer verbreiteten Literaturmeinung ausdrücklich ab, die einjährige relative Verwirkungsfrist des Art. 31 OR durch eine absolute Frist zu ergänzen.

90 Dazu eingehend *Wiegand,* Bemerkungen zum Picasso-Entscheid (Fn. 31), S. 106 ff.

91 BGE 97 II 43 (Erw. 2, S. 45 f.).

Löst man diese, den Art. 24 Abs. 1 Ziff. 4 OR nur paraphrasierende Umschreibung auf, so ergeben sich daraus folgende Elemente: Es muss sich um einen „bestimmten Sachverhalt" handeln, der für die sich auf einen Grundlagenirrtum berufende Partei subjektiv wesentlich war, aber auch für jeden anderen Teilnehmer am Rechtsverkehr in vergleichbarer Lage als wesentlich erscheint. Neben dieser subjektiven und objektiven Wesentlichkeit wird zudem von einem Teil der Literatur und in einigen Urteilen verlangt, dass der Umstand, dass der bestimmte Sachverhalt für den Erklärenden wesentliche Grundlage seines Vertragsentschlusses bildete, auch dem Erklärungsempfänger erkennbar war.[92]

Während dieses Kriterium der sogenannten Erkennbarkeit in den hier zu beurteilenden Fallgestaltungen kaum eine Rolle spielen dürfte, ist dagegen die ebenfalls umstrittene Frage, ob der Irrtum sich auch auf sogenannte zukünftige Sachverhalte beziehen könne, von erheblicher Tragweite. Ein grosser Teil der Literatur lehnt das deshalb ab, weil man sich nur über bereits Bestehendes irren könne und alle zukünftigen Sachverhalte in den Bereich der *clausula rebus sic stantibus* zu verweisen seien. Demgegenüber geht die neuere Rechtsprechung und die inzwischen wohl herrschende Auffassung in der Literatur dahin, dass auch zukünftige Sachverhalte Berücksichtigung finden können.[93] Diese Auffassung ist deshalb zutreffend, weil es sich bei Art. 24 Abs. 1 Ziff. 4 OR – und hierfür ist nun die Entstehungsgeschichte von praktischer Relevanz – in der Sache eigentlich gar nicht um einen Irrtum handelt, sondern um eine Fehlvorstellung bei der Willensbildung, die dazu führt, dass man einen Vertrag schliesst, den man bei richtiger Beurteilung der Verhältnisse überhaupt nicht oder jedenfalls nicht so abgeschlossen hätte. Hält man sich dies vor Augen, so ist die Berücksichtigung zukünftiger Entwicklungen an sich eine Selbstverständlichkeit. Ebenso selbstverständlich ist aber auch, dass dadurch Abgrenzungsprobleme entstehen, die nicht nur rein die Zeitachse betreffen, wie etwa die Abgrenzung zur *clausula rebus sic stantibus*,[94] sondern auch grundsätzliche Probleme, nämlich die Frage der Risikozuweisung. So ist allgemein anerkannt, dass bei spekulativen Geschäften aller Art eine Berufung auf den Grundlagenirrtum nicht in

---

92 Dazu BK-*Schmidlin* (Fn. 81), Art. 23/24, Rn. 75 ff. sowie *Wiegand,* ZBJV 130 (1994), S. 264 ff.

93 Vgl. zum Ganzen BK-*Schmidlin* (Fn. 81), Art. 23/24, Rn. 192 ff.

94 Zur Abgrenzung zwischen Grundlagenirrtum und *clausula rebus sic stantibus* vgl. BK-*Schmidlin* (Fn. 81), Art. 23/24, Rn. 239 ff.

Betracht kommt, oder noch verallgemeinernd gesagt, die Zulassung des Grundlagenirrtums darf nicht dazu führen, dass nachträglich die Risikoverteilung im Vertrag verändert wird.[95] Gerade diese Aspekte sind von besonderer Bedeutung für die hier zu beurteilende Frage der Anwendbarkeit des Grundlagenirrtums bei der Einführung des Euro.

c) Berufung auf Grundlagenirrtum im Zusammenhang mit der Einführung des Euro

Aus dem zuvor Gesagten ergibt sich ohne weiteres, dass spekulative Überlegungen im Zusammenhang mit der Einführung oder Nichteinführung des Euro, in welcher Form auch immer sie angestellt worden sein mögen, nicht zur Geltendmachung eines Grundlagenirrtums berechtigen können. Fraglich kann allein sein, ob nicht-spekulative Erwartungen im Hinblick auf die Einführung oder Nichteinführung des Euro den Tatbestand des Grundlagenirrtums erfüllen können. Aber auch in dieser Hinsicht glaube ich kaum, dass ernsthafte Risiken bestehen; denn sobald mit der Möglichkeit eines Währungswechsels überhaupt gerechnet wurde oder zu rechnen war, erscheinen mir die Chancen, sich auf den Eintritt oder Nichteintritt eines solchen Wechsels als „bestimmten Sachverhalt" im Sinne des Art. 24 Abs. 1 Ziff. 4 OR berufen zu können, eher gering zu sein. Wirkliche Probleme entstehen nur in denjenigen Situationen, in denen bei Vertragsabschluss mit einem solchen Wechsel überhaupt nicht zu rechnen war oder ein solcher Wechsel in einer für die andere Seite sichtbaren Weise nicht in Betracht gezogen wurde.

Eine solche Konstellation kann sich vor allem bei langfristigen Anlage- und/oder Lebensversicherungsverträgen ergeben. Gerade bei Lebensversicherungen sind derartige Überlegungen von grosser praktischer Relevanz; denn bei den schweizerischen Lebensversicherungsgesellschaften sind Fremdwährungspolicen in Milliardenhöhe abgeschlossen worden.[96]

---

95 So insbes. OR-*Schwenzer* (Fn. 17), Art. 24, Rn. 19.

96 Allein das Brutto-Deckungskapital (ungezillmert) der im direkten Schweizergeschäft bei schweizerischen Lebensversicherern abgeschlossenen Fremdwährungspolicen wird für 1996 mit 2,357 Mrd. Sfr. angegeben. Davon entfallen 1,077 Mrd. auf die Policenwährung ECU, 0,534 Mrd. auf die Policenwährung D-Mark sowie 0,71 Mrd. auf die Policenwährung US-$ (Quelle: *Bundesamt für Privatversicherungswesen*, Die privaten Versicherungseinrichtungen in der Schweiz 1996, S. 34 f.).

Nimmt man z.B. an, dass ein in der Schweiz lebender Deutscher in den 80iger Jahren eine Lebensversicherung abgeschlossen hat, deren Auszahlung in D-Mark erfolgen soll, weil er seinen Lebensabend in Deutschland verbringen will, so stellt sich die Frage, ob er sich auf einen Grundlagenirrtum berufen kann. Er müsste dies damit begründen, dass er bei Abschluss des Vertrages davon ausging, dass die Deutsche Währung unverändert und damit auch für ihn sicher bleibe. Es liegt auf der Hand, dass die Voraussetzungen für den Grundlagenirrtum schwer darzutun sein werden. Nimmt man einmal an, dass die Grundannahme „Mark bleibt Mark" einen „bestimmten Sachverhalt" betraf und dass die subjektive Wesentlichkeit dieses Sachverhalts für den Versicherten auch dem Versicherer bekannt war, so ergeben sich schon Zweifel daran, ob ein loyaler dritter Teilnehmer im Rechtsverkehr all diese Umstände auch für wesentlich halten würde. Alles in allem wird man die Aussichten für die Berufung auf einen Grundlagenirrtum deshalb eher als gering beurteilen müssen. Man darf andererseits aber das Risiko nicht völlig unterschätzen. Dies ergibt sich aus einem länger zurückliegenden, aber exemplarischen Entscheid des Bundesgerichts.[97] Danach hatte ein Versicherungsnehmer im Jahre 1965 einen Lebensversicherungsvertrag in der Erwartung abgeschlossen, dieser verschaffe ihm (partielle) Steuerbefreiung. Diese Erwartung war der Versicherungsgesellschaft bekannt. Als die Steuerverwaltung im Jahre 1975 (!) die Steuerbefreiung definitiv ablehnte, hat der Versicherte den Vertrag wegen Grundlagenirrtums angefochten. Das Bundesgericht hat den Grundlagenirrtum anerkannt und die Anfechtung prinzipiell für zulässig gehalten, den Anspruch des Versicherten aber aus anderen Gründen abgewiesen. Dieser Fall zeigt eines mit aller Deutlichkeit: Ob und unter welchen Voraussetzungen ein Grundlagenirrtum angenommen werden kann, hängt immer von den konkreten Umständen des Einzelfalles und den Vorstellungen der Beteiligten ab. Deshalb lässt sich im Zusammenhang mit dem Euro nicht in *genereller* Form ausschliessen, dass die Berufung auf die Ungültigkeit eines Vertrages wegen eines Grundlagenirrtums Erfolg habe. Ganz ähnlich stellt sich die Situation bei der *clausula rebus sic stantibus* dar, mit der ich mich im folgenden befasse.

---

97 Urteil publiziert in: *Bundesamt für Privatversicherungswesen* (Hrsg.), Entscheidungen schweizerischer Gerichte in privaten Versicherungsstreitigkeiten, Vierzehnte Sammlung (1974-1981), Bern 1984, No. 101 (S. 482 ff.).

3. Fortdauer der Verträge

a) Die clausula rebus sic stantibus im Schweizerischen Recht

Mit der *clausula rebus sic stantibus* werden von den Konstellationen, die im Deutschen Recht unter dem Titel Geschäftsgrundlage behandelt werden, diejenigen Fälle erfasst, die nicht dem Grundlagenirrtum zugeordnet werden können oder anders ausgedrückt, die die Entwicklung nach einem wirksamen Vertragsabschluss betreffen. Die rechtliche Grundlage findet die Rechtsfigur der *clausula rebus sic stantibus* in Art. 2 ZGB,[98] der in seinem Kerngehalt § 242 BGB entspricht. Die Frage der Anwendbarkeit der *clausula rebus sic stantibus* wird aber auch als solche der Auslegung des Vertrages verstanden, weshalb sie im Zusammenhang mit Art. 18 OR[99] gesehen und behandelt wird.[100]

Darüber hinaus enthält das OR (im Gegensatz zum Deutschen Recht) eine Bestimmung, in der der Tatbestand der *clausula rebus sic stantibus* in geradezu vorbildlicher Weise, wenn auch auf einen spezifischen Fall zugeschnitten, umschrieben wird. Im Werkvertragsrecht behandelt Art. 373 OR die Verbindlichkeit eines Kostenvoranschlags und bestimmt dann in Abs. 2:

> *Art. 373 Abs. 2 OR:* Falls jedoch ausserordentliche Umstände, die nicht vorausgesehen werden konnten oder die nach den von den beiden Beteiligten angenommenen Voraussetzungen ausgeschlossen waren, die Fertigstellung hindern oder übermässig erschweren, so kann der Richter nach seinem Ermessen eine Erhöhung des Preises oder die Auflösung des Vertrages bewilligen.

Diese Bestimmung, die allenthalben als exemplarische Formulierung des Tatbestandes der *clausula rebus sic stantibus* angesehen wird, umschreibt

---

98 *Art. 2 ZGB:* [1] Jedermann hat in der Ausübung seiner Rechte und in der Erfüllung seiner Pflichten nach Treu und Glauben zu handeln.
[2] Der offenbare Missbrauch eines Rechtes findet keinen Rechtsschutz.

99 *Art. 18 OR:* [1] Bei der Beurteilung eines Vertrages sowohl nach Form als nach Inhalt ist der übereinstimmende wirkliche Wille und nicht die unrichtige Bezeichnung oder Ausdrucksweise zu beachten, die von den Parteien aus Irrtum oder in der Absicht gebraucht wird, die wahre Beschaffenheit des Vertrages zu verbergen.
[2] (...)

100 Art. 18 Abs. 1 OR entspricht in seinem Gehalt im wesentlichen einer Kombination von § 133 und § 357 BGB. Vgl. im einzelnen dazu OR-*Wiegand* (Fn. 17), Art. 18, Rn. 1 ff. und ausführlich zur *clausula rebus sic stantibus* Rn. 95 ff. m.Nw. zur Literatur und Rechtsprechung.

die Voraussetzung ebenso wie die Rechtsfolgen. Allgemeiner - aber ganz auf dieser Linie - liegt diejenige Formulierung, die das Bundesgericht in einer Vielzahl von Urteilen verwendet und in dem als „leading case" betrachteten Entscheid folgendermassen zusammengefasst hat:

> „Nach Art. 2 Abs. 2 ZGB hat der Richter einen Vertrag dann zu ändern oder aufzuheben, wenn durch nachträgliche, nicht voraussehbare Umstände ein derart offenbares Missverhältnis zwischen Leistung und Gegenleistung eingetreten ist, dass das Beharren einer Partei auf ihrem Anspruch als missbräuchlich erscheint"[101]

Für den hier behandelten Zusammenhang ist dabei nicht ohne Bedeutung, dass das Bundesgericht wesentliche Kriterien für die *clausula rebus sic stantibus* in Urteilen entwickelt hat, die im Zusammenhang mit den Folgen der Inflation in Deutschland stehen und die sich insbesondere mit der Aufwertungsrechtsprechung des Reichsgerichts auseinandersetzen.[102] Aber

---

101 BGE 97 II 390 (Erw. 6, S. 398); w.Nw. bei BK-*Merz* (Fn. 26) Art. 2, Rn. 188 ff.

102 Eingehend zu diesen Urteilen *Thévenoz* (Fn. 38), S. 43 ff. Die nachfolgenden Zusammenfassungen beschränken sich auf das Wesentlichste:
BGE 51 II 303: Die Klägerin (Adolf Hinrichsen & Cie, Hamburg) stellte der Beklagten (J. Brann & Cie, Zürich) ab 1.1.1919 ein Reichsmarkdarlehen zur Verfügung. Auf Anfang 1924 war ein Teil zur Rückzahlung fällig. Die Beklagte wollte gleich das ganze Darlehen zurückzahlen, die Klägerin verweigerte indessen die Annahme der Papiermark und verlangte Goldmark (bei Vertragsabschluss stand die Papiermark bei 55% Goldmark und war inzwischen auf einen Billionstel ihres ursprünglichen Wertes zurückgegangen). Das Bundesgericht kommt zunächst zum Schluss, dass nicht Goldmark sondern schlicht Mark vereinbart waren; zudem schliesst es sich bezüglich der Erfüllung von Geldschulden der Nennwerttheorie an. Doch wird das Ansinnen der Beklagten, die Schuld mit völlig wertlosem Geld zu tilgen, als Verstoss gegen Treu und Glauben gewertet. In der Tatsache, dass die Parteien bei Vertragsschluss eine vollständige Entwertung der Papiermark nicht voraussehen konnten, sieht das Bundesgericht eine Vertragslücke, die es unter Berücksichtigung der damaligen deutschen Aufwertungsgesetzgebung schliesst, so dass die Forderung der Klägerin schliesslich auf 30% Goldmarkwert aufgewertet wird.
BGE 54 II 314: Die Kläger (Guggenheim et al.) hatten von der Beklagten (Leih- und Sparkasse Diessenhofen i.L.) im Jahre 1911 Inhaberobligationen zu nom. 100'000 Reichsmark erworben. Mit ihrer Klage machten sie - unter Berufung auf BGE 51 II 303 - eine Aufwertung ihrer Forderung auf 40% Goldmarkwert geltend. Das Bundesgericht bestätigt zwar die Erwägungen in BGE 51 II 303, weist die Klage jedoch ab, weil das deutsche Aufwertungsrecht ein „Bankenprivileg" enthielt und dieser Tatbestand als erfüllt betrachtet wurde. Dieses Privileg nahm die Banken wegen ihrer Funktion als Träger der Geldwirt-

ebenso wenig wie es heute bei der Beurteilung des Deutschen Rechts um die Vergleichbarkeit der Konsequenzen des Euro mit den Aufwertungsfolgen in den 20iger Jahren gehen kann, darf hier für das Schweizerische Recht auf die damalige Situation abgestellt werden. Zu prüfen ist vielmehr nur, ob nach den Grundkriterien der von Lehre und Rechtsprechung entwickelten Massstäbe für die *clausula rebus sic stantibus* nach der Umstellung eines Vertrages auf Euro damit gerechnet werden muss, dass es der einen oder anderen Partei möglich sein könnte, sich auf diese zu berufen. Damit ist schon angedeutet, was im folgenden näher zu erläutern ist: Abzustellen ist in jedem Fall auf die konkreten Umstände des Einzelfalls, so dass von vornherein eine generalisierende Aussage nicht in Betracht kommt. Dies ist indessen keine Besonderheit der Euro-Problematik, sondern ergibt sich vielmehr aus der Konzeption und den theoretischen Grundlagen der Doktrin von der *clausula rebus sic stantibus*, wie sie einleitend in der Formulierung über die Begrenzungen des Grundsatzes *pacta sunt servanda* erwähnt worden sind. Diese

---

schaft, ohne Rücksicht auf die Person des Gläubigers, weitgehend von der Aufwertung aus.

BGE 57 II 368 (= Pra 20 Nr. 135): Der Kläger (Caspari) hatte bei der Beklagten (Société suisse d'assurances générales sur la vie humaine) im Jahre 1918 eine gemischte Versicherung über 30'000 Reichsmark für eine Laufzeit von 10 Jahren abgeschlossen, um sich gegen grössere Verluste auf Guthaben in Deutschland abzusichern. 1928 verlangte er die Rückzahlung in Mark zum damaligen aktuellen Kurs. Das Bundesgericht entschied, dass die Beklagte durch analoge Anwendung des deutschen Aufwertungsrechts entsprechend der in Deutschland vorgeschriebenen Aufwertung nur 34% des Deckungskapitals zurückzuzahlen habe, da das Deckungskapital der abgeschlossenen Versicherung in Deutschland in deutschen Wertschriften angelegt worden war.

BGE 57 II 596: Die Kläger (Gut und Bernheimer) schlossen in den Jahren 1905-07 bei der Klägerin (Guardian) gemischte Lebensversicherungsverträge mit Versicherungssummen von 5'000 und 10'000 Mark für die Dauer von jeweils 20 Jahren ab. Das Bundesgericht lehnt es zunächst ab, die deutsche Aufwertungsgesetzgebung direkt anzuwenden, da ihr nicht unmittelbar währungsrechtlicher Charakter zuzuerkennen sei. Auch eine analoge Anwendung wird abgelehnt, da es sich um Markversicherungen handelte, die zum schweizerischen Versicherungsbestand einer nordamerikanischen Lebensversicherungsgesellschaft gehörten, und die folglich nicht der deutschen Versicherungsaufsichtsgesetzgebung unterstanden, was aber nach deutschem Recht Voraussetzung für die Erfassung durch das deutsche Aufwertungsgesetz war. Trotzdem leitet das Bundesgericht aus dem Grundsatz des Handelns nach Treu und Glauben eine Pflicht zur Rückzahlung eines aufgewerteten Betrages ab (i.c. Aufwertung um ein Drittel).

sind noch einmal in Erinnerung zu rufen: Der Parteiwille verpflichtet, aber er verpflichtet nur so lange und insoweit, als die eingetretenen Rechtsfolgen von dem bei Vertragsschluss vorhandenen Parteiwillen gedeckt sind. Dies ist ein auf den individuellen Parteiwillen und deshalb notwendig auf den Einzelfall bezogenes Konzept. Deshalb ist nicht auf eine generelle Vorhersehbarkeit abzustellen und auch nicht auf ein abstrakt zu bestimmendes Missverhältnis von Leistung und Gegenleistung, sondern auf die individuelle Unzumutbarkeit und die Frage, ob die konkret beteiligten Parteien eine derartige Entwicklung vorhersehen konnten. Die im folgenden zu besprechenden Kriterien der Vorhersehbarkeit und des Missverhältnisses sind deshalb nicht objektivierend und generell, sondern individuell und konkret zu betrachten, was zumindest in der schweizerischen Diskussion nicht hinreichend genug geschieht.[103]

Die Voraussetzung für die Anwendbarkeit der *clausula rebus sic stantibus* ist nach allgemeiner Auffassung eine gravierende Äquivalenzstörung, die mit dem Schlagwort „Missverhältnis zwischen Leistung und Gegenleistung" gekennzeichnet wird. Konkretisiert man diese Fragestellung im Hinblick auf den Euro, so geht es darum, ob bei der Währungsumstellung eines Vertrages, der bisher in D-Mark, Lira oder Peseten zu erfüllen war, ein Missverhältnis zwischen Leistung und Gegenleistung entsteht. Dies setzt zunächst voraus, dass durch die Einführung des Euro überhaupt eine Äquivalenzveränderung eintritt. Ob und inwieweit das der Fall sein wird, vermag im Moment noch niemand zu sagen; dass es möglich ist, liegt indessen auf der Hand.

Man denke nur an Beispielsfälle wie etwa denjenigen, dass ein Lizenzgeber in der Schweiz, der sein Alter auf den Canarischen Inseln verbringen will, sich in einem langfristigen Lizenzvertrag die Zahlungen des Lizenznehmers in spanischen Peseten hat versprechen lassen. Wird der Euro zu einer Währung, deren Inflationsraten und Wertzerfall weit über denjenigen der Peseten bei Abschluss des Vertrages liegt, so ist durchaus denkbar, dass eine (zunehmende) Äquivalenzstörung eintritt. Aber auch der umgekehrte Fall ist denkbar: Hat der spanische Lizenznehmer dem in der Schweiz residierenden Lizenzgeber Leistung in spanischen Peseten versprochen und entwickelt sich der Euro zu einer Hartwährung im Stile des Schweizer Frankens

---

103 *Thévenoz* (Fn. 38), S. 37 ff. und *Weber* (Fn. 39), S. 59 f., die m.E. zu sehr von einer abstrakten Beurteilung ausgehen.

oder der D-Mark, so ergeben sich für den Lizenznehmer Äquivalenzabweichungen, die bald einmal zu einem für ihn unzumutbaren Missverhältnis führen könnten. Dies alles bedarf deshalb keiner näheren Begründung, weil dieselbe Situation sich auch bei Beibehaltung der bisherigen Währung durch starke inflatorische Schwankungen ergeben könnte. Deshalb geht die entscheidende Frage dahin, ob die durch den Euro eintretenden Abweichungen die für die vereinbarte Währung zu erwartenden und zu tolerierenden Massstäbe überschreiten. Dies lässt sich an einem weiteren Beispiel verdeutlichen: Man stelle sich vor, eine Schweizer Bank habe einem Schweizer - aus welchen Gründen auch immer - in einem dem schweizerischen Recht unterstellten Darlehensvertrag ein DM-Darlehen gewährt. Wird die D-Mark durch den Euro ersetzt und wird dieser schwach, so stellt sich die Frage, wie lange und bis zu welchem Ausmass die Bank die Rückzahlung in Euro akzeptieren muss, ohne sich auf die *clausula rebus sic stantibus* berufen zu können. Sie ist nicht anders zu beantworten als die Frage, wann sich die Bank bei einem entsprechenden Wertzerfall bei der Rückzahlung von D-Mark auf eine Äquivalenzstörung berufen kann. Es ist nochmals daran zu erinnern, dass die frühen Entscheidungen des Bundesgerichts gerade diese Konstellation betrafen.[104] Auch hier ist zu sagen, dass eine Berufung auf die *clausula rebus sic stantibus* nur dann in Betracht kommt, wenn die Wertveränderungen durch den Euro den Rahmen sprengen, der für die Währungsentwicklung der D-Mark als „vorhersehbar“ zu betrachten war. Damit hängt letzten Endes alles vom zweiten Gesichtspunkt ab, nämlich der Vorhersehbarkeit. Bei diesem Kriterium könnte man natürlich auf eine objektive Betrachtungsweise abstellen und sich fragen, ob bestimmte Entwicklungen generell vorhersehbar waren. Das würde indessen dem Grundgedanken der *clausula rebus sic stantibus* nicht entsprechen. Es kommt entscheidend darauf an, ob für die vertragsschliessenden Parteien die eingetretene Entwicklung vorhersehbar war oder nicht. Gerade im Hinblick auf die Einführung des Euro ist es hier m.E. zu Missverständnissen gekommen, die eine Klarstellung erfordern: Vielfach wird die Frage diskutiert, von welchem Zeitpunkt an die Einführung des Euro vorhersehbar war, wobei eine Vielzahl von Möglichkeiten in Erwägung gezogen wird, etwa der Abschluss des Maastrichter Vertrags[105] im Dezember 1991 oder dessen Unterzeichnung im Februar 1992, sein

104 Entscheidungen zit. in Fn. 102.
105 Vertrag über die Europäische Union (Maastricht-Vertrag) vom 7.2.1992.

Inkrafttreten im November 1993 oder die Publikation des Grünbuchs[106] im Mai 1995 und schliesslich die bereits mehrfach erwähnte Madrider Konferenz vom 15./16. Dezember 1995, auf der das „Übergangsszenario" entwickelt wurde. Dies ist indessen schon innerhalb der EU eine problematische Fragestellung. Ihre Problematik wird dann noch deutlicher, wenn man sie aus der Sicht eines Drittlandes betrachtet. Ein Drittlandbewohner wird von Entwicklungen in der EU weit weniger betroffen, als deren Mitglieder und er nimmt sie naturgemäss auch weit weniger wahr; schon deshalb wäre aus der Sicht eines Drittlandes die Frage des massgeblichen Zeitpunktes anders zu beurteilen, was wiederum unterstreicht, dass es ausschliesslich auf die subjektive Wahrnehmung der Betroffenen und Beteiligten ankommen kann. Die entscheidende Frage ist jedoch, ob es überhaupt richtig ist, auf die Einführung des Euro als solche abzustellen. Meines Erachtens ist dies nicht der Fall. Bei der *clausula rebus sic stantibus* geht es ja nicht eigentlich um die Vorhersehbarkeit des Ereignisses, sondern um die Vorhersehbarkeit der Konsequenzen, die dieses Ereignis für die Äquivalenzverhältnisse im abgeschlossenen Vertrag haben könnte. Deshalb geht es bei der Vorhersehbarkeit im Zusammenhang mit dem Euro nicht um dessen Einführung, sondern darum, ob und inwieweit die am Vertragsschluss beteiligten Parteien die aus der Einführung resultierenden Konsequenzen für den von ihnen geschlossenen Vertrag vorhersehen konnten.

Geht man von dieser, bei einer richtig verstandenen Interpretation der Doktrin von der *clausula rebus sic stantibus* einzig möglichen Betrachtungsweise aus, so verschiebt sich sofort die Perspektive. Bei der Frage, ob Parteien in der Schweiz oder in einem anderen Drittland sich auf die *clausula rebus sic stantibus* berufen können, geht es ausschliesslich darum, ob und inwieweit sie eventuelle, ihren konkreten Vertrag betreffende Folgen der Einführung des Euro vorhersehen konnten. Daraus ergibt sich mit Selbstverständlichkeit, dass von Fall zu Fall und im Hinblick auf die konkret eingetretene Entwicklung zu entscheiden ist:

Entwickelt sich der Euro zu einer weichen Währung mit einer hohen Inflationsrate und den damit verbundenen Folgen des Wertzerfalls und entsprechendem Zinsniveau, so stellt sich die Frage, bis zu welchem Ausmass dies hingenommen werden muss; dies ist die Problematik des Missverhältnisses. Die zweite und entscheidende Frage ist, ab wann eine solche Ent-

---

106 Siehe oben Fn. 58.

wicklung vorhersehbar war. Bleibt man bei dem zuletzt gegebenen Beispiel, so wird sich zunächst die Frage stellen, ob eine Schweizer Bank im Jahr 2010 die Rückzahlung eines in D-Mark gewährten Darlehens in Euro wird akzeptieren müssen, wenn dieser eine jährliche Inflationsrate von 10% oder mehr haben sollte. Die viel schwieriger zu beantwortende Frage wird aber lauten, ab wann eine solche Entwicklung der Einheitswährung (trotz der im Vertrag von Maastricht vorgesehenen Konvergenzkriterien) für die Bank erkennbar war. Umgekehrt wird sich im anderen Beispiel für denjenigen, der die Zahlung von Lizenzgebühren in spanischen Peseten versprochen hat, die Frage nach der Berufung auf die *clausula rebus sic stantibus* dann stellen, wenn der Euro eine harte Währung wird, die minimale Inflationsraten aufweist. Hier lässt sich die zweite Frage dahingehend formulieren, ob etwa für den spanischen Lizenznehmer eine solche Entwicklung erkennbar war, weil aufgrund der im Vertrag von Maastricht vorgesehenen Konvergenzkriterien eine rasche Annäherung und Absenkung der Inflationsraten zu erwarten war.

All diese hier angestellten Erwägungen sind, dessen bin ich mir vollkommen bewusst, sehr hypothetisch. Mir geht es indessen nur um eines: Es gilt dem Eindruck entgegenzuwirken, dass die Frage der Anwendung der *clausula rebus sic stantibus* unabhängig vom Einzelfall und schon jetzt *ex ante* und *ex cathedra* entschieden werden könnte. Entschieden werden kann sie vielmehr erst dann, wenn die Konsequenzen der Einführung des Euro tatsächlich überschaubar sind und deren Auswirkungen auf einzelne Vertragsverhältnisse wirklich beurteilt werden können. Dann wird man *ex post* den Umfang eventueller Äquivalenzstörungen beurteilen und sich auch intensiv mit der Frage auseinandersetzen können, ob diese tolerabel sind und in inwieweit sie vorhersehbar waren.

Aus heutiger Sicht ist es in der Tat so, dass man dem wird zustimmen müssen, was all diejenigen Autoren, die sich in der Schweiz bisher zu dieser Frage geäussert haben,[107] uni sono annehmen. Danach wird die Bandbreite der tolerablen Abweichungen, die eine Berufung auf die *clausula rebus sic stantibus* rechtfertigen würden, nicht erreicht. Immerhin fügt *Roth* hinzu: „Dies gilt insbesondere, wenn die Konvergenzkriterien nicht aufgeweicht werden".[108] Gerade dieser Satz zeigt mit aller Deutlichkeit die Ungewissheit, die der gesamten Beurteilung innewohnt und die nochmals Anlass gibt,

107 Vgl. Fn. 38, 39, 54.

108 *Roth* (Fn. 39) S. 139.

darauf hinzuweisen, dass im jetzigen Zeitpunkt eine verlässliche Vorhersage nicht möglich ist.

Das gilt in noch vermehrtem Masse für all diejenigen Verträge, bei denen die Leistung in ECU vereinbart worden ist. Hier ist, ohne dass dies näherer Begründung bedarf, die Möglichkeit für Abweichungen in weit erheblicherem Masse gegeben, als bei der schlichten Umstellung auf Euro; denn sowohl die offizielle ECU wie insbesondere die zahlreichen privaten ECU können dazu führen, dass für den Schuldner die Beschaffung der von ihm zu leistenden Geldbeträge sich in ganz erheblichem Masse verteuert, wenn aufgrund der oben dargelegten Mechanismen die Auslegung nach Schweizerischem Recht ergibt, dass ECU durch Euro zu ersetzen ist. Da es sich hierbei um einen gravierenderen Eingriff in die Vertragsverhältnisse handelt als bei der Umstellung bisheriger Währungen auf den Euro, liegt hier die Berufung auf die *clausula rebus sic stantibus* wesentlich näher. Ob und inwieweit sie Erfolg haben kann, muss jedoch auch hier für jeden Fall konkret entschieden werden.

Dies gibt nochmals Anlass darauf hinzuweisen, dass alle Entscheidungen im Zusammenhang mit der *clausula rebus sic stantibus* Einzelfallentscheidungen sind. Das muss deshalb erneut betont werden, weil es in diametralem Gegensatz zu der generell-abstrakten Betrachtungsweise der Euro-VO I steht, die gerade nicht auf den Einzelfall abstellt, sondern die Überleitung auf den Euro telquel als einen „nichtrelevanten Umstand" qualifizieren will.[109] Dass dem verständliche rechtspolitische und ökonomische Erwägungen zugrunde liegen, soll keineswegs verkannt werden; für Drittländer sind diese Erwägungen indessen nicht hilfreich, denn hier ist die legislatorische Situation anders als innerhalb der EU. Deshalb wird es dabei bleiben müssen, dass die Gerichte, wenn es tatsächlich zu Berufungen auf die *clausula rebus sic stantibus* kommen sollte, die Tatbestandsvoraussetzungen individuell-konkret für den streitigen Einzelfall werden prüfen müssen.

Lediglich eine besondere Ausformung der *clausula rebus sic stantibus* stellt die Kündigung aus wichtigem Grund dar. Im Gegensatz zu jenem allgemeinen Rechtsinstitut ist sie jedoch in den meisten Gesetzen, so auch im OR, in zahlreichen Bestimmungen vorgesehen.[110] Darüber hinaus aber ist

109 Vgl. oben IV.1.a.

110 Das OR verwendet den Terminus „wichtiger Grund" insgesamt fünfundzwanzigmal.

die Möglichkeit einer Kündigung aus wichtigem Grund als allgemeines Prinzip bei Dauerschuldverhältnissen anerkannt.[111] Mit dem Grundkonzept der *clausula rebus sic stantibus*, aus der dieser Rechtsbehelf abgeleitet wird, hat die Kündigung aus wichtigem Grund gemeinsam, dass die Fortsetzung des Vertrages für eine der beiden Parteien als unzumutbar zu betrachten ist. Die Unzumutbarkeit beruht aber bei der Kündigung aus wichtigen Gründen nicht auf Äquivalenzstörungen, sondern in aller Regel auf persönlichen Umständen oder allgemeiner ausgedrückt, auf einem personal geprägten Element. Schon deshalb kommt die Kündigung aus wichtigem Grunde in den hier zu betrachtenden Fällen einer Währungsumstellung praktisch nicht in Frage.

Immerhin muss darauf hingewiesen werden, dass bei einer Reihe von Finanztransaktionen die zwischen den Parteien geschlossenen Verträge eine Kündigung aus wichtigem Grund vorsehen. Für das Deutsche Recht ist diese Frage vor allem im Hinblick auf den Rahmenvertrag für Finanztermingeschäfte diskutiert worden.[112] Die daraus zu ziehende Erkenntnis ist zunächst die, dass es sich bei dem wichtigen Grund in derartigen Vereinbarungen um völlig andere Umstände handelt als diejenigen, die aus der historischen Tradition in die Kodifikationen aufgenommen worden sind. Deshalb verbietet es sich, eine in irgendeiner Weise generalisierende Aussage zu machen. Ob und inwieweit ein Währungswechsel als wichtiger Grund anzusehen ist, kann ausschliesslich nach den Grundsätzen der Vertragsauslegung beurteilt werden. Sofern es sich um schweizerische Verträge handelt, sind dazu die in Art. 18 OR entwickelten Grundsätze der Vertragsauslegung massgebend, die primär und hauptsächlich auf den Willen der Parteien abstellen.[113] Versucht man mit aller gebotenen Vorsicht eine Verallgemeinerung, so wird sich sagen lassen können, dass ein wichtiger Grund für die Kündigung eines solchen Finanzkontraktes dann vorliegt, wenn dessen ursprünglicher Zweck gefährdet oder gar nicht mehr erreichbar ist. Dies führt unmittelbar zum nächsten zu besprechenden Rechtsinstitut.

---

111 Vgl. dazu BK-*Kramer* (Fn. 26), Allg. Einl. in das schweizerische OR, Rn. 163 f. und Art. 18, Rn. 315 f., 321.

112 Vgl. dazu *Steuer* (Fn. 10), S. 545 ff.

113 Vgl. dazu im einzelnen OR-*Wiegand* (Fn. 17), Art. 18, Rn 18 ff.

b) Zweckerreichung oder Zweckfortfall

Die unter den Schlagworten „Zweckfortfall" oder „Zweckerreichung" diskutierten Konstellationen sind in erster Linie Produkte professoraler Phantasie und dementsprechend durch lokale Gegebenheiten geprägt. Während es in Norddeutschland die Schleppkähne „Energie und Ausdauer" sind, die den Hafen verlassen, um das auf Grund gelaufene Überseeschiff freizuschleppen, den „Tatort" aber erst erreichen, als dieses Schiff infolge steigender Flut sich selbst befreien konnte, so ist es in der Schweiz der Bergsteiger, der in der Eigernordwand vom Nebel eingeschlossen wird, welcher sich aber schon vor Eintreffen des Rettungshubschraubers wieder auflöst, so dass der Bergsteiger seinen Weg unbeirrt fortsetzen kann. Ebenso vielfältig wie die Schulbeispiele sind die dazu vertretenen theoretischen Konzeptionen, auf die hier gar nicht näher einzugehen ist.[114] Dies nicht zuletzt deshalb, weil dogmatische Diskussionen dieser Art in der Schweiz, wo nach einem berühmten Diktum des Schweizerischen Bundesgerichts „seit jeher eine einfache und praktische Rechtsauffassung vorgeherrscht hat",[115] eher eine geringe Rolle spielen. Zwar wird sich diese Mentalität vermutlich nicht grundlegend ändern, aber die theoretischen Konzeptionen über den Zweckfortfall und die Zweckerreichung könnten doch erheblich an Bedeutung gewinnen. Das hängt damit zusammen, dass es eine Reihe von Geschäften gibt, deren Zweck ausschliesslich darin besteht, die Konsequenzen auszuschliessen oder abzumildern, die sich aus der Unterschiedlichkeit von Währungen ergeben. Simpler oder technischer ausgedrückt gibt es eine Fülle von Kontrakten wie Zins-Swaps oder Hedging-Verträge, die ihre Existenz dem Umstand verdanken, dass Währungen und Zinsen sich unterschiedlich entwickeln. Es liegt infolgedessen nahe, anzunehmen, dass derartige Geschäfte in dem Moment ihren Sinn verlieren, da die beiden einander gegenübergestellten Währungen infolge der Einführung des Euro beide in Euro umgewandelt werden. Die ausserordentliche ökonomische Tragweite

---

114 Zum Deutschen Recht statt vieler *Larenz*, Lehrbuch des Schuldrechts, Bd. I Allgemeiner Teil 13. Aufl., München 1982, S. 291 ff.; für die Schweiz *Gauch/Schluep*, Schweizerisches Obligationenrecht - Allgemeiner Teil, 6. Aufl., Zürich 1995, Bd. II Rn. 3155 f. m.w.H.

115 Zitat aus BGE 67 II 70 (S. 74).

derartiger Überlegungen liegt auf der Hand.[116] Sie hat deshalb vor allem Bankpraktiker dazu veranlasst, die These aufzustellen, dass diese Geschäfte in irgendeiner Form aufrechterhalten werden könnten und sollten.[117] So verständlich derartige Bestrebungen sind, scheint mir jedoch eine gewisse Differenzierung und Relativierung notwendig:

Sicher trifft es zu, dass der Zweck all dieser Geschäfte in einer Risikoabsicherung besteht. Infolgedessen wird man davon ausgehen können, dass der Zweck des Geschäftes so lange andauert, als das Risiko Bestand hat; oder in der Terminologie dieses Rechtsinstitutes ausgedrückt, dass ein Zweckfortfall oder eine Zweckerreichung nicht in Betracht kommt, so lange die unterschiedlichen Währungen existieren. Es besteht auch kein Zweifel daran, dass für diese Phase entsprechende Prämien und Kommissionen verdient und geschuldet sind. Fraglich kann allein sein, ob die Umstellung auf eine neue Währung dazu führt, dass das abgesicherte Risiko und damit der Zweck des Vertrages entfällt. Gewiss ist dies nicht generell zu bejahen, andererseits kann es aber ebensowenig generell ausgeschlossen werden. Auch hier kommt es, wie bei den zuvor behandelten Rechtsinstituten, ganz entscheidend auf die Vorstellungen der Parteien an, welche durch Auslegung zu ermitteln sind. Mir scheint es indessen mit einem richtigen Vertragsverständnis kaum vereinbar, im Hinblick auf bankökonomische und rein pragmatische Erwägungen Verträge künstlich aufrecht zu erhalten, die ihre innere Rechtfertigung in jeder Hinsicht verloren haben. Hier gilt noch immer die im 19. Jahrhundert viel diskutierte, für die Gesetzgebung entwickelte, aber in unserem Zusammenhang gleichermassen relevante Parömie „cessat causa, cessat lex ipsa". Ohne auf die rein dogmatische Diskussion darüber einzutreten, welche Lösung für diese Situation konstruktiv richtig ist,[118] scheint mir sachlich folgendes geboten: Im Moment des Zweckfortfalls oder der Zweckerreichung beschränkt sich das bestehende Vertragsverhältnis auf Abwicklungspflichten, während die primären Leistungspflichten erlöschen. Diese Wirkungen treten, um das noch einmal zu wiederholen, nur *ex nunc*

---

116 Vgl. die Nw. bei Steuer (Fn. 10), wonach sich der bereinigte Nominalwert der weltweit ausstehenden OTC-Derivate am 31.3.1995 auf 47,5 Billionen US-$ belief.

117 So für das Deutsche Recht *Westermann* (S. 3 ff.) in diesem Band und *Steuer* (Fn. 10), S. 542 ff. (S. 558) sowie *Pohl* (Fn. 10), S. 1192; im gleichen Sinne für die Schweiz *Roth* (Fn. 39), S. 144.

118 Vgl. dazu die in Fn. 114 aufgeführte Literatur.

ein, sie sind dafür aber, ohne dass sich jemand darauf beruft, *ex officio* zu beachten. Das gleiche gilt auch für den allerletzten hier zu diskutierenden Aspekt.

c) Die Unmöglichkeit

Während bei den zuvor behandelten Fällen die Unmöglichkeit nur eine konstruktive Variante darstellt, mit der man versucht, die Situation der Zweckerreichung und des Zweckfortfalls dogmatisch zu erfassen, stellt sich die Frage der Unmöglichkeit auch in ihrer traditionellen Form. Es wird darüber diskutiert, ob die Erfüllung einer Verpflichtung dadurch unmöglich wird, dass die Währung, in der sie denominiert ist, durch Einführung des Euro wegfällt. Diese Frage stellt sich natürlich nur dann, wenn in diesem Vertrag nicht eine automatische Ersetzung der bisherigen Währung durch den Euro stattfindet. Konkret bedeutet das, dass das Problem der Unmöglichkeit zunächst in solchen Drittstaaten auftreten kann, die die *lex monetae* nicht anerkennen, so dass eine automatische Ersetzung der bisherigen Währung durch den Euro nicht stattfindet. Dies war einer der wesentlichen Diskussionspunkte bezüglich der Situation im Staate New York, bevor diese in der oben beschriebenen Weise gesetzlich geregelt wurde. Die Frage der Unmöglichkeit kann sich also nur noch in einzelnen Staaten stellen, in denen ein solcher rekurrenter Anschluss noch nicht gesichert ist.[119] Sieht man von diesen, in Bezug auf das internationale Geschäft wohl eher singulären Erscheinungen ab, so spielt die Frage der Unmöglichkeit nur noch in einem sehr speziellen Fall eine Rolle, nämlich dann, wenn die Parteien die Erfüllung des Vertrages in einer bestimmten Währung ausdrücklich vereinbart haben. Man spricht dann von einer Effektivklausel. Eine Steigerung einer solchen Effektivvereinbarung liegt vor, wenn eine exklusive Geldsortenschuld angenommen werden muss, was dann der Fall ist, wenn die Parteien ausdrücklich festhalten, dass die Schuld nur durch bestimmte Geldsorten erfüllt werden könne.[120] Das Problem derartiger echter/eigentlicher oder exklusiver Geldsortenschulden

---

119 Siehe oben III.2.

120 Zu weiteren Hinweisen betreffend diese Unterscheidungen siehe BK-*Weber* (Fn. 26), Bd. VI, 1. Abt., Bern 1983, Art. 84, Rn. 147 ff.; für das Deutsche Recht siehe *Staudinger/Schmidt* (1997), Vorbem. C 6 zu §§ 244 ff. und § 245 Rn 1 ff.

ist kaum noch von praktischer Bedeutung, aber von um so grösserem theoretischem und auch historischem Interesse. Zum letzteren mag ein Beispiel gegeben werden, das in vieler Hinsicht tröstlich ist. Es handelt sich um den sogenannten Schlickenthaler, von dem *Savigny* in seinem Obligationenrecht berichtet:

> Ist nun aber die in dem Rechtsgeschäft ausgedrückte Geldsorte aus dem Verkehr verschwunden, also nicht mehr zu verschaffen, so bleibt Nichts übrig, als den Courswerth anzunehmen, welchen jene Sorte zur Zeit des Rechtsgeschäfts gehabt hat. Ist dieser Courswerth, wegen der Länge der Zeit, nicht mehr zu ermitteln, so muss der Metallwerth der verschwundenen Geldsorte zum Grunde gelegt werden, da dieser gewiss von dem alten Courswerth wenig oder gar nicht abweichen wird. - Leyser erzählt hierüber folgenden, etwas abentheuerlichen, Fall. Zur Zeit von K. Carl V. wurde eine sehr alte Schuldverschreibung eingeklagt, die auf 20,000 Schlickenthaler gestellt war. Solche Thaler aber waren nicht mehr zu finden, konnten auch nicht mehr neu entstehen, weil die Grafen von Schlick ihr Münzrecht an die Krone Böhmen übertragen hatten. Der hart bedrängte Schuldner wandte sich an den Kaiser, welcher die Sache dadurch zum Austrag brachte, dass er den Grafen von Schlick erlaubte, ihr Münzrecht noch einmal auszuüben, um dadurch jene 20,000 Thaler entstehen zu lassen. - Von anderen Schriftstellern wird dieser Fall wohl mit Grund für erdichtet gehalten, weil die Grafen von Schlick erst 1518 zu münzen anfingen, so dass unter der Regierung von K. Carl V. weder von einem Verschwinden der Schlickenthaler, noch von sehr alten Schuldverschreibungen in dieser Münzsorte, die Rede seyn konnte.[121]

Das tröstliche an diesem Beispiel ist der den Juristen auch sonst geläufige Umstand, dass die meisten Probleme nicht neu sind, sondern sich mit einer gewissen Regelmässigkeit wiederholen. Das traurige daran ist, dass heute das Problem nicht durch einen Kaiser als „deus ex machina" gelöst werden kann.

Infolgedessen wird man bei der exklusiven Geldsortenschuld wohl in der Tat annehmen müssen, das die Leistung dem Schuldner unmöglich geworden ist. Im Hinblick auf die Seltenheit dieser Konstellation kann darauf verzichtet werden, Erwägungen darüber anzustellen, ob hier die Befreiung von der Leistungspflicht, wie sie in derartigen Fällen gemäss Art. 119 OR[122] vorge-

---

121 *Savigny,* Obligationenrecht 1847 I, S. 467 (Sperrung im Original). *Savigny* bezieht sich auf einen Bericht bei *Leyser* (Speculum iuris 529 med. 21) und weist zu Recht daraufhin, dass die Schilderung wohl kaum mit den historischen Gegebenheiten vereinbar ist.

122 Diese Vorschrift entspricht den §§ 275 und 323 BGB.

sehen ist, als angemessene Rechtsfrage betrachtet werden kann.[123] Dies führt generell zur Frage der Abwicklung der Verträge unter Berücksichtigung der zuvor dargelegten Aspekte.

4. Abwicklung der Verträge

Zunächst ist eine allgemeine Vorbemerkung angebracht: Die Umstellung eines bisher in einer EU-Währung denominierten Vertrages kann sich auf verschiedene Weise ergeben. Sie kann einmal darauf beruhen, dass Kraft der *lex monetae* eine „automatische" Umstellung des Vertrages erfolgt. Hier spielt weder der Parteiwille eine Rolle, noch ist eine irgendwie geartete Mitwirkung der Parteien erforderlich. Eine Umstellung auf Euro kann sich aber auch daraus ergeben, dass der Vertrag zwar nicht der *lex monetae* unterliegt, etwa weil es sich gar nicht um ein Rechtsverhältnis mit internationaler Beziehung handelt, gleichwohl aber die Auslegung des Vertrages dazu führt, dass eine Umstellung auf den Euro dem Willen der Parteien entspricht. Dies ist insbesondere dann der Fall, wenn - was in der Praxis nicht selten ist und in Zukunft immer häufiger vorkommen wird - entsprechende Umstellungsklauseln vorgesehen werden. Kommt es zu einer auf die eine oder andere Weise begründeten Umstellung, so sind zwei Konstellationen denkbar:

a) Der Normalfall

Die kraft Gesetzes oder Parteivereinbarung oder durch Auslegung erfolgte Umstellung auf Euro führt zu einer problemlosen Anpassung. Der Vertrag wird im vorgesehenen Rahmen abgewickelt. Man darf davon ausgehen, dass dies in der grossen Mehrzahl aller Fälle so ablaufen wird.

b) Die atypischen Fälle

Kommt es zu einer Umstellung des Vertrages, so bedeutet dies aber nicht immer und mit Selbstverständlichkeit, dass der Vertrag problemlos abgewickelt werden kann. Vielmehr können sich durch die Umstellung Verände-

123 Zu den Voraussetzungen und Rechtsfolgen einer Berufung auf Art. 119 OR vgl. OR-*Wiegand* (Fn. 17), Art. 119, Rn. 5 ff. m.w.Nw.

rungen ergeben, die die reibungslose Durchführung des Vertrages erschweren.

aa) Kommt es zu derartigen Störungen, so wird zu prüfen sein, ob sie so gravierend sind, dass (zumindest einer der betroffenen Parteien) die Durchführung des Vertrages nicht mehr zugemutet werden kann. Ist dies (unter den oben dargelegten Voraussetzungen) der Fall, so kann diese Partei sich unter Umständen auf die *clausula rebus sic stantibus* berufen und eine den veränderten Umständen entsprechende Anpassung des Vertrages verlangen. Eine solche Anpassung kann auch dadurch erfolgen, dass der Vertrag insgesamt aufgehoben wird und eine Rückabwicklung nach allgemeinen Grundsätzen stattzufinden hat. Daneben ist in Betracht zu ziehen, dass unter noch engeren Voraussetzungen eine Partei, die von der Umstellung auf den Euro betroffen ist, sich auf einen Grundlagenirrtum berufen kann. Dessen Geltendmachung hat nach der im Schweizerischen Recht noch herrschenden Auffassung die Auflösung des Vertrages mit Wirkung *ex tunc* zur Folge.[124]

bb) Das Gesagte bedarf der Präzisierung und Relativierung. Die zuvor beschriebenen Rechtsfolgen können - wie erwähnt - auch dann eintreten, wenn die Umstellung aufgrund einer im Vertrag vorgesehenen Anpassungsklausel erfolgt. Diese Anpassungsklauseln, die in zunehmendem Masse in jetzt laufende Verträge eingebaut werden, können einen doppelten Zweck haben. Zum einen können sie – insoweit in den meisten Fällen eher deklaratorisch und rein prophylaktisch – die Umstellung auf den Euro regeln. Eine darauf beschränkte Regelung hat zunächst den Effekt der Währungsumstellung wie ihn auch die *lex monetae* bewirkt. Darüber hinaus schliesst eine solche Klausel, wenn sie einverständlich in den Vertrag aufgenommen wird, die Berufung auf einen Grundlagenirrtum aus, denn damit wird klargestellt, dass der Fortbestand der vereinbarten Vertragswährung nicht mehr als „bestimmter Sachverhalt" im Sinne des Art. 24 Abs. 1 Ziff. 4 OR gelten kann, der die notwendige Grundlage des Vertrages bildet.[125]

Dagegen wird durch eine solche Klausel die Berufung auf die *clausula rebus sic stantibus* nicht ausgeschlossen. In der Praxis wird inzwischen aber

124 BGE 114 II 131 und OR-*Schwenzer* (Fn. 17), Art. 31, Rn. 15. Nach neuerer Auffassung ist analog der Doktrin zum Vertragsrücktritt gem. Art. 109 OR von einer Umwandlung in ein Rückabwicklungsverhältnis auszugehen, vgl. dazu *Wiegand,* Bemerkungen zum Picasso-Entscheid (Fn. 31) S. 110 f.; BK-*Schmidlin* (Fn. 26), Art. 31, Rn. 14-21 und Rn. 97 ff.

125 Vgl. dazu die Ausführungen oben IV.2.b.

versucht, Klauseln einzufügen, die auch diesen Rechtsbehelf ausschliessen sollen. Hierbei ist zu beachten, dass derartige Klauseln nur dann von Nutzen sind, wenn sie mit der gebotenen Klarheit formuliert werden und insbesondere zum Ausdruck bringen, dass die Parteien sich darüber einig sind, dass eventuell auftretende Äquivalenzstörungen nicht zur Berufung auf die *clausula rebus sic stantibus* berechtigen.[126] Ob und inwieweit eine solche Ausschlussklausel tatsächlich wirksam und zulässig ist, bedarf freilich noch der Erörterung. Das gilt im besonderen Mass für die Frage, ob ein solches Ergebnis auch durch eine sogenannte Vertragsergänzung erreicht werden kann.[127] Diese müsste in zwei Schritten erfolgen: Erstens indem zunächst festgestellt wird, dass der Vertrag im Hinblick auf die Währungsumstellung eine regelungsbedürftige Frage nicht geregelt hat, und sodann in einem zweiten Schritt dadurch, dass die entstandene Vertragslücke durch eine ergänzende Bestimmung, nämlich eine der *lex monetae* entsprechende Umstellung, wieder geschlossen wird. Meines Erachtens bestehen gegen eine derartige Vertragsergänzung ganz erhebliche Bedenken. Jedenfalls aber könnte sie nicht automatisch auch dazu führen, dass etwa die Berufung auf eine Äquivalenzstörung ausgeschlossen würde.[128]

c) Konsequenzen

Hält man sich allein die hier beschriebenen Abwicklungsvarianten und die möglichen Folgen für die beteiligten Parteien vor Augen, so ist es evident, dass für einige der Beteiligten ein ganz erheblicher Beratungsbedarf bestanden hat und noch besteht. Zu dieser in der bisherigen Literatur zu wenig beachteten Frage ist abschliessend Stellung zu nehmen.

---

126 Im Ergebnis entspricht dies in etwa dem, was zu den zit. amerikanischen Gesetzen ausgeführt worden ist (siehe oben III.2.).
127 Vgl. dazu die Ausführungen bei *Westermann* (S. 3 ff.) in diesem Band.
128 Hinweise zur Vertragsergänzung nach Schweizerischen Recht finden sich in OR-*Wiegand* (Fn. 17), Art. 18, Rn. 61 ff. m.w.Nw.

V. Beratungspflichten

1. Wenn im folgenden über Inhalt und Umfang von Beratungspflichten[129] zu diskutieren sein wird, so sind vorab die Personengruppen und Geschäftsbereiche festzulegen, in denen diese überhaupt in Betracht kommen. Es liegt auf der Hand, dass von solchen Pflichten nicht in allen Bereichen die Rede sein kann. Denkt man etwa an das verwendete Beispiel des Lizenzvertrages, in dem ein in der Schweiz lebender Lizenzgeber sich von dem spanischen Lizenznehmer Leistungen in Peseten versprechen lässt, so kann von Aufklärungs- und Beratungspflichten prinzipiell nicht die Rede sein, weil davon auszugehen ist, dass es sich um gleich informierte und gleich kompetente Partner handelt. Dies gilt selbst dann, wenn in einen solchen Vertrag jetzt eine Anpassungsklausel eingefügt würde, denn diese könnte nur durch eine Neuverhandlung zum Inhalt des Vertrages gemacht werden, bei welcher wiederum davon auszugehen wäre, dass beide Parteien - wie man in der Schweiz sagt - mit gleichlangen Spiessen kämpfen oder - wie man Neudeutsch sagt - „at arms length“ verhandeln. Es fehlt in solchen Fällen an einem „generellen und strukturellen Wissensvorsprung“, der konstitutiv für die Begründung von Beratungs- und Aufklärungspflichten ist.[130] Genau diesen Wissensvorsprung haben aber Banken und Versicherungen gegenüber ihren Kunden; die Verwendung des Wortes „Kunde“ soll damit von vornherein klarstellen, dass von einem den Beratungsbedarf und damit die Beratungspflicht auslösenden Informations- und Wissensgefälle nur dort die Rede sein kann, wo eine typische Rechtsbeziehung Bank-Kunde vorliegt.[131] Damit scheiden Beratungs- und auch sogar Hinweispflichten in all denjeni-

---

129 Speziell zu denjenigen im Bankgeschäft: *Hadding/Hopt/Schimansky* (Hrsg.), Aufklärungs- und Beratungspflichten der Kreditinstitute - der moderne Schuldturm?, Bankrechtstag 1992, Schriftenreihe der Bankrechtlichen Vereinigung Bd. 3, Berlin 1993 sowie *Abegglen* (Fn. 28).

130 So zuletzt *Horn*, Die Aufklärungs- und Beratungspflichten der Banken, ZBB 1997, S. 139 ff.

131 Dazu *Wiegand*, Die Rechtsbeziehung Bank-Kunde in der Schweiz, unter besonderer Berücksichtigung der AGB-Problematik, in: *Wiegand* (Hrsg.), Aktuelle Probleme im Bankrecht, Berner Tage für die juristische Praxis BTJP 1993, Bern, 1994, S. 129 ff.; *Horn*, Die Rechtsbeziehung Bank-Kunde, insbesondere die neuen AGB der deutschen Banken, in: *Wiegand* (Hrsg.), Aktuelle Probleme im Bankrecht a.a.O., S. 87 ff.

gen Bereichen aus, wo die Banken mit Personen kontrahieren, die professionell Bank- und Finanzgeschäfte betreiben.

2. Dies vorausgeschickt, ist für den verbleibenden Bereich folgendes festzuhalten: Gegenüber einem „normalen“ Kunden besteht bei auf EU-Währungen denominierten Geschäften eine Hinweispflicht darauf, dass mit einer Währungsumstellung zu rechnen ist. Diese Hinweispflicht geht über in eine Aufklärungspflicht, wenn in erkennbarer Weise dem Kunden die Tragweite einer solchen Währungsumstellung nicht bekannt ist oder bekannt sein kann. Die Aufklärung muss dann in einer Weise erfolgen, die es dem Kunden ermöglicht, die Tragweite der Währungsumstellung für die von ihm zu treffende Entscheidung abzuschätzen und sie dementsprechend zu fällen. Dies alles gilt sowohl für den Fall, in dem die Währungsumstellung nach der *lex monetae* automatisch erfolgt, wie auch für denjenigen Fall, in dem etwa eine Bank oder Lebensversicherung einem Kunden vorschlägt, mittels einer Anpassungsklausel den Vertrag im Hinblick auf die möglicherweise bevorstehende Währungsumstellung anzupassen.[132]

3. Eine derartige abstrakte Beschreibung bereitet keine Schwierigkeiten. Die Probleme liegen hier wie immer in der praktischen Anwendung. Wie soll der Bankbeamte oder der Versicherungsvertreter die möglichen Konsequenzen des Euro beschreiben, wenn sie bis heute auch Experten nicht in seriöser Weise abschätzen können? Damit reduziert sich die „Aufklärung“ in den meisten Fällen schon auf einen Hinweis auf den bevorstehenden möglichen Währungswechsel. Nicht leichter ist die Frage zu beantworten, *ab wann* eine derartige Hinweispflicht besteht. Hier kann nur das wiederholt werden, was oben bereits erwähnt wurde, dass zahlreiche Daten vom Abschluss des Vertrages von Maastricht 1992 bis zum Übergangsszenario der Madrider Konferenz 1995 dafür in Betracht kommen. Hinzu kommt der ebenfalls bereits erwähnte Umstand, dass die Perspektive eines Drittlandes eine andere ist, woraus man sowohl folgern kann, dass man im Drittland früher oder aber auch später auf derartige Entwicklungen hinweisen muss. Aber selbst wenn man Entstehung und Umfang der Pflicht einigermassen eingrenzen kann, bleiben folgende Punkte zu beachten:

Die Verletzung einer Beratungs- oder Aufklärungspflicht ist nur dann relevant, wenn durch sie ein Schaden verursacht wurde. Dabei greifen wie

132 Siehe dazu die diesbezüglichen Ausführungen oben II.3.

immer bei Informationspflichtverletzungen die Elemente der Kausalität und des Schadens ineinander.[133]

Was die Kausalität betrifft, so ergeben sich keine praktischen Probleme; denn die schweizerische Judikatur anerkennt spätestens seit dem Swissair-Entscheid die Vermutung aufklärungsrichtigen Verhaltens.[134] Für die hier in Rede stehenden Geschäfte bedeutet das, dass davon auszugehen ist, dass bei entsprechender Information der Bankkunde sich „richtig“ verhalten hätte. Die Frage, die sich hier - anders als im Arztrecht, woher dieser Terminus stammt[135] - stellt, ist indessen, ob es ein anderes richtiges Verhalten gegeben und ob dieses zu einem besseren Resultat geführt hätte. In vielen Fällen wird das deshalb zu verneinen sein, weil der Bankkunde keine Alternative hat. Hat er eine solche Alternative, so wird von ihm darzulegen sein, worin sie bestand und was das Resultat gewesen wäre, wenn er diese gewählt hätte.

Schliesslich aber wird der Bankkunde - und auch dies könnte zum Problem werden - nachzuweisen haben, dass ihm durch die Umstellung seiner Rechtsgeschäfte auf den Euro ein Schaden entstanden ist, der durch die zuvor beschriebene alternative Möglichkeit hätte vermieden werden können. Nach den oben ausgeführten eher seltenen Fällen, in denen die *clausula rebus sic stantibus* eingreift, wird es relativ leicht sein, einen Schaden nachzuweisen und der Bankkunde wird so zu stellen sein, wie wenn er von Anfang richtig beraten worden wäre.

Weitaus schwieriger stellt sich der Schadensnachweis in denjenigen Fällen dar, in denen die eingetretenen Veränderungen nicht ausreichen, um Rechtsbehelfe wie die *clausula rebus sic stantibus* zu ergreifen. In diesen Fällen wird der Kunde wohl nachweisen müssen, dass er bei entsprechender Information z.B. einen Lebensversicherungsvertrag in Dollar geschlossen hätte und dessen Entwicklung im Vergleich zu seinem nun in Euro umgewandelten Lebensversicherungsvertrag wesentlich günstiger gewesen wäre.

---

133 Dazu *Wiegand*, Die Haftung der Kontrolleure, in: *Wiegand* (Hrsg.), Konsequenzen aus der Krise, Berner Bankrechtstag Bd. 2, Bern 1995, S. 93 ff. (S. 99); dort auch zum im folgenden erwähnten Swissair-Entscheid und seinen beweisrechtlichen Konsequenzen.

134 BGE 120 II 331 (insbes. Erw. 5 und 6); zu dessen Bedeutung vgl. *Wiegand*, Von der Obligation zum Schuldverhältnis - Zur Entwicklung des schweizerischen Schuldrechts, Teil 1, recht 1997, S. 85 ff.

135 BGE 116 II 519 und 117 Ib 197; vgl. dazu die in Fn. 29 zit. Literatur.

4. Diese skizzenhafte Übersicht über Beratungspflichten und die möglichen Folgen ihrer Verletzung zeigen, dass ähnlich wie bei der Frage des Grundlagenirrtums oder der *clausula rebus sic stantibus* allzu grosse Befürchtungen verfehlt wären. Indessen darf das nicht darüber hinwegtäuschen, dass ein erheblicher Beratungsbedarf besteht. Vor dem Hintergrund dieses Beratungsbedarfes erscheint es zumindest als riskant und schwer verständlich, wenn die Banken nur in bescheidenem Masse und sehr zögernd ihren Beratungsverpflichtungen im Zusammenhang mit dem Euro nachkommen, sofern überhaupt eine dementsprechende Information erfolgt. Angesichts der in der Rechtsprechung nicht nur in Deutschland, sondern auch in der Schweiz zu erkennenden Tendenz, die Beratungs- und Aufklärungspflichten der Banken permanent auszudehnen und den Kunden in einem noch vor kurzer Zeit kaum vorstellbarem Ausmasse zu schützen, könnte sich dies als eine gefährliche und eventuell sehr schadensträchtige Politik erweisen.

VI. Zusammenfassung und Thesen

1. Prinzipiell kann davon ausgegangen werden, dass bei und nach Einführung des Euro die bestehenden Rechtsverhältnisse problemlos weitergeführt werden können.
2. Es ist jedoch nicht auszuschliessen, dass in Einzelfällen oder bei besonderen Sachlagen die Unwirksamkeit von Verträgen geltend gemacht oder Vertragsanpassung verlangt werden kann.
3. Im Hinblick auf die Komplexität der Rechtslage bestand und besteht ein erhöhter Beratungsbedarf und eine dementsprechende Beratungspflicht. Deren Umfang und die Folgen einer eventuellen Verletzung hängen von der Geschäftserfahrenheit und der wirtschaftlichen Lage der Gegenpartei ab.

Die Einführung des Euro aus der Sicht bankgeschäftlicher Unternehmenspraxis

Dr. Dieter Rehbein,
Chefsyndikus Sal. Oppenheim jr. & Cie., Köln

Inhaltsübersicht

I. Rahmenbedingungen[1]

Im Vertrag von Maastricht vom 2. Februar 1992[2] haben die Mitgliedstaaten der Europäischen Gemeinschaften die rechtlichen Grundlagen für die Schaffung einer Europäischen Wirtschafts- und Währungsunion (EWWU) gelegt. Bis dahin war die Einführung einer einheitlichen europäischen Währung in einem gemeinsamen Binnenmarkt ohne Grenzen zwar wiederholt propagiert worden, doch hatte dies noch zu keinen Konsequenzen geführt. So beschränkten sich sowohl der Werner-Bericht aus dem Jahre 1970 als auch der Delors-Bericht aus dem Jahre 1989 noch auf die Forderung nach einem parallelen Vorgehen der Mitgliedstaaten in wirtschafts- und währungspolitischen Fragen. Das Anfang der 70er Jahre eingeführte System fester, jedoch veränderbarer Wechselkurse mit gegenseitiger Interventionsverpflichtung der Mitgliedstaaten sollte ebenso Vorstufe einer gemeinsamen europäischen Währung werden wie das Ende der 70er Jahre begründete Europäische Währungssystem (EWS) mit der Korbwährung ECU (Europäische Währungseinheit) und in dieser der Deutschen Mark de facto als Ankerwährung. Auch das im Jahre 1987 durch die Einheitliche Europäische Akte in den EWG-Vertrag eingefügte Kapitel über die Zusammenarbeit in der Wirtschafts- und Währungspolitik beschränkte sich noch weitgehend auf die Bestätigung bestehender Kompetenzen der Mitgliedstaaten. Erst der Fall der Berliner Mauer im Herbst 1989 mit dem Zusammenbruch des sozialistischen Wirt-

---

1 *von Poser*, Europäische Wirtschafts- und Währungsunion - Struktur und Perspektive, 2. Aufl. 1996; *Sarazzin*, Der Euro, Chance oder Abenteuer, 1997; *Steltzner-Weimer*, Was kommt, wenn die DM geht, 2. Aufl. 1997; Bundesverband deutscher Banken, Der Euro - Stabiles Geld für Europa, Daten, Fakten, Argumente, 3. Aufl. 1997; *Aschinger*, Probleme auf dem Weg zum Euro, Wirtschaftsdienst 1997, 580; *Hahn*, Das Entstehen der Euro-Währung, Szenarien ihrer Einführung, JZ 1996, 321; *ders.*, Stabilitätspakt für die Europäische Währungsunion, JZ 1997, 1133; *Pöhl*, Der steinige Weg zur Europäischen Währungsunion, ÖBA 1996, 919; *ders.*, Auf dem Weg zur Europäischen Währungsunion, Deutsche Bundesbank - Auszüge aus Presseartikeln vom 22.1.1997, 10; *de Silguy*, Die Wirtschafts- und Währungsunion - Der Stand des Prozesses, ÖBA 1997, 753.

2 *Deutsche Bundesbank*, Die Beschlüsse von Maastricht zur Europäischen Wirtschafts- und Währungsunion, Monatsbericht Februar 1992, 45; *dies.*, Szenarium für den Übergang auf die einheitliche europäische Währung, Monatsbericht Januar 1996, 55; *Schubert-Wagner*, Der Übergang zur einheitlichen europäischen Währung nach der Weichenstellung von Madrid, ÖBA 1996, 89.

schaftssystems und der Folge der Wiedervereinigung Deutschlands im Jahre 1989 gab in der damaligen einmaligen historischen Umbruchsituation den entscheidenden Anstoß zur Schaffung der EWWU mit einer einheitlichen europäischen Währung, dem Euro, und der Errichtung einer Europäischen Zentralbank (EZB) in Frankfurt in einem System Europäischer Zentralbanken (ESZB) mit dem Europäischen Währungsinstitut (EWI) als Vorläuferinstitut. Beide sollen nicht, wie nach der Krönungstheorie, als Höhepunkt und Abschluß erst am Ende einer politischen Union stehen, sondern bereits an deren Anfang Eigendynamik und Schwungkraft entfalten und damit eine Lokomotivfunktion auf dem Wege zur politischen Union übernehmen.

Inzwischen ist auch das rechtliche Fundament der EWWU durch die Verträge von Maastricht (1992) und von Amsterdam (1997) gelegt und stetig weiter ausgebaut worden. So enthalten die Artikel 109 e ff. des EG-Vertrages einen konkreten Zeitplan für die Einführung des Euro als gemeinsamer europäischer Währung *(Euro-Einführungs-Szenario)*:

1. Zeitrahmen

Nachdem bis Ende 1997 kein anderer Zeitpunkt für den *Beginn der dritten Stufe* der EWWU festgelegt worden ist, beginnt diese nach Art. 109 j Abs. 4 EG-Vertrag *am 1. Januar 1999*. Vor dem 1. Juli 1998 bestätigt der Europäische Rat in der Zusammensetzung der Staats- und Regierungschefs nach dem vertraglich vorgesehenen Verfahren, welche Mitgliedstaaten der Europäischen Gemeinschaften die notwendigen Voraussetzungen für die Einführung einer einheitlichen Währung erfüllen. Dies bedeutet im einzelnen:

Die Mitgliedstaaten melden bis zum *28. Februar 1998* die aktualisierten Schätzdaten zur Entwicklung ihres Bruttoinlandsprodukts und Haushaltsdefizits an die Europäische Kommission (EK) und veröffentlichen diese gleichzeitig in ihren Hauptstädten.

Am *25. März 1998* berichten nach Art. 109 j Abs. 1 EG-Vertrag die EK und das EWI dem Ministerrat, inwieweit die Mitgliedstaaten bei der Verwirklichung der Wirtschafts- und Währungsunion ihren Verpflichtungen bereits nachgekommen sind. In diesen Berichten wird ferner die Frage geprüft, ob ein hoher Grad an dauerhafter Konvergenz erreicht ist; Maßstab hierfür ist, ob die einzelnen Mitgliedstaaten folgende Kriterien erfüllen:

— *Erreichung eines hohen Grades an Preisstabilität*, ersichtlich aus einer Inflationsrate, die um nicht mehr als 1 ½%-Punkte über der Inflationsrate jener höchstens drei Mitgliedstaaten liegt, die auf dem Gebiet der Preisstabilität das beste Ergebnis erzielt haben;

— eine *auf Dauer tragbare Finanzlage der öffentlichen Hand*, ersichtlich aus einer öffentlichen Haushaltslage ohne übermäßiges Defizit;
— *Einhaltung der normalen Bandbreiten des Wechselkursmechanismus des EWS* seit mindestens zwei Jahren ohne Abwertung gegenüber der Währung eines anderen Mitgliedsstaates;
— *Dauerhaftigkeit der von dem Mitgliedsstaat erreichten Konvergenz* und seiner Teilnahme am Wechselkursmechanismus des EWS, die darin zum Ausdruck kommt, daß der durchschnittliche langfristige Nominalzinssatz um nicht mehr als 2%-Punkte über dem entsprechenden Satz in jenen Mitgliedstaaten liegt, die auf dem Gebiet der Preisstabilität das beste Ergebnis erzielt haben.

Diese vier *Konvergenzkriterien*[3] sowie die jeweils erforderliche Dauer ihrer Einhaltung sind in einem dem EG-Vertrag beigefügten Protokoll näher festgelegt.

Am *1. Mai 1998* beurteilt der Ministerrat nach Art. 109 j Abs. 2 EG-Vertrag auf der Grundlage der Konvergenzberichte auf Empfehlung der EK mit qualifizierter Mehrheit, ob die einzelnen Mitgliedstaaten die notwendigen Voraussetzungen für die Einführung einer einheitlichen Währung erfüllen, und empfiehlt seine Feststellungen dem Rat der Staats- und Regierungschefs.

Am *2. Mai 1998* vormittags wird das Europäische Parlament in einer Sondersitzung nach Art. 109 j Abs. 2 Satz 2 EG-Vertrag angehört und leitet seine Stellungnahme dem Rat der Staats- und Regierungschefs zu. Diese bestätigen noch am Nachmittag des gleichen Tages nach Art. 109 j Abs. 4 Satz 2 EG-Vertrag, welche Mitgliedstaaten die notwendigen Voraussetzungen für die Einführung einer einheitlichen Währung erfüllen.

Noch am Abend des *2. oder* am Vormittag des *3. Mai 1998* sollen zur Vermeidung von Wechselkursspekulationen die bilateralen Umrechnungskurse der Währungen der Teilnehmerstaaten untereinander vom Ministerrat festgelegt werden; ihr Verhältnis zum Euro wird demgegenüber erst zum 1. Januar 1999 festgesetzt.

---

3 *Kortz*, Die Konvergenzkriterien des EGV, RiW 1997, 357.

Unmittelbar nach dem *1. Juli 1998* verabschiedet der Ministerrat nach Art. 109 l EG-Vertrag die in Art. 106 Abs. 6 EG-Vertrag genannten Bestimmungen der Satzungen des ESZB.

— Gleichzeitig ernennen die Regierungen der Mitgliedstaaten den Präsidenten, den Vizepräsidenten und die weiteren Mitglieder des aus mindestens vier Mitgliedern bestehenden Direktoriums der EZB.
— Unmittelbar nach Ernennung des Direktoriums werden das ESZB und die EZB errichtet und von diesen Vorkehrungen für die Aufnahme ihrer vollen Tätigkeit im Sinne des EG-Vertrages und der Satzung des ESZB getroffen; sie nehmen ihre Befugnisse ab dem ersten Tag der dritten Stufe in vollem Umfang wahr.[4]
— Unmittelbar nach Errichtung der EZB übernimmt diese nach Art. 109 l Abs. 2 EG-Vertrag erforderlichenfalls die Aufgaben des EWI; dieses wird nach Errichtung der EZB liquidiert; die entsprechenden Einzelheiten der Liquidation werden in der Satzung des EWI geregelt.

Am ersten Tag der dritten Stufe und damit am *1. Januar 1999* bestimmt der Ministerrat nach Art. 109 l Abs. 4 EG-Vertrag aufgrund eines einstimmigen Beschlusses der Teilnehmerstaaten, auf Vorschlag der EK und nach Anhörung der EZB die Umrechnungskurse, auf die ihre Währungen unwiderruflich festgelegt werden, sowie die unwiderruflich festen Kurse, zu denen diese Währungen durch den Euro ersetzt werden. Damit wird der Euro zu einer eigenständigen Währung und ersetzt zugleich die bisherige ECU. Die Währungen der (noch) Nichtteilnehmerstaaten werden über ein modifiziertes Wechselkurssystem „EWS II“ an den Euro gekoppelt.[5]

Mit Einführung des Euro verlieren die Währungen der Teilnehmerstaaten, darunter voraussichtlich auch die Deutsche Mark, ihre bisherige rechtliche und wirtschaftliche Selbständigkeit. Sie verlieren ihren Charakter als eigenständige Währung und verwandeln sich für eine *dreijährige Übergangszeit bis zum 31. Dezember 2001* in eine andere Ausdrucksform, Bezeichnung oder Denomination für den zunächst nur als Buchgeld bestehenden Euro. Bei der Ablösung der Deutschen Mark durch den Euro handelt es sich um *keine Währungsreform* wie im Jahre 1948, als die Reichsmark im Verhältnis von

---

4 *Europäisches Währungsinstitut*, Die einheitliche Geldpolitik in Stufe 3, Allgemeine Regelungen für die geldpolitischen Instrumente und Verfahren des ESZB, September 1997.

5 *Massenberg*, EWS II nimmt Gestalt an, Die Bank 1997, 80.

10:1 durch die Deutsche Mark ersetzt wurde, *sondern* lediglich um eine *Währungsumstellung*, die als solche die bestehenden Wertrelationen unverändert läßt: *Die Zahlen ändern sich, der Wert bleibt gleich.*

Mit Einführung des Euro übernehmen die Banknoten und Geldmünzen der bisherigen Währungen der Teilnehmerstaaten die Funktion von undezimalen Geldzeichen für den zunächst nur als Buchgeld und Rechnungseinheit existierenden Euro (z.B. 1 Euro = 1,94669 DM). Der Euro selbst mitsamt seiner Untereinheit Cent wird erst ab dem 1. Januar 2002 physisch ausgegeben und löst damit die DM ebenso wie die Geldzeichen der anderen Teilnehmerstaaten spätestens am *30. Juni 2002* als alleiniges gesetzliches Zahlungsmittel ab. Ab diesem Zeitpunkt kann die DM noch für bislang unbefristete Zeit bei den Banken gegen den Euro eingetauscht werden. Im ersten Halbjahr 2002 wird es voraussichtlich ein Nebeneinander von alten und neuen Zahlungsmitteln und damit die Notwendigkeit einer doppelten Preisauszeichnung geben. Angesichts der damit verbundenen Verwechslungsmöglichkeiten sowie der mit der Einführung der DM in den neuen Bundesländern gemachten guten Erfahrungen wird in Deutschland z.Z. überlegt, den Umtausch schlagartig in den ersten Tagen des Jahres 2002 vorzunehmen (big bang). Bis zum 31. Dezember 2001 kann der Euro zwar bereits freiwillig als Rechnungseinheit oder als Buchgeld im unbaren Zahlungsverkehr verwendet werden; hierzu besteht jedoch keinerlei rechtliche Verpflichtung. Vielmehr gilt der Grundsatz: „*Keine Behinderung, kein Zwang*“.

2. Rechtsrahmen[6]

Die Einführung des Euro wirft außer den bekannten politischen und wirtschaftlichen Problemen eine *Reihe von Rechtsfragen* auf, die einer Regelung

6 *Deutsche Bundesbank*, Der rechtliche Rahmen für den Übergang von den nationalen Währungen auf den Euro, Information Nr. 5/1997, 5; *dies.*, Geschäftsbericht 1996, 111; *Horn*, Rechtliche und institutionelle Aspekte der EWWU im politischen und wirtschaftlichen Kontext, ZBB 1997, 314; *Dehmer/Batke-Spitzer*, Die Einführung des Euro zum 1.1.1999 – Rechtliche Rahmenbedingungen, Aktuelle nationale Gesetzesvorhaben und ihre Auswirkungen auf die Beratungspraxis, DStR 1998, 36; *Tietmeyer*, Nationale Rechtsordnung und internationales Geldwesen, Deutsche Bundesbank – Auszüge aus Presseartikeln, Nr. 4 vom 20. Januar 1998, 1; *Troberg*, Auf dem Weg zum Europäischen Währungsrecht, ÖBA 1997, 85.

sowohl auf europäischer als auch auf nationaler Ebene bedürfen. So haben die Staats- und Regierungschefs der Mitgliedstaaten der EU auf ihrem Gipfeltreffen am 16./17. Juni 1997 in Amsterdam die von der EK vorgeschlagenen Entwürfe für Verordnungen des Rates über bestimmte Vorschriften im Zusammenhang mit der Einführung des Euro (Euro-Ergänzungs-VO) sowie über die Einführung des Euro (Euro-VO) abschließend gebilligt. Während die Euro-Ergänzungs-VO bereits am 20. Juni 1997 in Kraft getreten ist, kann und wird die Euro-VO erst unmittelbar nach dem Beschluß über die an der Währungsunion teilnehmenden Mitgliedstaaten Anfang Mai dieses Jahres allein von diesen verabschiedet werden und am 1. Januar 1999 in Kraft treten.[7]

a) Euro-VO[8]

Rechtsgrundlage der Euro-VO ist Art. 109 l Abs. 4 Satz 3 EGV. Sie bedarf eines einstimmigen Beschlusses der Teilnehmerstaaten.

Die Euro-VO wird die für die Einführung der einheitlichen Währung zwingend erforderlichen Regelungen enthalten: Zunächst die *Definition des Euro* als der Währung der Teilnehmerstaaten, sodann die Regelung des Verhältnisses zwischen dem Euro und den bisherigen nationalen Währungen der Teilnehmerstaaten während der Übergangszeit sowie schließlich Bestimmungen über die Ausgabe von gesetzlichen Zahlungsmitteln.

Nach *Art. 2 Satz 1 Euro-VO* wird der Euro ab dem 1. Januar 1999 die Währung der Teilnehmerstaaten der EWWU sein. Die Euro-VO bestimmt sowohl den Namen der einheitlichen Währung entsprechend dem Beschluß des Dubliner Gipfeltreffens mit „Euro" als auch den ihrer Untereinheit mit „Cent". Ein Euro ist in 100 Cent unterteilt.

Der Euro tritt nach *Art. 3 Euro-VO* mit seiner Einführung am 1. Januar 1999 zum Umrechnungskurs im „rekurrenten Anschluß" an die Stelle der

---

7 *Schefold*, Die Verordnungen über die Einführung des Euro, WM 1996, Sonderbeilage Nr. 4; *Schneider*, Die Vereinbarung und die Erfüllung von Geldschulden in Europa, DB 1996, 2477; zu den zivilrechtlichen Auswirkungen der Einführung des Euro im allgemeinen und aus dem Blickwinkel eines Drittstaates im besonderen - siehe die Beiträge von *Westermann* (S. 3 ff. und *Wiegand* (S. 41 ff.) in diesem Heft.

8 Verordnung Nr. 1103/97 des Rates vom 17.6.1997, Abl. EG L 162/1 vom 19.6.1997; EWS 1997, 263, RiW Beilage zu Heft 8/1997, 19.

Währungen der Teilnehmerstaaten; er wird innerhalb der Währungsunion die einzige Währung sein. Die nationalen Währungen - und damit auch die DM - werden damit ihren Status als eigenständige Währung verlieren. Während der Übergangszeit bis zum 31. Dezember 2002 wird der Euro nach Art. 6 Abs. 1 Euro-VO jedoch auch weiterhin in die nationalen Währungseinheiten gemäß den Umrechnungskursen unterteilt, so daß die neue einheitliche Währung sowohl unter ihrer offiziellen Bezeichnung „Euro" als auch unter den Bezeichnungen der durch ihn ersetzten Währungen, z.B. „DM", verwendet werden kann.

Bezugnahmen in Rechtsvorschriften, Verträgen, Zahlungsmitteln und sonstigen „Rechtsinstrumenten" im Sinne der Definitionen des Art. 1 Euro-VO bleiben nach *Art. 6 Abs. 2* derselben ebenso gültig wie Bezugnahmen auf die Euro-Einheit unter Beachtung der Umrechnungskurse. Desgleichen ändert die Ersetzung der Währung eines Teilnehmerstaates durch den Euro nach Art. 7 als solche nicht die Währungsbezeichnung der am Tag der Euro-Einführung bestehenden Rechtsinstrumente. Demgemäß werden nach Art. 8 Abs. 1 Euro-VO Handlungen aufgrund von Rechtsinstrumenten, die auf eine nationale Währungseinheit lauten, in dieser ausgeführt, während Handlungen aufgrund von auf Euro lautenden Rechtsinstrumenten in der Euro-Einheit ausgeführt werden; dies gilt nach Abs. 2 jedoch nur vorbehaltlich etwaiger Parteivereinbarungen.

Abweichend vom Grundsatz des *Art. 8 Abs. 1,* nach dem Zahlungen jeweils in der vereinbarten Währung zu erfolgen haben, kann nach *Abs. 3* jeder Betrag, der auf Euro oder die nationale Währung eines Teilnehmerstaates lautet und innerhalb desselben durch Gutschrift auf das Konto des Gläubigers zahlbar ist, vom Schuldner entweder in Euro oder in der nationalen Währungseinheit gezahlt werden; der Betrag wird sodann dem Konto des Gläubigers in der Währungseinheit seines Kontos gutgeschrieben, wobei Umrechnungen zum jeweiligen Umrechnungskurs erfolgen.[9]

Einen Zwang zur Umstellung der Vertragsverhältnisse auf den Euro wird es nach der Maxime „Keine Behinderung, kein Zwang", von wenigen Ausnahmen in *Art. 8 Abs. 4 und 5 Euro-VO* abgesehen, während der Übergangszeit nicht geben.

Mit Ablauf der Übergangsfrist am 31. Dezember 2001 wird die Möglichkeit entfallen, in Verträgen noch weiterhin nationale Währungseinheiten, wie

9 *Massenberg* (Fn. 5).

z.B. die DM, zu verwenden. Zu diesem Zeitpunkt werden noch nicht auf den Euro umgestellte Verträge automatisch auf diesen übergeleitet. Dabei sind der für die jeweilige Währung fixierte Umrechnungskurs und das für die Rundung vorgesehene Verfahren anzuwenden.

Infolge der Umstellung werden sämtliche hiervon betroffenen Zahlungsverpflichtungen ab dem 1. Januar 2002 einheitlich auf Euro lauten. Um den sich hieraus für Verträge und sonstige Rechtsinstrumente ergebenden Änderungsbedarf möglichst gering zu halten, sieht *Art. 14 Euro-VO* vor, daß Bezugnahmen auf nationale Währungseinheiten als Bezugnahme auf den Euro entsprechend dem jeweiligen Umrechnungskurs zu verstehen sind und demgemäß statt „DM" „Euro" zu lesen und zu zahlen ist.

Bis zur Ausgabe entsprechender Zahlungsmittel in Euro ab dem 1. Januar 2002 bleiben die auf nationale Währungseinheiten lautenden Banknoten und Münzen die einzigen gesetzlichen Zahlungsmittel und müssen demgemäß vom Gläubiger als Erfüllung von Geldschulden akzeptiert werden. Dies gilt nach *Art. 9 Euro-VO* jedoch nur für ihr jeweiliges Gültigkeitsgebiet, d.h. für den Teilnehmerstaat, der sie in Umlauf gebracht hat. Demgemäß brauchen auf DM lautende Geldzeichen nur in Deutschland und solche auf Schilling nur in Österreich angenommen zu werden.

b) Euro-Ergänzungs-VO[10]

Rechtsgrundlage der bereits in Kraft getretenen Euro-Ergänzungs-VO ist Art. 235 EGV. Sie hat nach Art. 189 EGV allgemeine Geltung, ist in allen ihren Teilen verbindlich und gilt unmittelbar - anders als die Euro-VO, die nur die Teilnehmerstaaten betrifft - in jedem Mitgliedsstaat der EU, ohne daß es noch einer Umsetzung durch die nationalen Gesetzgeber bedurft hätte. Hauptregelungspunkte sind die folgenden:

Nach *Art. 2* wird jede Bezugnahme in einem Vertrag oder sonstigen Rechtsinstrument auf die ECU im Sinne des Art. 109 g EGV durch eine Bezugnahme auf den Euro zum Kurs von 1 Euro für 1 ECU ersetzt. Enthält das Rechtsinstrument bei der Bezugnahme auf die ECU keine solche Defini-

---

10 ABl. EG Nr. C 236, 7 – EWS 1997, Beilage 3; RiW Beilage zu Heft 8/1997, 18; *von Borries/Riepler-Hach*, Rechtsfragen der Einführung der Eurowährung, EUZW 1996, 492; *dies.*, Auf dem Wege zur „Euro-VO", NJW 1996, 3111.

tion, wird eine Bezugnahme hierauf widerleglich vermutet. Dadurch werden im Ergebnis nahezu alle ECU-Vereinbarungen zukünftig auf Euro lauten.

Nach *Art. 3* bewirkt die Einführung des Euro weder eine Veränderung von Bestimmungen in Rechtsinstrumenten oder eine Schuldbefreiung noch rechtfertigt sie die Nichterfüllung rechtlicher Verpflichtungen, noch gibt sie einer Partei das Recht, ein Rechtsinstrument einseitig zu ändern oder zu beendigen; dies gilt vorbehaltlich etwaiger Vereinbarungen der Parteien.

Diese Bestimmung über die *Vertragskontinuität*[11] bestätigt und bekräftigt ein nahezu in allen Mitgliedstaaten der Gemeinschaft anerkanntes und darüber hinaus auch in Drittstaaten anzuerkennendes und zu respektierendes Rechtsprinzip und folgt zugleich dem Grundsatz der „lex monetae", d.h. der jedem Vertrag über Geldleistungen immanenten Verweisung auf das Währungsrecht desjenigen Staates, dessen Währung im Vertrag benutzt wird. Im übrigen ist die Einführung des Euro spätestens seit dem Abschluß des Vertrages von Maastricht Anfang 1992 allgemein bekannt, so daß keine Vertragspartei eines nach diesem Zeitpunkt geschlossenen Vertrages sich noch darauf berufen kann, die Währungsumstellung sei für sie unvorhersehbar gewesen. Insbesondere stellt die Einführung des Euro lediglich eine Währungsumstellung dar, die als solche mit keinerlei Auf- oder Abwertung der Währungen der Teilnehmerstaaten verbunden ist. Ob sich künftig Gefahren für die Stabilität des Euro ergeben, wird erst die Zukunft lehren und kann aus heutiger Sicht nicht mit der Zuverlässigkeit und Gewißheit beantwortet werden, die erforderlich wäre, um hieran so bedeutende Konsequenzen wie ein Recht zur einseitigen Vertragsbeendigung zu knüpfen. Im Hinblick darauf üben jedenfalls die deutschen Banken deutliche Zurückhaltung

---

11 *Sandrock*, Der Euro - Sein Einfluß auf nationale und internationale Verträge, RiW, Beilage 1 zu Heft 8/1997; *Fischer-Klanten*, Langfristige Bankverträge und die Euro-Währung, ZIP 1996/1, *Steuer*, EWWU-Kontinuität von Verträgen unter Berücksichtigung der Besonderheiten der außerbörslichen Finanztermingeschäfte, in: Festschrift für Claussen, 1997, 527; *Oberlechner*, Die Auswirkungen der Währungsunion auf Bankverträge, ÖBA 1996, 933; *Groson*, Altwährungsforderungen vor US-Gerichten nach Einführung des Euro, WM 1997, 699; *Schenker*, Rechtliche Aspekte der Einführung des Euro - Klarstellungen bei Finanzgeschäften unumgänglich, Der Schweizer Treuhänder 1996, 779; zwischenzeitlich haben die Staaten New York und Illinois entsprechende Gesetze zur Gewährleistung der Vertragskontinuität nach Einführung des Euro für die wichtigsten US-amerikanischen Börsenplätze New York und Chicago erlassen.

gegenüber der Verwendung von Vertragsklauseln über die künftige Verwendung des Euro (sog. *Kontinuitätsklauseln*), zumal diese im Umkehrschluß die uneingeschränkte Anwendbarkeit von früheren Verträgen in Zweifel ziehen könnten, die derartige Klauseln nicht enthalten. Zur Klarstellung könnte es sich jedoch empfehlen, außereuropäische Vertragspartner vor oder bei Vertragschluß auf die bevorstehende Währungsumstellung hinzuweisen und ihnen nach Währungsumstellung hiervon Mitteilung zu machen.

Zum Zwecke einer möglichst genauen Umrechnung werden nach *Art. 4 Abs. 1* die Umrechnungskurse als ein Euro, ausgedrückt in den einzelnen nationalen Währungen, mit sechs signifikanten Stellen festgelegt. Das bedeutet, daß der fixierte Kurs von links nach rechts gezählt und ohne Berücksichtigung eines Kommas über sechs Stellen verfügen muß. Ist die erste Stelle eine 0, so wird sie nicht mitgezählt.

Der Umrechnungskurs Euro zur DM würde hiernach über fünf Nachkommastellen verfügen, z.B. 1 Euro = DM 1,94669. Bei der Umrechnung von Geldbeträgen dürfen ausschließlich die festgelegten Umrechnungskurse verwendet und dabei weder gerundet noch um eine oder mehrere Stellen gekürzt werden. Umrechnungskurse wie 1 Euro = 1,95 DM oder umgekehrte (inverse) Kurse wie 1 DM = 0,5136924 Euro sind daher unzulässig.

Desgleichen sind Umrechnungskurse zwischen verschiedenen Teilnehmerwährungen (cross rates) ausgeschlossen. Bei der Umrechnung von Geldbeträgen von einer nationalen Währungseinheit in eine andere werden diese vielmehr nach *Art. 4 Abs. 4* zunächst in einen auf Euro lautenden Geldbetrag umgerechnet, der auf nicht weniger als drei Dezimalstellen gerundet werden darf, und dann in die andere nationale Währungseinheit umgerechnet. Die Umrechnung von Teilnehmerwährungen erfolgt somit in jedem Falle über den Euro.

Die in Euro oder in DM umgerechneten Geldbeträge sind nach *Art. 5* auf ganze Cents oder Pfennige auf- oder abzurunden. Ab der dritten Nachkommastelle ist entsprechend den nationalen Rechtsvorschriften oder Gepflogenheiten die kaufmännische Rundungsregel anzuwenden. Danach werden Nachkommastellen, die kleiner oder gleich 4 sind, abgerundet, und solche, die gleich oder größer 5 sind, aufgerundet.

c) Nationale Gesetzesänderungen[12]

Darüber hinaus macht die Einführung des Euro eine Fülle von Änderungen im deutschen Recht erforderlich, von der etwa 4.000 Gesetzesbestimmungen betroffen sein sollen. Hierzu liegt zwischenzeitlich der *Regierungsentwurf eines Artikel-Gesetzes zur Einführung des Euro* (Euro-Einführungs-G - Euro-EG) vom 24. Oktober 1997[13]11) vor, dessen wichtigste Regelungen insbesondere mit Auswirkungen auf die Bankpraxis hier vorab darzustellen oder zumindest zu erwähnen sind:

Art. 1: Diskontsatz-Überleitungs-Gesetz (DÜG)

Die Ersetzung des Diskontsatzes der Deutschen Bundesbank als Bezugsgröße für Zinsen und andere Leistungen wird aus Gründen des Sachzusammenhanges beim Kreditgeschäft dargestellt.

Art. 2: Änderungen von Vorschriften auf dem Gebiet des gerichtlichen Verfahrens

Um künftig auch auf Euro lautende Geldforderungen im Mahnverfahren geltend machen zu können, werden die vollstreckungsrechtlichen Bestimmungen der ZPO dergestalt geändert, daß das bislang auf Geldforderungen in Deutsche Mark beschränkte Mahnverfahren in der dreijährigen Übergangsphase sowohl in Euro als auch in DM stattfinden kann.

Art. 3: Änderung von Vorschriften auf dem Gebiet des Gesellschaftsrechts

Die vorgesehenen Änderungen insbesondere auf dem Gebiet des Aktienrechts werden des Sachzusammenhanges wegen beim Wertpapiergeschäft dargestellt.

---

12 Siehe vorige Fn.

13 Text auf den Internet-Seiten des BJM http: //www.bmj.bund.de → Aktuelles → Mitteilungen; dazu *Waigel*, Ein verbindlicher rechtlicher Rahmen für den Euro, WM 1997, 1322; Gemeinsamer Zwischenbericht des Arbeitsstabes EWWU des Bundesministeriums der Finanzen und der Bundesministerien, Die Einführung des Euro in Gesetzgebung und öffentlicher Verwaltung, Bundestagsdrucksache 1377/97.

Art. 4: Änderung von Vorschriften auf dem Gebiet des Bilanzrechts[14]

Entsprechend dem in der dritten Stufe der EWWU mit Einführung des Euro geltenden Grundsatz „Keine Behinderung, kein Zwang" soll den Unternehmen durch eine Änderung des § 244 HGB und Ergänzung des Einführungsgesetzes um einen Art. 42 Abs. 1 ein Wahlrecht zur Bilanzierung schon in Euro oder noch in DM eingeräumt werden; dieses Wahlrecht soll auch für die Aufstellung der Steuerbilanz gelten, da § 60 ESTDV nicht zur Bilanzierung in DM zwinge. Solange die Finanzverwaltung jedoch darauf beharrt, erst zum spätestmöglichen Zeitpunkt am 31. Dezember 2001 auf den Euro umzustellen, so daß die Steuererklärungen bis dahin noch in DM abgegeben werden müssen, dürfte dieses Wahlrecht weitgehend leerlaufen. Darüber hinaus sollen besondere Regelungen für die Bilanzierung von Umrechnungsgewinnen und Umstellungskosten im Zusammenhang mit der Einführung des Euro getroffen werden. Die Aufstellung einer Euro-Eröffnungs-Bilanz ist jedoch in keinem Falle erforderlich.

Art. 5: Änderung von Vorschriften auf dem Gebiet des Börsenrechts

Durch Aufhebung des § 29 Abs. 4 BörsG und der VO über die Feststellung des Börsenpreises von Wertpapieren soll es den Börsen ermöglicht werden, die dort geregelten währungs- und geldtechnischen Fragen der Notierung von Wertpapieren künftig selbst in den Börsenordnungen zu regeln. Damit werden auf der Grundlage von Art. 8 Abs. 4 Euro-VO die Voraussetzungen geschaffen, daß mit Einführung des Euro auch sogleich die Notierung in Euro vorgesehen werden kann. Von dieser Möglichkeit werden die deutschen Börsen bei Einführung des Euro sofort Gebrauch machen, so daß ab dem 4. Januar 1999 sämtliche Kursnotierungen in Euro erfolgen.

---

14 *Porten*, Bilanzrechtliche Auswirkungen des Entwurfs eines Gesetzes zur Einführung des Euro, DStR 1998, 1; *Ernst*, Bilanzrechtliche Regelungen anläßlich der Einführung des Euro, ZGR 1998, 20; *Plewka-Schlösser*, Ausgewählte handelsbilanzielle Probleme bei der Einführung des Euro, DB 1997, 337; *Heusinger*, Die Einführung der Euro-Währung und ihre Auswirkungen auf die Rechnungslegung, DStR 1997, 427.

Art. 6 und 7: Gesetz zur Umstellung von Schuldverschreibungen auf Euro und Änderungen von Vorschriften der Schuldverschreibungs-VO

Die vorgesehenen Regelungen werden aus Gründen des Sachzusammenhanges beim Wertpapiergeschäft dargestellt.

Art. 8: Änderung von Vorschriften auf dem Gebiet des Münzwesens

Durch diese Bestimmung sollen die Vorschriften zum Schutz des Münzgeldes auf die erst ab 1. Januar 2002 ausgegebenen Euro-Münzen ausgedehnt werden, um einer späteren Verwechslung der Euro-Münzen mit Medaillen und Marken vorzubeugen.

Art. 9 und 10: Änderungen von Vorschriften auf dem Gebiet des Währungsrechts[15] und des Gesetzes zur Regelung der Miethöhe

Das seinerzeit zum Schutz der deutschen Währung durch § 3 Währungsgesetz eingeführte Verbot (mit Erlaubnisvorbehalt) der *Indexierung* von Verbindlichkeiten in Deutscher Mark durch eine andere Währung oder durch den Preis anderer Güter oder Leistungen sowie für die Eingehung von Fremdwährungsverbindlichkeiten wird mit Verlust der Eigenständigkeit der DM durch die Einführung des Euro gegenstandslos und soll demgemäß auch formell aufgehoben werden. Damit werden zugleich alle genehmigungsbedürftigen Vereinbarungen von Geldschulden, deren Genehmigung die Deutsche Bundesbank bis dahin noch nicht unanfechtbar abgelehnt hatte, von Anfang an wirksam. Gleichzeitig wird § 10 a des Gesetzes zur Regelung der Miethöhe, das auf eine Genehmigung nach § 3 WährungsG abstellte, entsprechend angepaßt. Dadurch wird für Mietverträge über Wohnraum gewährleistet, daß auch künftig Indexierungsklauseln nur insoweit zulässig sind, als entsprechende Mietanpassungsvereinbarungen bisher genehmigungsfähig waren. So wird insbesondere vorausgesetzt, daß der Vermieter für mindestens 10 Jahre auf die ordentliche Kündigung verzichtet und der Preisindex für die Gesamtlebenshaltung verwendet wird.

Das Euro-Einführungs-Gesetz soll nach Festlegung des Kreises der Teilnehmerstaaten Anfang Mai 1998 verabschiedet werden und, von einigen

15 *Hafke*, Rechtliche Fragen von Wertsicherungsvereinbarungen vor und nach Eintritt in die Währungsunion, WM 1997, 693; *ders.*, Ein Kampf ums Indexverbot, BZ 8.1.1998, 17.

Ausnahmeregelungen abgesehen, mit Beginn der dritten Stufe der EWWU am 1. Januar 1999 in Kraft treten.

Das *Bundesbank-Gesetz* ist im Hinblick auf die Einführung des Euro bereits im Vorfeld durch das 6. Gesetz zur Änderung des Gesetzes über die Deutsche Bundesbank vom 22. Dezember 1997[16] durch Neufestlegung ihrer Aufgaben sowie ihres Verhältnisses zur Bundesregierung im wesentlichen wie folgt geändert worden:

— Nach § 3 Abs. BBKG ist die Deutsche Bundesbank als Zentralbank der Bundesrepublik Deutschland integraler Bestandteil des ESZB. Sie wirkt an der Erfüllung seiner Aufgaben mit dem vorrangigen Ziel mit, die Preisstabilität zu gewährleisten, und sorgt für die bankmäßige Abwicklung des Zahlungsverkehrs im Inland und mit dem Ausland.
— Nach § 6 Abs. 1 BBKG bestimmt der Zentralbankrat die Geschäftspolitik der Bundesbank und handelt er bei der Erfüllung der Aufgaben des ESZB im Rahmen der Leitlinien und Weisungen der EZB.
— Nach § 12 BBKG ist die Deutsche Bundesbank bei der Ausübung der Befugnisse, die ihr nach dem Bundesbankgesetz zustehen, von Weisungen der Bundesregierung unabhängig und unterstützt sie die allgemeine Wirtschaftspolitik der Bundesregierung, soweit dies unter Wahrung ihrer Aufgabe als Bestandteil des ESZB möglich ist.

Dies alles ist für die Wirtschaftsunternehmen der Teilnehmerstaaten und insbesondere für die Banken mit einem erheblichen technischen und organisatorischen *Anpassungs- und Umstellungsaufwand* verbunden,[17] der nahezu alle Bereiche ihrer Geschäftstätigkeit umfaßt, angefangen von der Kontoführung über den Zahlungsverkehr und das Einlagen- und Kreditgeschäft bis hin zum Geschäft in Wertpapieren und in Derivaten sowie zum Eigengeschäft.

---

16 BGBl. 1997 I, 3274; *Deutsche Bundesbank*, Änderung des Gesetzes über die Deutsche Bundesbank für die Stufe 3 der EWWU, Monatsbericht Januar 1998, 25.

17 *Arnold-Gutschmidt*, EWWU- Herausforderung für die Bankorganisation, Die Bank 1996, 432; *Breuer*, Strategische Neuausrichtung der Banken vor dem Hintergrund der EWU, ÖBA 1997, 661; *Endres*, Der Euro aus technischer und geschäftspolitischer Sicht einer Großbank, Kreditwesen 1997, 600; *Hartmann*, Die technische Umsetzung der EWU im Finanzsektor der Bundesrepublik Deutschland, Deutsche Bundesbank - Auszüge aus Pressemitteilungen, Nr. 78/1996, 21; *Lucius*, Währungsunion und Banken, Bankwissenschaftliche Schriftenreihe, Band 84, Wien 1996.

Die wichtigsten Konsequenzen seien im folgenden kurz aufgezeigt: Dabei werden die tatsächlichen Geschehensabläufe im Vordergrund der Darstellung stehen und können die daran anschließenden Rechtsfragen nur kurz angerissen werden; ihre Vertiefung muß der anschließenden Diskussion im Auditorium sowie im Schrifttum überlassen bleiben.

II. Einzelne Bankgeschäfte

1. Kontoführung

Grundlage der Geschäftsbeziehung zwischen Bank und Kunden ist das *Konto*, über das alle Geschäftsvorfälle abgewickelt werden. Der Kontoführung kommt daher gerade auch im Zuge der Währungsumstellung auf den Euro zentrale Bedeutung zu.

a) Europäische Zentralbank

Der Euro ist nach Artikel 4 Euro-VO die Rechnungseinheit der Europäischen Zentralbank und der Zentralbanken der teilnehmenden Mitgliedstaaten. Dies schließt nach Nr. 9 der Erwägungsgründe allerdings nicht aus, daß die nationalen Zentralbanken insbesondere für ihr Personal und die öffentlichen Verwaltungen während der Übergangszeit Konten in ihrer bisherigen jeweiligen nationalen Währungseinheit führen.

b) Deutsche Bundesbank

Der Zentralbankrat der Deutschen Bundesbank hat bereits Anfang vergangenen Jahres *Grundsätze für die Kontoführung* der Bundesbank in der Einführungsphase der Währungsunion, d.h. für die Zeit vom 1. Januar 1999 bis zum 31. Dezember 2001, beschlossen. Danach wird die Bundesbank ihr Rechnungswesen und demgemäß auch *alle Konten* bundesbankintern technisch einheitlich *in Euro* führen. Gleichwohl kann jeder Kontoinhaber bestimmen, ob sein Konto rechtlich im Außenverhältnis (Kontoauszug) noch als DM-Konto oder bereits als Euro-Konto geführt werden soll. Dabei geht die Bundesbank davon aus, daß alle Kreditinstitute eine Kontoführung in Euro wünschen; sie wird daher die Konten auf Euro umstellen, sofern sie keine anderweitige Weisung erhält. Die Kontoauszüge der Bundesbank werden gleichwohl im Interesse einer einheitlichen Darstellungsweise für alle Kontoinhaber beide Währungsbezeichnungen mit den entsprechenden Beträgen in Euro und in DM ausweisen.

Sofern eine Kontoführung in DM vereinbart wurde, können sich *Rundungsdifferenzen* beim Vergleich zwischen dem intern fortgeschriebenen Euro-Saldo und dem aus der Umrechnung des DM-Saldos ermittelten Euro-Saldo ergeben. Diese Differenzen werden von der Bundesbank durch periodische, d.h. jährliche Anpassung des Euro-Saldos an den DM-Saldo in ihrem Rechnungswesen ausgeglichen, während einer laufenden Rechnungsperiode jedoch nicht angezeigt.

c) Geschäftsbanken

Mit Einführung des Euro verwandeln sich alle bestehenden DM-Konten nach Art. 3 Euro-VO kraft Gesetzes in *Euro-Konten*. Die Kontobezeichnung als DM-Konto bleibt hierdurch jedoch nach Art. 7 Euro-VO unberührt, und der Euro wird demgemäß nach Art. 8 Abs. 1 Euro-VO unverändert nach entsprechender Umrechnung in DM bezeichnet und beziffert. Ob diese Umrechnungsbeträge ebenso wie bei der Bundesbank auf den Kontoausdrucken der Banken angegeben werden, kann und muß jede Bank unter Kostenaspekten und Wettbewerbsgesichtspunkten für sich selbst entscheiden.

— Während der dreijährigen Übergangsphase kann der Kunde sein DM-Konto zunächst unverändert beibehalten und können Zahlungsein- und -ausgänge sowohl in DM als auch in Euro über dieses Konto abgewickelt werden; die Bank wird sodann die erforderlichen Umrechnungen vornehmen (Entkoppelung von Konto- und Auftragswährung). Daher ist weder die Umwandlung von DM-Konten in Euro-Konten noch die Eröffnung eines zusätzlichen Euro-Kontos erforderlich.

— Wünscht ein Kunde nach Beginn der dritten Stufe gleichwohl ein Euro-Konto, so wird die Bank alle Zahlungsein- und -ausgänge in Euro verbuchen und bei Transaktionen in DM zusätzlich auch den Gegenwert in DM auf dem Kontoausdruck ausweisen. Insoweit ist die Lage nicht anders als bei einem Fremdwährungskonto, obwohl rechtlich ein Konto in Inlandswährung vorliegt.

— Wünscht eine Kunde eine Umstellung seines bisherigen DM-Kontos auf den Euro, so wird die Bank den DM-Betrag in Euro umrechnen und das Konto als Euro-Konto fortführen. Ein Rechnungsabschluß erscheint aus diesem Anlaß rechtlich nicht erforderlich; denn es findet lediglich ein Wechsel der Währungsbezeichnung statt. Im übrigen sei auf den mit einem Rechnungsabschluß verbundenen Zinseszinseffekt hingewiesen.

Ob eine *Bank* in der Übergangsphase eine derartige Kontoumstellung von DM auf Euro von sich aus ohne oder sogar gegen den Willen des Kunden vornehmen könnte, erscheint rechtlich zweifelhaft; eine solche zwangsweise Umstellung wäre auch mit dem Grundsatz „Keine Behinderung, kein Zwang" kaum zu vereinbaren. Vielmehr bedarf es hierzu nach Art. 8 Abs. 2 Euro-VO einer entsprechenden Parteivereinbarung, die individuell und nicht über eine unwidersprochen gebliebene Änderung der Allgemeinen Geschäftsbedingungen getroffen werden sollte. Nach Abschluß der Übergangsperiode am 1. Januar 2002 wird die Bank jedoch sämtliche noch in DM geführten Konten auf Euro umstellen können und müssen, weil sie kein Konto in einer nicht mehr existierenden Währungsbezeichnung führen darf.

Mit Einführung des Euro verlieren zugleich alle Konten in den Währungen der Teilnehmerstaaten ihre Eigenschaft als Fremdwährungskonten und verwandeln sich in Euro-Konten mit unterschiedlichen Denominationen. Sie fallen damit zugleich aus dem Anwendungsbereich von Nr. 10 AGB über die Risikoverteilung bei Fremdwährungskonten und Fremdwährungsgeschäften heraus.

Im übrigen bleibt die Führung von Konten in der Währung von Nichtteilnehmerstaaten wie GBP, SFR, US $ oder Yen durch die Einführung des Euro unberührt.

2. Zahlungsverkehr[18]

Mit Beginn der dritten Stufe der Währungsunion werden die nationalen Zahlungsverkehrssysteme der Teilnehmerstaaten sowie die Notenbanken des ESZB und damit auch die Deutsche Bundesbank durch das Großbetragszahlungssystem *TARGET* (Transeuropean Automated Real Time Gross Settlement Express Transfer) der Europäischen Zentralbank untereinander vernetzt und ihre Zahlungsströme ausschließlich in Euro verrechnen. Das System sieht Betriebszeiten von 7.00 bis 18.00 h sowie Betriebsbereitschaft

---

18 *Hartmann*, Die Europäische Integration im Zahlungsverkehr aus der Sicht der Deutschen Bundesbank, Kreditwesen 1997, 639.

an fast allen europäischen Feiertagen vor. Im Hinblick darauf wird in Deutschland eine entsprechende Anpassung des Arbeitszeitgesetzes erforderlich.

Zur Durchführung des *Inlandszahlungsverkehrs* in der Übergangsphase je nach Auftragswährung sowohl in DM als auch in Euro haben die Spitzenverbände des Kreditgewerbes bereits im Jahre 1996 mit der Deutschen Bundesbank eine Rahmenvereinbarung abgeschlossen. Danach wird das jeweils erstbeauftragte Kreditinstitut die zwischenbetrieblich abzuwickelnden Zahlungsaufträge sowohl unter Angabe des Währungsbetrages darstellen, auf die der zugrunde liegende Auftrag lautet, als auch des jeweils korrespondierenden Betrages in DM oder in Euro. Dabei finden der festgelegte Umrechnungskurs und die festgelegte Rundungsregelung Anwendung. Die hierauf aufbauenden Richtlinien für einheitliche Zahlungsverkehrsvordrucke[19] sind bereits am 1. Juni 1997 in Kraft getreten; zum Teil befinden sich die neuen Überweisungsträger bereits in Umlauf.

a) Überweisungen

Angesichts der Möglichkeit, Verbindlichkeiten während der Übergangszeit sowohl in DM als auch in Euro zu erfüllen und DM- wie Euro-Zahlungen sowohl über DM- als auch über Euro-Konten abzuwickeln, muß der Kunde im Überweisungsverkehr künftig angeben, ob es sich bei dem eingesetzten Betrag um einen solchen in DM oder in Euro handelt, und dazu das wie bisher schon auf den eurocheque-Vordrucken nunmehr auch auf dem neuen Überweisungsträger vorgesehene *freie Währungsfeld mit DM oder EUR ausfüllen*. Unterläßt der Kunde die Währungsangabe, ist fraglich, welchen Betrag die Bank dem Konto des Auftraggebers belasten und dem des Empfängers gutschreiben bzw. an diesen weiterleiten darf oder muß.

Zur Lösung dieser Frage ist erwogen worden, ggf. über eine entsprechende *AGB-Klausel* auf die Währungseinheit abzustellen, in der das vom Auftraggeber angegebene Konto geführt wird. Eine solche Regelung dürfte indessen einer Prüfung nach dem AGB-Gesetz kaum standhalten, weil es an zureichenden Anhaltspunkten dafür fehlt, daß eine derartige Unterstellung dem tatsächlichen Willen des Kunden entspricht; denn der Kunde wird bei

---

19 Mitteilung Nr. 4004/1997 der Richtlinien für einheitliche Zahlungsverkehrsvordrucke vom 30. April 1997, Bundesanzeiger 1997, Nr. 114a vom 25.6.1997.

Ausfüllen des Überweisungsträgers in der Regel einen auf DM oder Euro lautenden Rechnungsbetrag vor Augen haben und weniger an die Währungsbezeichnung seines Bankkontos denken.

Unproblematisch erscheint hingegen, eine *Verpflichtung des Kunden zur Währungsangabe* auf allen mit einem Währungsfeld ausgestatteten Formularen zu begründen. Unterläßt der Kunde die Währungsangabe gleichwohl, so könnte die Bank einem eventuellen Schadenersatzanspruch des Kunden wegen fehlerhafter Ausführung des Überweisungsauftrages z.B. in Euro statt in DM ihrerseits mit dem Einwand mitwirkenden Verschuldens nach § 254 BGB begegnen. In jedem Falle sollte die Bank jedoch aufgrund ihrer bankvertraglichen Nebenpflichten zunächst den Versuch machen, den Willen des Kunden durch telefonische Rückfrage oder in sonstiger Weise zu klären.

Eingehende Überweisungen wird die Bank dem Kunden unabhängig von der Auftragswährungsbezeichnung stets in der Währungsbezeichnung gutschreiben, auf die das Konto lautet, eine hiervon abweichende Bezeichnung der Auftragswährung jedoch im Kontoauszug angeben.

b) Schecks und Lastschriften

In der Übergangsphase kann der Kunde auch *Schecks* unabhängig von der Kontowährung entweder in DM oder in Euro ausstellen. Daher müssen sämtliche Scheckformulare, wie schon jetzt der eurocheque, währungsneutral ausgestaltet werden. Fehlt auf dem Scheck die Währungsangabe, ist für die Bank nicht ersichtlich, ob der Kunde dem Begünstigten einen DM- oder einen Euro-Betrag zuwenden wollte. Insofern ist die Problematik mit derjenigen bei Überweisungen ohne Währungsangabe vergleichbar. Entsprechendes gilt für *Lastschriften*: Werden auf Euro lautende Lastschriften noch über oder von einem DM-Konto eingezogen, so erfolgt die Abrechnung sowohl beim Einreicher als auch beim Zahlungspflichtigen ebenfalls in DM.

3. Kartensysteme

Im *kartengestützten Zahlungsverkehr* kann der Kunde in der Übergangszeit seine Karte ganz unabhängig von der Kontowährung unverändert am Geldautomaten oder für Zahlungen im Handel einsetzen.

Eine Umstellung der *Point of Sale- und Geldkarten-Funktionen* wird voraussichtlich erst zum 1. Januar 2002 erfolgen, ab dem auch Euro-Noten und -Münzen ausgegeben und gegen die noch im Umlauf befindlichen nationalen gesetzlichen Zahlungsmittel umgetauscht werden. Nach diesem Zeitpunkt wird es auch keine auf DM lautende eurocheque-Karten mehr geben.

4. Einlagengeschäft

Bankeinlagen (Tages- und Termingelder sowie Sparguthaben) können in der Übergangsphase entweder auf Wunsch des Kunden auf Euro umgestellt oder zunächst in DM fortgeführt werden; mit Ablauf des 31. Dezember 2001 werden sie automatisch umgestellt.

Im Einlagengeschäft der Bank ergeben sich Änderungen insbesondere aus dem *möglichen Wegfall der Verpflichtung zur Unterhaltung von Mindestreserven.*

Gegenwärtig verlangt die *Deutsche Bundesbank* nach § 16 Bundesbankgesetz für Sicht-, befristete Einlagen und Spareinlagen sowie für Einlagen von Gebietsfremden die Unterhaltung unverzinslicher Mindestreserven bei sich. Die Höhe der zu unterhaltenden Mindestreserven ist mitbestimmend für die Höhe der Verzinsung der Einlagen: Je höher die Mindestreserve, desto niedriger der Zinssatz; denn die Bank kann den Teil der Einlage, den sie als Mindestreserve zinslos bei der Bundesbank unterhalten muß, nicht ihrerseits gewinnbringend anlegen. Dieses nationale Mindestreservesystem ist geldpolitisch weitgehend obsolet geworden und wird mit Einführung des Euro abgelöst.

Doch kann die *Europäische Zentralbank* nach Art. 19 des ESZB-Statuts vorbehaltlich der in Art. 2 niedergelegten Ziele zur Verwirklichung ihrer geldpolitischen Ziele verlangen, daß die in den Mitgliedstaaten niedergelassenen Kreditinstitute Mindestreserven auf Konten bei der EZB und den nationalen Zentralbanken unterhalten; bei Nichteinhaltung kann die EZB Strafzinsen erheben und sonstige Sanktionen mit vergleichbarer Wirkung verhängen. Die Entscheidung über die Einführung von Mindestreserven wird jedoch erst nach Gründung der Europäischen Zentralbank am 1. Juli 1998 getroffen. Die deutschen Banken wenden sich vor allem aus Gründen des Wettbewerbs mit außereuropäischen Finanzplätzen gegen die Einführung eines europäischen Mindestreservesystems.

Sollte gleichwohl eine *europäische Mindestreserve* eingeführt werden, müßten noch eine Reihe von Punkten geklärt werden. So sind nach Art. 19 Abs. 1 des ESZB-Statuts Kreditinstitute mindestreservepflichtig. Aus Gründen der Chancengleichheit im Wettbewerb sollten entsprechend dem Grundsatz, daß gleiche Geschäfte den gleichen Regelungen unterliegen müssen, auch weitere Finanzinstitute der Mindestreservepflicht unterworfen werden. Andererseits enthält der auf Art. 19 Abs. 2 des ESZB-Statuts gestützte Verordnungsentwurf über Mindestreserven (Anhang 8 des geldpolitischen Handlungsrahmens) die Möglichkeit, bestimmte Institute von der Mindestreservepflicht freizustellen und bestimmte Verbindlichkeiten mit dem Reservesatz „0" zu belegen; auch insoweit müssen Wettbewerbsverzerrungen vermieden werden.

Mindestreservepflichtig sollen Verbindlichkeiten der Institute aus der Annahme von Geldern sowie aus *außerbilanziellen Positionen* sein. Was unter außerbilanziellen Positionen im einzelnen zu verstehen ist, ist bislang allerdings weitgehend ungeklärt; aus der Sicht der Banken wäre daher eine nähere Konkretisierung wünschenswert. Grundsätzlich sollte die Europäische Zentralbank bei der Einbeziehung außerbilanzieller Positionen in die Mindestreservepflicht sehr behutsam vorgehen, da Geschäfte dieser Art sehr schnell und einfach auf andere mindestreservefreie Finanzplätze verlagert werden können. Ggf. sollten diese Geschäfte mit dem Reservesatz „0" belegt werden. Zu denken ist dabei insbesondere an die Repo-Geschäfte, auf die auch die Deutsche Bundesbank seit Anfang dieses Jahres keine Mindestreserve mehr erhebt.

5. Kreditgeschäft

Laufende Kreditverträge können während der Übergangszeit sowohl in DM fortgeführt als auch auf Euro umgestellt werden; mit Ablauf des 31. Dezember 2001 erfolgt die Umstellung automatisch.

Das Kreditgeschäft wird von der Währungsumstellung auf den Euro insbesondere durch den *Wegfall des Diskontsatzes der Deutschen Bundesbank* für den Ankauf von Handelswechseln und durch den *Wegfall der marktgängigen DM-Referenzzinssätze* am 1. Januar 1999 betroffen.

Mit dem Eintritt in die dritte Stufe der EWWU geht die *Zuständigkeit für die Geldpolitik* auf das *ESZB* über; für eine nationale Geldpolitik bleibt daneben kein Raum. Die Vorschriften des Bundesbankgesetzes über die Diskont-, Kredit- und Offenmarktpolitik (§ 15 BBKG) sowie über die Mindestreservepolitik (§ 16) werden daher mit Eintritt der Bundesrepublik Deutschland in die dritte Stufe der EWWU aufgehoben. Ab diesem Zeitpunkt bestimmt die EZB die Grundsätze der Geldpolitik und setzt sie die Leitzinsen fest; damit entfällt zugleich die Festsetzung eines Diskont- und Lombardsatzes durch die Deutsche Bundesbank.

In zahlreichen Gesetzesbestimmungen - betroffen sind etwa 60 verschiedene Gesetze - wird zur Bestimmung der Höhe der Zinsen auf den *Diskontsatz der Deutschen Bundesbank* Bezug genommen, so z.B. wegen der Verzugszinsen bei Verbraucherkrediten (§ 11 Abs. 1 VKG), wegen der Wechselverzugszinsen (Art. 48 Abs. 1 Nr. 2 WG) oder wegen der Verzinsung der Barabfindung ausgeschiedener Aktionäre (§§ 305, 320 AktG, § 15 Umwandlungsgesetz). Der Diskontsatz der Bundesbank muß daher bereits zu Beginn der dritten Stufe der EWWU durch einen entsprechenden Zinssatz ersetzt werden. Nach dem vorliegenden Entwurf eines Euro-Einführungs-Gesetzes, Art. 1, Diskontsatzüberleitungs-Gesetz, soll an die Stelle des Diskontsatzes für eine dreijährige Übergangszeit ersatzweise der *Basiszinssatz* treten. Ausgangswert hierfür soll der letzte Diskontsatz der Deutschen Bundesbank sein. Er soll in viermonatigen Abständen an die weitere Entwicklung der Zinsen der EZB angepaßt weden. Als Referenzgröße für die Anpassung soll durch Rechtsverordnung das geldpolitische Zahlungsinstrument der EZB bestimmt werden, das nach seiner Aufgabe, Änderungshäufigkeit und Wirkungsweise dem Diskontsatz am ehesten entspricht.

Der *Lombardsatz* soll im Wege der Rechtsverordnung unmittelbar durch einen vergleichbaren Zinssatz der EZB ersetzt ersetzt werden.

Besondere Probleme ergeben sich auch hinsichtlich der Fortführung des *Referenzzinssatzes DM-FIBOR*, zu dem die Deutsche Mark im Frankfurter Interbankenmarkt angeboten wird. Hierauf wird sowohl in Gesetzen (Staatsvertrag zwischen der BRD und der DDR vom 18.5.1990) als insbesondere auch in zahlreichen Kreditverträgen und zum Teil auch im Einlagengeschäft sowie in sonstigen Bankgeschäften Bezug genommen. Das gleiche gilt für den von der British Bankers' Association für den Londoner Bankengeldmarkt festgestellten *DM-LIBOR*. Nach dem derzeitigen Stand der Planungen wird der FIBOR mit Beginn der dritten Stufe der EWWU nicht mehr festgestellt und an seine Stelle der neue *EURIBOR* (EURO INTERBANK OFFERED RATE) treten, dessen Vorbereitung von den europäischen Bankenverbänden zur Zeit mit Nachdruck vorangetrieben wird. Für den Fall, daß der FIBOR nicht mehr ermittelt wird, sieht der Entwurf des Diskont-Überleitungs-Gesetzes vor, einen entsprechenden Ersatzzinssatz durch Rechtsverordnung zu bestimmen. Von dieser Möglichkeit sollte angesichts der sonst zu befürchtenden Rechtsunsicherheiten Gebrauch gemacht werden und die Neufestsetzung nicht etwa der ergänzenden Vertragsauslegung überlassen bleiben. Dabei dürfte es sich empfehlen, die Ersetzung des Referenzzinssatzes FIBOR durch den EURIBOR unmittelbar im Diskont-Überleitungs-Gesetz zu regeln.

a) Kontokorrentkredite

Beim Kontokorrentkredit werden, wie im übrigen bei allen Kreditarten, ab dem 1. Januar 1999 Kreditlimite und Salden in der institutsinternen Recheneinheit dargestellt; bei der Umstellung mehrerer Konten sollte ein neues Gesamtlimit in Euro gebildet werden.

b) Diskontkredite

Bei den Diskontkrediten wird die *Möglichkeit zur Rediskontierung* der angekauften Wechsel bei der Bundesbank *entfallen*. Ob rediskontfähige Wechsel künftig im Rahmen der Spitzenrefinanzierungsfazilität der EZB von den Banken zur Beschaffung von Liquidität eingesetzt werden können, ist noch offen. Einen vollwertigen Ersatz für die Rediskontierung von Wechseln durch die Bundesbank könnte diese Fazilität jedoch kaum bieten; denn prägendes Merkmal der Rediskontierung ist der Ankauf von Drei-Monats-Wechseln, während durch eine Inanspruchnahme der Spitzenrefinanzierungsfazilität der EZB unter Beleihung von Wechseln allenfalls vorübergehende Liquiditätsengpässe abgedeckt werden könnten.

Darüber hinaus stellt sich die Frage, wie *Wechsel*, die auf die Währung eines Mitgliedsstaates der EWWU lauten, nach Beginn der dritten Stufe behandelt werden müssen. Insbesondere ist fraglich, inwieweit Art. 41 des Einheitlichen Wechselgesetzes über Fremdwährungswechsel Anwendung findet. Danach kann bei einem Wechsel, der auf eine Währung lautet, die am inländischen Zahlungsort nicht gilt, die Wechselsumme in der Landeswährung nach dem Wert des Verfalltages bezahlt werden. Gegen eine Anwendung dieser Vorschrift könnte sprechen, daß die Währungen der EWWU-Mitgliedstaaten nach Eintritt in die dritte Stufe der Währungsunion keine Fremdwährungen mehr sind, sondern nur noch unterschiedliche Denominationen der einheitlichen Inlandswährung Euro. Andererseits soll die Vorschrift dem Wechselverpflichteten die Zahlung dadurch erleichtern, daß er am inländischen Zahlungsort in der dort geltenden Währung bezahlen kann und keine Fremdwährung beschaffen muß. Danach dürften während der Übergangszeit Wechsel, die auf Währungen anderer Mitgliedstaaten der EWWU lauten, auch weiterhin in DM und daneben künftig auch in Euro bezahlt werden können.

c) *Lombardkredite*

Beim Lombardkredit müssen nach Umstellung auf den Euro die Werte der Sicherheiten in der internen Rechnungseinheit dargestellt sowie sonstige Anpassungen vorgenommen werden, die sich aus der Umstellung von Aktien und Schuldverschreibungen ergeben.

Bei der Bestellung von *Grundpfandrechten als Kreditsicherheit* kann die Hypothek oder Grundschuld ab dem 1. Januar 1999 in Euro und darüber hinaus auch in der Währung eines EU-Mitgliedstaates, in SFR oder in US $ ins Grundbuch eingetragen werden.[20]

6. Wertpapiergeschäfte

In besonderer Weise wird das Geschäft der Banken in *Aktien und Schuldverschreibungen* auch in rechtlicher Hinsicht von der Einführung des Euro betroffen. So müssen insbesondere das Grundkapital der Aktiengesellschaften und die Aktien selbst sowie die Schuldverschreibungen auf den Euro umgestellt werden. Hierzu enthält der Regierungsentwurf zum Euro-EG vom 24. Oktober 1997[21] in Art. 3 „Änderungen von Vorschriften auf dem Gebiet des Gesellschaftsrechts" die erforderlichen Änderungen, die sich jedoch ausschließlich auf Kapitalgesellschaften beziehen. Bei den durch Gesellschaftsvertrag errichteten Personengesellschaften vollzieht sich die Umstellung auf den Euro bereits unmittelbar nach der Euro-VO.

---

20 Verordnung über Grundpfandrechte in ausländischer Währung und in Euro, BGBl. 1997 I, 2683; *Hafke*, Währungspikanterien einer Verordnung, Börsenzeitung vom 18.12.1997.

21 *Seibert*, Die Umstellung des Gesellschaftsrechts auf den Euro, ZGR 1998, 1; Zum Referentenentwurf: *Seibert*, ZIP 1997, 1259, sowie *Schürmann*, DB 1997, 1381; *Schneider-Sünner*, Die Anpassung des Aktienrechts bei Einführung der Europäischen Währungsunion, DB 1996, 817.

a) Aktien

Der Gesetzesentwurf enthält zunächst eine Neufestsetzung der für die Aktiengesellschaft vorgeschriebenen *Mindestnennbeträge* für das Kapital und die Gesellschaftsanteile (*Signalbeträge*); diese sollen bereits ab 1. Januar 1999 auf Euro lauten. Entsprechend soll der Nennbetrag des Grundkapitals einer Aktiengesellschaft mindestens 50.000,-- Euro betragen und die einzelne Aktie auf mindestens ein Euro lauten.

Darüber hinaus enthält der Gesetzesentwurf *Überleitungsbestimmungen für bestehende Aktiengesellschaften und für Neugründungen* während der Übergangsphase. Entsprechend dem Grundsatz „Keine Behinderung, kein Zwang", können vor dem 1. Januar 1999 errichtete Aktiengesellschaften die Nennbeträge ihres Grundkapitals und ihrer Aktien zunächst in DM fortführen und auch noch nach dem 1. Januar 1999 Aktiengesellschaften mit einem auf DM lautenden Grundkapital und mit auf DM lautenden Aktien errichtet werden. Neugründungen in der Übergangsphase haben ihr Grundkapital und den Nennbetrag ihrer Aktien bereits an den neuen Euro-Beträgen, rückgerechnet in DM, auszurichten. Dies kann zu „krummen" DM-Nennbeträgen von z.B. DM 1,95 pro Aktie führen.

Zur *Vermeidung krummer Nennbeträge* müssen *börsennotierte Aktiengesellschaften* die Nennbeträge ihrer Aktien bis spätestens zum 31. Dezember 2001 an die glatten Euro-Nennbeträge anpassen. Nach Ablauf dieser Frist dürfen Satzungsänderungen nur noch in das Handelsregister eingetragen werden, wenn zugleich die Aktiennennbeträge angepaßt werden.

Darüber hinaus sind bei Aktiengesellschaften *Erleichterungen für* die erforderlichen *Kapitalmaßnahmen* vorgesehen. So soll für eine Kapitalerhöhung aus Gesellschaftsmitteln oder eine Kapitalherabsetzung die *einfache Mehrheit* des bei der Beschlußfassung vertretenen Grundkapitals ausreichen. Da der zur Glättung von krummen Aktiennennbeträgen auf den Euro durch Kapitalerhöhung erforderliche Kapitalbedarf bis zu 20% betragen kann, sollen für diese besondere Kapitalmaßnahme auch die *gesetzlichen Rücklagen* verwendet werden dürfen.

Infolge dieser Umstellungs- und Kapitalmaßnahmen werden die auf den Aktienurkunden ausgewiesenen *Aktiennennbeträge unrichtig*. Ob die Unrichtigkeit der Urkunden deren Umtausch oder Berichtigung durch Umstempelung erforderlich macht und ob die Aktiengesellschaft verpflichtet ist, die im Umlauf befindlichen oder beim Sammelverwahrer verwahrten Aktienurkunden einzuziehen und für kraftlos zu erklären, ist noch ungeklärt.

Zur Vermeidung der mit solchen Umstempelungs- und Umtauschaktionen verbundenen immensen Kosten sollte der *Anspruch des Aktionärs auf Verbriefung* seiner Aktien schlechthin *in der Satzung ausgeschlossen* werden können, so daß *nur noch* eine *Globalurkunde* übrig bleibt. Der vorliegende Gesetzentwurf enthält jedoch leider noch keine entsprechende Regelung; diese sollte daher noch in das Gesetz eingefügt werden, zumal für die Aushändigung effektiver Stücke aus wirtschaftlicher Sicht keinerlei Bedürfnis mehr besteht.

Insbesondere für börsennotierte Aktiengesellschaften bietet sich als *Alternative* zur Nennbetragsumstellung der Übergang zur *nennbetragslosen Aktie* (*Stückaktie*) an. Hierzu liegt bereits der Entwurf eines Gesetzes über die Zulassung von Stückaktien (Stückaktien-Gesetz - StückAktG)[22] vor. Während nach geltendem Recht der auf die einzelne Aktie entfallende Anteil am Grundkapital auf der Aktienurkunde selbst in einem auf DM lautenden Nennbetrag anzugeben ist, errechnet sich der Anteil der Stückaktie als Bruchteil aus dem jeweiligen satzungsgemäßen Grundkapital und der Anzahl der insgesamt ausgegebenen Aktien; dies würde künftige Änderungen von Aktien, z.B. bei Kapitalerhöhungen aus Gesellschaftsmitteln, überflüssig machen. Bei der *echten nennwertlosen Aktie* (*Quotenaktie*) würde demgegenüber auch die Bezugnahme auf das Grundkapital entfallen und statt dessen auf das Reinvermögen der Gesellschaft (Gesamtvermögen abzüglich Fremdkapital) abgestellt. Die Aufgabe eines festen Grundkapitals wäre nicht nur nach der Zweiten EG-Richtlinie zur Harmonisierung des Gesellschaftsrechts, der sogenannten Kapitalrichtlinie, europarechtlich unzulässig, sondern würde überdies mehr als 150 Gesetzesänderungen erforderlich machen, während der mit der Einführung von Stückaktien verbundene Änderungsaufwand überwiegend nur redaktioneller Art ist.

Die *Zulassung der Stückaktie* neben der bisher allein zulässigen Nennbetragsaktie wird von der Mehrheit der im DAX 100 geführten Aktiengesellschaften insbesondere deswegen favorisiert, weil es sich hierbei um die

---

22 Abgedruckt in ZIP 1998, 130; dazu *Funke*, Wert ohne Nennwert, AG 1997, 385; *Seibert*, Gesellschaftsrecht und Euro - Die Umstellung von Nennkapital und Anteilen, WM 1997, 1610; *Schroer*, Zur Einführung der unechten nennwertlosen Aktien aus Anlaß der Europäischen Währungsunion, ZIP 1997, 221; *Eberstadt*, Quotenaktien sind die einfachste Lösung, Börsenzeitung vom 11.7.1996, 17.

am wenigsten aufwendige und kostengünstigste Möglichkeit handelt, ihr Grundkapital und ihre Aktien auf Euro umzustellen.

Das StückAktG soll zusammen mit dem Kapitalaufnahmeerleichterungsgesetz noch im Frühjahr dieses Jahres verabschiedet werden. Sodann könnte die Umstellung schon vor dem Beginn der dritten Stufe der Währungsunion beschlossen und vollzogen werden, da eine rechtliche Verknüpfung der Stückaktie mit der EWWU nicht besteht. Sofern die Hauptversammlung noch vor dem Inkrafttreten dieses Gesetzes stattfinden sollte, kann bereits ein entsprechender „Vorratsbeschluß" gefaßt werden, der erst nach dem Inkrafttreten der Rechtsänderung vom Vorstand zum Handelsregister angemeldet wird.

Auf die Frage der mit diesen Umstellungsmaßnahmen verbundenen *Kosten* kann auch an dieser Stelle wiederum nur hingewiesen werden.

b) Schuldverschreibungen

Der Euro wird auch die Strukturen des europäischen Rentenmarktes erheblich verändern. So wird von der Einführung des Euro ein kräftiger Schub für das Emissions- und Handelsgeschäft der Banken mit öffentlichen und privaten Anleihen erwartet.

Neuemissionen von Schuldverschreibungen können nach der Währungsumstellung gemäß dem Grundsatz „Keine Behinderung, kein Zwang" sowohl unverändert in DM als auch in Euro begeben werden. Um dem Euro jedoch eine möglichst frühzeitige Anerkennung und Verbreitung auf dem Kapitalmarkt zu sichern, sollen *öffentliche Anleihen* nach einem Beschluß der Staats- und Regierungschefs der Europäischen Union vom Dezember 1995 in Madrid von den Teilnehmerstaaten *ab Einführung der dritten Stufe* der EWWU grundsätzlich *nur noch in Euro* begeben werden; dementsprechend werden Zins- und Tilgungsleistungen auf solche Anleihen ebenfalls in Euro erbracht.

Altemissionen werden nach Art. 8 Abs. 4 Euro-VO umgestellt. Danach können Schuldverschreibungen des Bundes, die auf DM lauten und nach deutschem Recht emittiert wurden, mit Beginn der dritten Stufe auf den Euro umgestellt werden. Macht ein Teilnehmerstaat von dieser Möglichkeit Gebrauch, so können auch andere Emittenten wie die Bundesländer und private Emittenten ihre Schuldverschreibungen auf Euro umstellen. Durch Art. 6 des Entwurfs eines Euro-EG[23] werden *auf DM lautende Schuldtitel des Bundes* wie Bundesanleihen, Bundesobligationen und Bundesschatzanweisungen mit Inkrafttreten des Gesetzes *auf Euro umgestellt* und gleichzeitig Regelungen für die Umstellung der Schuldtitel anderer Emittenten bereitgestellt. Damit soll gleich zu Beginn der Währungsunion ein möglichst großer und einheitlicher Euro-Kapitalmarkt für alte und neue Schuldtitel geschaffen und ein Nebeneinander zweier konkurrierender oder divergierender Märkte für DM- und Eurotitel vermieden werden. Gleichzeitig wird die Position des Bundes gewahrt, mit seinen Anleihen am Markt Maßstäbe zu setzen (Benchmark-Anleihen).

Von der Umstellung betroffen ist nach der Gesetzesbegründung ein Anleihevolumen im Gesamtnominalwert von 3,26 Billionen Mark, davon allein Schulden der öffentlichen Hand in Höhe von 1,35 Billionen DM.

Besondere Probleme wirft das *Umstellungsverfahren* für Anleihen von DM auf Euro auf. Insoweit wäre ein Vorgehen sowohl nach der Ein-Euro- als auch nach Ein-Cent-Methode möglich:

— Bei der *Ein-Euro-Methode* würden die bei der Umrechnung des Nennbetrages (DM 100) in Euro (z.B. 51, 369247 EUR) entstehenden Cent-Beträge bis auf die fünfte Nachkommastelle abgeschnitten, dem Kundenkonto gutgeschrieben und bis zum Ende der Laufzeit der Anleihe aufgezinst. Der damit für die Banken verbundene Aufwand wäre allerdings beträchtlich. Zudem erscheint dieses Verfahren im Hinblick auf die teilweise vorzeitige Tilgung der Emission und dem damit verbundenen Eingriff in die Rechte der Anleihegläubiger nicht unproblematisch. Schließlich würde sich bei Anwendung dieser Methode der nominale Wert der einzelnen Schuldverschreibungen - wenn auch nur geringfügig - ändern, so daß sich für Derivate auf diese Schuldverschreibungen ein verändertes underlying ergäbe.

---

23 Abgedruckt in WM 1997, 1915; dazu *Renner*, Die Umstellung von Schuldverschreibungen, WM 1997, 1873; zu den praktischen Problemen und rechtlichen Vorgaben; *Bartels*, Umstellung verbriefter Altschulden auf Euro, WM 1997, 1313; *Schuster*, Zur nationalen Umstellung von Schuldverschreibungen, VWD Spezial vom 15.7.1997, 7.

— Diese Nachteile vermeidet die *Ein-Cent-Methode*,[24] bei der der Nennbetrag (DM 100) der Anleihe lediglich in Euro umgerechnet und auf zwei Nachkommastellen gerundet wird (z.B. 51, 37 EUR); die kleinste handelbare Einheit bei Altanleihen betrüge hiernach ein Cent. Zwar entstünden bei dieser Umstellungsmethode „krumme" Nennbeträge. Dieser eher optische Nachteil könnte jedoch im Hinblick darauf, daß durch Anleihen weder Mitgliedschaftsrechte noch Anteile am Grundkapital einer Gesellschaft verbrieft werden und zudem deren Laufzeit begrenzt ist, anders als bei Aktien hingenommen werden. Überdies führt diese Umstellungsmethode nach der Gesetzesbegründung zu einer Kostenersparnis von rund DM 1 Milliarde.

Im Hinblick darauf gibt Art. 6 § 5 Euro-EG dem öffentlichen wie privaten *Schuldner das Recht*, aus Anlaß der Umstellung von Schuldverschreibungen auf Euro in den zugrunde liegenden Emissionsbedingungen *die handelbaren Nennbeträge neu festzusetzen*. Kleinster möglicher Nennbetrag eines Schuldtitels ist hiernach die kleinste gesetzliche Währungseinheit und damit ein Cent. Zu einer gesetzlichen Festlegung der handelbaren Stückelung auf einen Cent im Rahmen der Euro-Umstellung sieht sich der Gesetzgeber demgegenüber mangels ausreichender Kompetenz nicht in der Lage. Darüber hinaus erhält der Schuldner zur Vereinfachung und Kostenersparnis des Umstellungsverfahrens das *Recht*, den *Anspruch auf Ausgabe von auf Euro lautenden Urkunden* durch Änderung der Emissionsbedingungen *auszuschließen* oder einzuschränken.

Auch das *technische Verfahren der Umstellung* von Schuldverschreibungen wirft Probleme auf. Insoweit kommt zur Vermeidung von Rundungsdifferenzen eine Umstellung auf Basis der alten Mindeststückelungen (sog. Top-Down-Verfahren) oder ausgehend von den einzelnen Depotposten (sog. Bottom-Up-Verfahren) in Betracht.

— Im Rahmen des *Top-Down-Verfahrens* wird die Anleihe auf der Grundlage ihrer Mindeststückelung auf den einzelnen Verwahrstufen, die in Deutschland aus dem Deutschen Kassenverein, der jetzigen Deutsche Börse Clearing AG, den Banken und schließlich den einzelnen Depotkunden besteht, von oben nach unten umgestellt. Hierbei würde zunächst

---

24 *Gaddum*, Startvorteil für Bonn durch Cent-Umstellung, Deutsche Bundesbank - Auszüge aus Presseartikeln Nr. 47/1997, 1.

die beim Deutschen Kassenverein verwahrte Anleihe auf die Mindeststückelung heruntergebrochen, so daß z.B. bei einem Emissionsvolumen von DM 100 Mio und einer Mindeststückelung von DM 100,-- eine Stückzahl von 1 Mio à DM 100,-- entstünde. Sodann würde der Mindeststückelungsbetrag mittels des Umrechnungsbetrages in Euro umgerechnet und auf zwei Nachkommastellen gerundet (z.B. 51, 37 EUR). Der so errechnete Betrag würde mit der zuvor ermittelten Stückzahl multipliziert, woraus sich dann der Emissionsbestand des Deutschen Kassenvereins in Euro ergäbe (z.B. 51.370.000,-- EUR). Nach demselben Schema würde die Umstellung der Bestände bei den einzelnen Banken und in den Kundendepots erfolgen. Diese Methode hat den Vorteil, daß das auf der Verwahrstufe des Deutschen Kassenvereins ausgewiesene Eigentumsrecht jeweils der Summe der auf den nachfolgenden Verwahrstufen dokumentierten Bruchteilseigentumsrechte entspricht. Ihr hauptsächlicher Nachteil besteht aber in dem durch die Aufsummierung der Rundungsdifferenzen verursachten Anwachsen oder Abschmelzen des Anleihevolumens insgesamt. Unabhängig davon, ob der Emittent im Einzelfall willens ist, die durch ein Anwachsen der Anleihe entstandenen Mehrverpflichtungen zu tragen, wäre er hierzu jedenfalls rechtlich nicht verpflichtet. Maßgeblich für die Verpflichtung des Emittenten bleibt nämlich vielmehr der in der Sammelurkunde verbriefte bzw. im Bundesschuldbuch dokumentierte Betrag. Einen evtl. Fehlbestand hätten demnach die Kunden zu tragen, die aber einen solchen Eingriff in ihre Rechte kaum klaglos hinnehmen würden.

— Beim *Bottom-Up-Verfahren* wird die Umstellung der Anleihe demgegenüber von unten nach oben beginnend mit den einzelnen Kundendepots durchgeführt. Auf die Mindeststückelung der Anleihe wird hierbei keine Rücksicht genommen; vielmehr wird der Bestand des einzelnen Kundendepots mittels des Umrechnungskurses auf Euro umgestellt. In gleicher Weise wird mit den Lagerbeständen der Banken beim Deutschen Kassenverein und zuletzt mit dem Gesamtvolumen der Emission beim Deutschen Kassenverein verfahren. Bei der Umrechnung wird auf jeder Ebene auf zwei Nachkommastellen gerundet. Hierdurch können sich zwischen den einzelnen Ebenen geringfügige Differenzen ergeben, die ausgeglichen werden müssen. Dieser Ausgleich erfolgt in mehreren Stufen. Zunächst addiert der Deutsche Kassenverein die von ihm für die Banken verwahrten Bestände und vergleicht die Gesamtsumme mit dem konvertierten Emissionsvolumen. Über- oder Unterdeckungen, die im Cent-Bereich liegen sollten, werden zugunsten oder zulasten der Lagerstellenbestände der Bank bereinigt; dabei darf sich das in der Sammelurkunde verbriefte oder im Bundesschuldbuch dokumentierte Emissionsvolumen weder erhöhen noch verringern. Sodann addiert die Bank die einzelnen Bestände der Kundendepots und gleicht die Gesamtsumme mit dem eigenen konvertierten Lagerstellenbestand beim Deutschen Kassenverein ab. Die regelmäßig im Cent-Bereich liegenden Über- oder Unterdeckungen werden wiederum zugunsten oder zulasten des Lagerstellenbestandes der Bank ausgeglichen. Zwischenzeitlich hat sich auch die EU-Kommission für dieses Verfahren ausgesprochen.[25] Das Euro-EG geht aufgrund der europarechtlichen Vorgaben in Art. 3 Euro-VO und Art. 5 Euro-Ergänzungs-VO von diesem Verfahren als der allein zulässigen Umstellungsmethode aus.

Nach Art. 6 § 6 Euro-EG erfolgen sowohl die *Umstellung* der Anleihen als auch die Ergänzung oder Änderung der zugrunde liegenden Emissionsbedingungen *durch einseitige Erklärung des Schuldners* gegenüber den Gläubigern; dieser hat weder einen Anspruch auf Umstellung noch kann er der Umstellung widersprechen.

§ 7 sieht die *Fortgeltung alter Urkunden* über die auf Euro umgestellten Verbindlichkeiten mit der Maßgabe vor, daß der ausgewiesene Nennbetrag entsprechend dem festgelegten Umrechnungskurs in Euro zu lesen ist und Emissionsbedingungen auf der Urkunde, die nach § 5 geändert oder ergänzt worden sind, als nicht geschrieben gelten.

Hinsichtlich des *Ersatzes der Umstellungskosten* wird das Bundesjustizministerium in § 9 ermächtigt, durch Rechtsverordnung vorzuschreiben, daß der Schuldner umgestellter Titel den Banken die Aufwendungen zu ersetzen hat, die diesen bei der Abwicklung der Umstellung entstehen; dabei kann ein Pauschbetrag festgesetzt werden, der an die durch die Umstellung veranlaßten Depotbuchungen anknüpft. Im Interesse einer möglichst frühzeitigen Umstellung der Schuldverschreibungen des Bundes auf den Euro haben die Banken sich bereit erklärt, diese zum Selbstkostenpreis durchzuführen.

---

25 *Giovannini*, Bericht zu den „Auswirkungen des Euro auf die Kapitalmärkte".

c) Derivate[26]

Durch die frühzeitige Umstellung der Altschulden des Bundes wird auch die für einen funktionsfähigen Terminmarkt in Derivaten erforderliche Liquidität rechtzeitig und ausreichend zur Verfügung gestellt; denn Zinsderivate, wie z.B. der Bund-Future, sind nur liquide, wenn es eine genügende Anzahl zugrunde liegender Basistitel gibt, d.h. wenn alle für die Derivate lieferbaren Anleihen und Obligationen auf Euro lauten. Damit wird zugleich eine wichtige Voraussetzung für die Wettbewerbsfähigkeit des Finanzplatzes Deutschland geschaffen.

Die *deutschen Börsen* werden nach Art. 8 Abs. 4 Euro-VO Aktien und Schuldverschreibungen ab dem ersten Handelstag, dem 4. Januar 1999 in Euro notieren; eine Doppelnotiz Euro/DM wird es nicht geben. Die Notierungswährung Euro wird unabhängig sein vom Nennwert der jeweiligen Aktien, während der handelbare Mindestbetrag für Altanleihen 1 Cent lauten wird. Im übrigen ist davon auszugehen, daß der größte Teil der im DAX 100 vertretenen Unternehmen ihr Grundkapital und ihren Aktiennennwert bereits zu Beginn oder im Laufe des Jahres 1999 auf Euro umstellen werden.

Investmentanteile sind von der Umstellung nicht betroffen, da sie nicht auf Währung, sondern auf Stück lauten; in der Übergangsphase werden sie zusätzlich in Euro notiert.

7. Depotgeschäft

Das Depotgeschäft der Banken, d.h. die Verwahrung und Verwaltung von Wertpapieren für ihre Kunden, wird von der Einführung des Euro in erster Linie durch die bereits dargestellte Redenominierung von Aktien und Anleihen betroffen. Hieraus können sich zugleich *Informationspflichten* der Banken gegenüber ihren Depotkunden ergeben. So müssen die Banken ihren Kunden nach Nr. 16 der Sonderbedingungen für Wertpapiergeschäfte Informationen zur Kenntnis bringen, soweit diese sich auf die Rechtsposition des Kunden erheblich auswirken können und die Benachrichtigung des Kunden zur Wahrung seiner Interessen erforderlich ist. Dabei sind nach dem Kontext dieser Bestimmung vor allem solche Informationen weiterzugeben, die eine

---

26 *Pohl*, Finanzderivate im Griff der Währungsunion „Fin de siècle" für langfristige Kontrakte? WM 1997, 1135; *Steuer*, a.a.O. (Fn. 11).

Anlageentscheidung des Kunden nach sich ziehen können. Dies dürfte allein aufgrund der Währungsumstellung jedoch nicht der Fall sein, so daß eine besondere Kundeninformation über jeden einzelnen Umstellungsvorgang und damit die Übersendung von Umstellungsanzeigen auch unter Kostengesichtspunkten jedenfalls dann entbehrlich erscheint, wenn die Bank ihre Kunden rechtzeitig vor Beginn der Währungsumstellung über deren Auswirkungen auf deren Depotbestände unterrichtet; letztlich dürfte über das Ausmaß an Information und Transparenz jedoch geschäftspolitisch entschieden werden.

8. Anlageberatung und Vermögensverwaltung

Über die bloße Wertpapierverwahrung hinaus bieten die Banken ihren Kunden auch eine mehr oder weniger umfassende Anlageberatung und Vermögensverwaltung an, um den Kunden eine ihren individuellen Vermögensverhältnissen und Risikoneigungen entsprechende Beratung zuteil werden zu lassen oder die ihnen von ihren Kunden anvertrauten Vermögenswerte innerhalb einer vereinbarten Anlagestrategie sowie nach vorgegebenen Richtlinien selbständig zu verwalten. In beiden Fällen stellt sich wiederum zunächst die Frage, ob eine *Informationspflicht* der Banken gegenüber ihren Kunden über die Währungsumstellung besteht und wie weit diese ggf. reicht. Erörtert wurde beispielsweise eine Verpflichtung der Banken, ihre Kunden frühzeitig und umfassend über die mit der EWWU möglicherweise verbundenen Währungsrisiken zu unterrichten. Eine solche Verpflichtung ist jedoch schon frühzeitig verneint worden, weil diese Frage ohnehin seither in allen Medien thematisiert wird und konkrete Aussagen hierzu sich als reine Spekulation erweisen könnten.

Darüber hinaus werden die Banken sich sowohl in der Anlageberatung als auch in der Vermögensverwaltung auf den größeren und liquideren Euromarkt als einheitlichen Binnenmarkt einstellen müssen und die Wertpapiere der Eurozone sowohl in ihrer *Wertpapieranalyse* als auch in ihrer Anlageberatung und Vermögensverwaltung einbeziehen und dabei ggf. auch ihre Anlagestrategien neu definieren und mit ihren Kunden abstimmen müssen.

9. *Sonstige Geschäfte*

Darüber hinaus werden zahlreiche weitere Bankaktivitäten und Bankgeschäfte von der Umstellung auf den Euro betroffen, von denen nur einige wenige beispielhaft hier genannt seien:

a) *Akkreditivgeschäft*

Im Akkreditivgeschäft verpflichten sich die Banken im Auftrag eines Kunden im Wege eines abstrakten Zahlungsversprechens, einem Dritten gegen Vorlage bestimmter Dokumente innerhalb einer bestimmten Frist einen vereinbarten Geldbetrag zur Verfügung zu stellen. Hier stellt sich die Frage, ob die Banken angesichts des *Grundsatzes der Dokumentenstrenge* künftig auf Euro lautende Zahlungsinstrumente oder Dokumente akzeptieren und honorieren können. Während diese Frage innerhalb der Teilnehmerstaaten der EWWU nach der Euro-Ergänzungsverordnung ohne weiteres zu bejahen ist, dürfte außerhalb derselben die Anwendung der lex monetae zu dem gleichen positiven Ergebnis führen. Insoweit könnte sich zur Klarstellung jedoch eine entsprechende Verlautbarung der Internationalen Handelskammer in Paris empfehlen, die die Einheitlichen Richtlinien und Gebräuche für Dokumentenakkreditive feststellt. Eine entsprechende Anfrage liegt der zuständigen Kommission für Banktechnik und Bankpraxis bereits vor. Entsprechendes gilt für das *Inkassogeschäft*.

b) *Sortengeschäft*

Nach der Euro-VO wird in der Übergangsphase nationales Bargeld nur in dem Mitgliedsstaat Gültigkeit besitzen, der es in Umlauf gebracht hat. So gelten deutsche Banknoten und Münzen nur in Deutschland als Zahlungsmittel ebenso wie FF in Frankreich, so daß auch in der Übergangszeit ein Umtausch von Zahlungsmitteln unterschiedlicher Währungsbezeichnungen erforderlich bleiben wird. Da der Sortenumtausch nach wie vor Personalaufwand und Vorhaltekosten verursacht, werden die Banken auch weiterhin ein *Entgelt* in Rechnung stellen. Der Unterschied gegenüber heute besteht lediglich darin, daß der Umrechnungskurs für den Umtausch am 1. Januar 1999 unveränderlich feststeht.

c) *Preisauszeichnung*[27]

Besondere Preisauszeichnungsvorschriften wird es während der Übergangsphase trotz entsprechender Forderungen von Verbraucherseite voraussichtlich weder auf europäischer noch auf nationaler Ebene geben. Nach deutschem Recht ist grundsätzlich nur ein Preis anzugeben, nämlich der vom Kunden zu zahlende Endpreis. Solange Unternehmen über die von ihnen angebotenen Waren oder Dienstleistungen nur auf DM lautende Verträge abschließen, brauchen sie daher wie bisher ihre *Preise nur in DM* anzugeben.

Etwas anderes gilt, wenn Unternehmen ihre Waren- und Dienstleistungen auch aufgrund von Euro-Verträgen anbieten wollen. So werden Banken, die für ihre Kunden Eurokonten führen, auch *Preisaushänge und -verzeichnisse in Euro* bereithalten müssen. Für eine doppelte Preisauszeichnung sowohl in DM als auch in Euro besteht jedoch weder in der Übergangszeit noch in der Phase des doppelten Bargeldumlaufs in der ersten Hälfte des Jahres 2002 ein praktisches Bedürfnis. Im übrigen sollte bereits der Wettbewerb eine größtmögliche Preistransparenz sowie eine korrekte Umrechnung gewährleisten.

III. Eigengeschäft

Im Eigengeschäft der Banken wird insbesondere der *Wegfall des Devisenhandels*[28] in den Währungen der Teilnehmerstaaten der EWWU zu erheblichen Ertragseinbußen bei den Banken führen. So werden mit Beginn der dritten Stufe die nationalen Denominierungen des Euro aus dem Devisenhandel herausgenommen und auf dem Euro-Geldmarkt gehandelt werden.

Im übrigen wird der Devisenhandel am 1. Januar 1999 auf den Euro umgestellt. Das amtliche Fixing unter Mitwirkung der Bundesbank wird entfallen. Die Banken werden jedoch wie bisher Berechnungskurse für Zahlungsein- und -ausgänge in Fremdwährung berechnen und veröffentlichen.

---

27 *Schneider*, Doppelte Preisauszeichnung bei Einführung des Euro, DB 1997, 1265.

28 *Fischer-Erlach*, Auswirkungen der Europäischen Währungsunion auf den Devisenhandel in Deutschland, Kreditwesen 1997, 107.

IV. Ausblick

Die notwendigen Vorarbeiten zur Einführung des Euro sind von den deutschen Banken bereits auf den verschiedensten Gebieten geleistet worden. Auch viele andere Unternehmen bereiten sich und ihre Geschäftsbereiche, wie z.B. das Marketing und das Rechnungswesen, auf den Euro vor. Der Gesetzgeber hat sich intensiv mit der Anpassung des deutschen Rechts an die sich aus der Euro-Einführung ergebende neue Rechtslage befaßt und hierzu die notwendigen Gesetzentwürfe vorgelegt. Zumindest die *rechtlichen und technischen Rahmenbedingungen* für die Umstellung der DM auf den Euro werden daher rechtzeitig zum 1. Januar 1999 erfüllt sein. Ob dies auch für die *wirtschaftlichen Rahmenbedingungen*, insbesondere für die *Einhaltung der Konvergenzkriterien* gilt, bleibt nur zu wünschen und zu hoffen.

II. Abteilung:
Rechtsfragen zum Kommunikationsmedium Internet im Hinblick auf Bankdienstleistungen

Leitung: *Herbert Schimansky*,
Vorsitzender Richter am Bundesgerichtshof

Electronic Commerce
– Fragestellungen und Lösungsansätze –

Dr. Wolfgang Johannsen
Deutsche Bank AG, Frankfurt am Main

Inhaltsübersicht

Die überaus schnelle Ausbreitung von Online-Netzen und insoweit insbesondere des Internets beruht auf der Integration multimedialer Systeme und ihrer Vernetzung auf Basis einer leistungsfähigen Telekommunikationsinfrastruktur. Die der Integration zugrundeliegende Digitaltechnik erlaubt die homogene digitale Verarbeitung und Repräsentation von Informationen, die bisher in getrennten Medien und auf unterschiedlichen Trägern zu finden waren. Der interaktive Charakter der Online-Netze erlaubt darüber hinaus eine neue Qualität der elektronischen Kommunikation, die bereits heute im Finanzdienstleistungssektor erhebliche Auswirkungen auf die Gestaltung der Geschäftsabläufe entfaltet.

Für die Entwicklung des Electronic Commerce - d.h. der vollständigen Abwicklung von Geschäftstransaktionen in Online-Netzen - ist Technologie ein notwendiger jedoch nicht hinreichender Erfolgsfaktor. Darüber hinaus wird die Diffusion des Electronic Commerce nachhaltig durch marktgerechte Inhalte und Anwendungen, begleitende Regeln, Vereinbarungen und rechtliche Rahmenwerke bestimmt.

Der vorliegende Beitrag gibt einen Überblick zu Entwicklungsaspekten des Electronic Commerce und den wichtigsten rechtlichen sowie organisatorischen Fragestellungen. In diesem Rahmen werden einige zentrale Ansatzpunkte aus der Sicht eines Finanzdienstleisters als Beispiele herangezogen.

I. Die Bedeutung des Internets für den elektronischen Geschäftsverkehr

Obwohl in zahlreichen Publikationen synonym verwendet, sind die Begriffe „Internet“ und „Electronic Commerce“ keinesfalls substitutiv zu verwenden: Vielmehr bietet das Internet die technische Grundlage bzw. Plattform, auf der Electronic Commerce entstehen kann.

Electronic Commerce im Sinne des Austausches von Informationen zu geschäftlichen Zwecken (Telefon, Telefax), der Modellierung geschäftlicher Prozesse mit Hilfe standardisierter elektronischer Dokumente mit EDI/EDIFACT (Electronic Data Interchange) oder zur Unterstützung des Wertpapierhandels ist keine neue Erscheinung. Die Integration verschiedener multimedialer Technologien und moderner Telekommunikationstechnik auf der Grundlage der Digitaltechnik hat jedoch unzweifelhaft eine neue Ausgangslage geschaffen. Sie manifestiert sich insbesondere in der ständig wachsenden Attraktivität des Internets. Weder Datenübertragung noch Datenverarbeitung stehen insoweit im Vordergrund. Vielmehr wird das Netz selbst als eine einzige logische Maschine verstanden. Hinsichtlich des Electronic Commerce schlägt sich dies in der Auffassung nieder, daß das Netz als solches bereits der Markt sei (vgl. Tabelle 1):[1]

1 *Europäische Kommission*, Europäische Initiative für den elektronischen Geschäftsverkehr, Kom (97) 157, April 1997.

Tabelle 1: Elektronischer Geschäftsverkehr

Herkömmlicher elektronischer Geschäftsverkehr	**Elektronischer Geschäftsverkehr im Internet**
• zwischen Unternehmen	• zwischen Unternehmen
	• zwischen Unternehmen und Verbrauchern
	• zwischen Unternehmen und Behörden
	• zwischen Benutzern
• geschlossene, häufig branchenspezifische „Clubs“	• offener, ggfs. globaler Markt
• begrenzte Zahl beteiligter Unternehmen	• unbegrenzte Zahl von Teilnehmern
• bekannte und verbundene Partner	• offene, ungeschützte Netze
• Sicherheit durch Netzaufbau	• bekannte und unbekannte Partner
Der Markt ist ein Club	*Das Netz ist der Markt*

Unter Electronic Commerce wollen wir im folgenden das Angebot, die Nachfrage, den Geldverkehr, die Logistik und die Geschäftsregeln in Online-Netzen verstehen. Diesem Gedanken folgend zeigt sich, daß dem Marktgeschehen im Netz alle Eigenschaften zugeschrieben werden können, die bereits von klassischen Märkten her bekannt sind. Das Netz charakterisiert insofern einen „elektronischen“ Ort, an dem sich Angebot und Nachfrage gegenüberstehen; beide werden durch den Tausch von Gütern und Dienstleistungen gegen Zahlungsmittel zum Ausgleich gebracht. Daneben sind auch unerläßliche sekundäre Tätigkeiten insbesondere zur Absicherung von Geschäftstransaktionen, wie z.B. die gegenseitige Identifikation der Geschäftspartner und die Wahrung von Vertraulichkeit, Gegenstand des Electronic Commerce.

Das World Wide Web als multimediale Schnittstelle zum Internet hat in lediglich 5 Jahren 10 Millionen Endkunden erreicht und ist damit schneller zum Massenartikel avanciert als PC (5 Jahre), Videorekorder (7 Jahre) und Mobiltelefon (9 Jahre). Dazu kommt, daß die Technologien, die dem Internet zugrunde liegen, ebenfalls für den Aufbau firmeninterner Internet-Lösungen (den sog. Intranets) herangezogen werden. Dem Grundgedanken folgend, daß das Netz in seiner Gesamtheit als eine zusammengehörige logische Maschine aufzufassen ist, setzt sich darüber hinaus sehr schnell eine neue Konstruktionsweise von Softwarekomponenten durch: Software wird heute als ortsunabhängige Sammlung von Einzelkomponenten verstanden, deren Ausführungsort nahezu beliebig ist. Die populärste Programmiersprache, die diesem „Software on Demand"-Ansatz folgt, ist Java. Die standardisierende Wirkung, die von dieser - sich weltweit mit ungekannter Geschwindigkeit ausbreitenden Basistechnologie - ausgeht, kann nicht überschätzt werden.

II. Die Metapher vom Elektronischen Marktplatz

Der elektronische Geschäftsverkehr bzw. Electronic Commerce wird häufig in Anlehnung an das Geschehen auf klassischen Märkten oder Marktplätzen erklärt.[2,3] Da diese Analogie für das Verständnis der Zusammenhänge recht hilfreich ist, sei sie hier aufgegriffen.

Verkäufer und Käufer, Erzeuger und Verbraucher kamen früher auf einem zentralen Marktplatz zusammen. Der Marktplatz war insoweit Ort des Informationsaustausches, des Handels und nicht zuletzt der Unterhaltung. Gerade die Vielseitigkeit des Angebots, aus vielen Quellen an einer Stelle gebündelt, hat für die Menschen den Reiz dieses Marktplatzes ausgemacht. Rund um den Marktplatz entstanden wichtige Einrichtungen für den Austausch zwischen den verschiedenen Interessengruppen. Die Städte, in denen sich ein Marktplatz von Bedeutung etablierte, vermehrten ihren Einfluß und Wohlstand. Sie zogen viele Menschen von auswärts an, so daß die Verkehrswege zu den Marktplätzen ausgebaut wurden.

Die Analogie elektronischer Märkte zur Entstehung der traditionellen Märkte ist evident. Elektronische Märkte entstehen heute als logische Inseln im Internet. Anbieter unterschiedlichster Waren und Dienstleistungen nutzen mediengestützte Vertriebswege, um Interessenten anzusprechen. Auch hier bestimmt die vielseitige Mischung aus Information, Waren und Unterhaltung die Attraktivität des Angebots. Aufgrund zunehmender Ansprüche an Quantität und Qualität des Handels werden heute die elektronischen statt der

---

2 *Erlingheuser/Johannsen/Klein*, Banking auf dem elektronischen Marktplatz: Bank und Markt; Heft 11; November 1996.

3 *Merz*, Elektronische Märkte im Internet; Thomson Publishing; 1996.

physischen Vertriebswege, in Analogie zu den Verkehrswegen im Mittelalter, ausgebaut - Information Highways entstehen.

Mit zunehmender Kommerzialisierung des Internets wachsen die Anreize zum Ausbau dieser Infrastruktur, so daß heute bereits bestehende Engpässe überwunden werden können und neue Formen der Kommunikation und Interaktion möglich werden. Sprachübermittlung, schneller Datenaustausch und Online-Videokonferenzen werden in naher Zukunft zum Alltag gehören. Über 50 Millionen Nutzer haben heute schon einen Zugang zum Internet und ihre Zahl wächst überaus schnell. Während das 19. Jahrhundert und die erste Hälfte des 20. Jahrhunderts durch die abnehmende Bedeutung der Transportkosten im Rahmen der betrieblichen Leistungserstellung und des Vertriebs geprägt waren, könnten die nächsten Jahrzehnte durch den Verfall der Kosten für Information bei gleichzeitig sprunghaft ansteigender Verfügbarkeit geprägt sein.

Ebenfalls in Analogie zur Entwicklung der traditionellen Märkte kann man den Bedarf nach angemessenen Zahlungsmitteln und -verfahren im Electronic Commerce betrachten. Digitales Geld bzw. mediengerechte Zahlungsmittel als Gegenwert für Waren und Dienstleitungen mit geringem Wert, wie z.B. bestimmte Software und andere digital verfügbare Informationen, sind für den elektronischen Markt unerläßlich. Der Bedarf nach elektronischen Schecks und sicheren Zahlungen per Kreditkarte im Internet wächst. Große und mittlere Unternehmen erwarten elektronische Unterstützung in der Planung und Steuerung sowie in der Abwicklung ihrer Finanzgeschäfte. Der Bedarf nach Cash Management und Risk Management Produkten gehört zu den typischen Anforderungen der Geschäftskunden.

III. Gestaltungsebenen des Electronic Commerce

Bereits eingangs wurde hervorgehoben, daß Electronic Commerce nicht nur auf den Aspekt des Technologieeinsatzes reduziert werden kann. Vielmehr handelt es sich um eine Kombination von Technologien, Anwendungen, Prozessen und Geschäftsstrategien, sowie eines rechtlichen und ordnungspolitischen Rahmenwerkes.

Von entscheidender Bedeutung für die Entstehung des Electronic Commerce ist insoweit die Etablierung von hinreichendem Vertrauen der Beteiligten hinsichtlich Sicherheit, Verbindlichkeit und Datenschutz im offenen und für jedermann zugänglichem Internet. Technische und kryptografische Lösungen bilden dafür zwar einen unverzichtbaren Bestandteil, sie allein sind jedoch nicht ausreichend; regulatorische und rechtliche Maßnahmen müssen ebenfalls zur Verfügung stehen.

Die Gestaltungsebenen lassen sich unter verallgemeinernder Sichtweise in vier grundlegende Segmente kategorisieren (Abbildung 1):

— Technologische Infrastruktur,
— Produkte und Dienstleistungen,
— Rollen und Risiken,
— Regeln und Vereinbarungen.

Abbildung 1: Gestaltungsebenen des Electronic Commerce

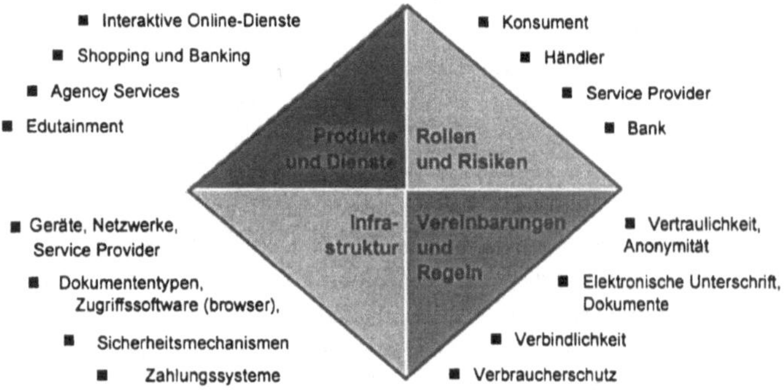

1. Technologische Infrastruktur

Elementare Voraussetzung für Electronic Commerce ist die Möglichkeit, elektronische Daten - d.h. Transaktionen - zwischen den beteiligten Geschäftspartnern austauschen zu können. Wie zuvor erwähnt, öffnet die allgemeine Verbreitung des PC als Endgerät sowie die zunehmende Vernetzung dieser Endgeräte die Marktchancen für eine wachsende Zahl von Geschäftspartnern. Die Weiterentwicklung der Online-Welt mit komfortablen Multimedia-Schnittstellen, wie z.B. dem WWW, steigert nicht nur die Kundenakzeptanz, sondern bietet darüber hinaus auch Händlern mächtige Werkzeuge zur attraktiven Gestaltung von Angeboten und Werbebotschaften. Mit Sicherheitstechnologien wie Kryptographie, elektronischer Unterschrift, Tokens und Smartcards stehen Tools zur Gewährleistung von Autorisierung/Authentifizierung, Datenintegrität, Datenautentizität und Vertraulichkeit im Rahmen elektronischer Geschäftsvorgänge zur Verfügung.

Einer der kritischen infrastrukturellen Einflußfaktoren der Akzeptanz des Electronic Commerce ist die sichere Zahlungsverkehrsabwicklung. Immaterielles, digitales Bargeld bildet den vorläufigen Endpunkt der Evolution von Zahlungsmitteln, die sich von Tauschobjekten mit entsprechendem Materialwert - z.B. Edelmetallmünzen - hin zu Notengeld gewandelt haben, welches nur noch symbolischen Wert beinhaltet. Gerade die physikalische 'Wertlosigkeit' des elektronischen Bargelds erfordert dabei prinzipiell höhere Sicherheitsanforderungen an die Zahlungsverkehrsabwicklung auf virtuellen Marktplätzen als im klassischen Handel heutzutage implementiert.

Die Abwicklung des Zahlungsverkehrs ist dabei als zentraler Bestandteil einer Geschäftstransaktion zu betrachten, geht er doch im allgemeinen unmittelbar mit dem Abschluß einer Geschäftstransaktion einher. Die Absicherung dieses finanziellen Teils von Geschäftstransaktionen ist Ziel des Secure Electronic Transaction (SET) Protokolls. Es bietet Datenintegrität, Vertraulichkeit, Authentifikation und Interoperabilität zwischen den beteiligten, verteilten Systemen. Dieses für Zahlungen unter Einbezug von Kreditkarten konzipierte Protokoll wird sich voraussichtlich als Industriestandard etablieren und auch für andere Anwendungskontexte im Electronic Commerce herangezogen werden können.

Der SET Standard[4] setzt eine Zertifizierung des Karteninhabers gegenüber dem Anbieter voraus, die mit Hilfe kryptographischer Methoden und Daten des Karteninhabers erzeugt wird. Eine derartige Zertifizierungs(dienst)leistung muß von vertrauenswürdigen Institutionen bzw. Firmen, sog. Zertifizierungsinstanzen (Certificate Authorities), vorgenommen werden. Der Umgang mit elektronischen Zertifikaten bildet als Dienstleistung einen Teilsektor des Electronic Commerce.

---

4 „Electronic Commerce" at VISA Home Page, http://www.visa.com/cgi-bin/vee/sf/standard.html; April 1997.

2. Produkte und Dienstleistungen

Der Electronic Commerce bietet zum Teil erhebliche Vermarktungs- und Vertriebsperspektiven für generell alle Produkte und Dienstleistungen einer Unternehmung; mit Blick auf zukünftige Entwicklungspotentiale des Electronic Commerce ist jedoch zu unterscheiden, inwieweit die Geschäftsabwicklung den Austausch eines materiellen Objektes erfordert. Ist dies der Fall, ähnelt der Handelsprozeß dem klassischen Versandgeschäft: Auswahl und Bestellung des Objektes erfolgen dabei elektronisch, die Lieferung per Postweg. Aufgrund der Retardierung der Lieferung und der anfallenden Versandkosten, sind die Marktchancen für solche 'Homeshopping'-Angebote jedoch generell beschränkt.

Produkte und Dienstleistungen hingegen, welche ausschließlich aus Information bestehen, können online ausgewählt, bestellt, versandt *und* konsumiert werden. Dies bietet neben der Reduktion der Transaktionskosten einen echten 'Mehrwert' für die Geschäftspartner im Electronic Commerce und eröffnet Potentiale für eine weltweite Online-Geschäftsabwicklung.

Hinsichtlich dieser Transaktionsarten kann insoweit zwischen indirektem und direktem Geschäftsverkehr unterschieden werden:[5]

— Der indirekte Geschäftsverkehr bezieht sich auf die elektronische Bestellung und ggfs. die elektronische Bezahlung eines Produktes, wohingegen das Produkt selbst weiterhin physisch und auf traditionellem Wege, wie z.B. der Post oder durch einen Lieferantendienst, zum Kunden gelangt.

— Der direkte Geschäftsverkehr umfaßt die komplette Geschäftsabwicklung auf elektronischem Wege: Angebot, Produktauswahl, -bestellung und -bezahlung sowie Lieferung eines immateriellen Gutes erfolgen elektronisch. Zu beachten ist hier, daß natürlich auch
  - die gegenseitige Identifikation der Geschäftspartner,
  - die Verbindlichkeit eines Geschäftes und
  - die Integrität des gelieferten Produktes

  auf elektronischem Wege hergestellt werden muß.

5 *Europäische Kommission* (Fn. 1).

3. Rollen und Risiken

Die Marktteilnehmer und ihre Zielsetzungen im Electronic Commerce sind klar abgegrenzt: Verbraucher verlangen größtmöglichen Komfort bei hoher Leistungsfähigkeit und niedrigen Preisen, Händler bzw. Anbieter erhoffen sich globale Märkte und Geschäftspotentiale zu sehr geringen Transaktionskosten. Die Mediatoren der vielfältigen Geschäftsbeziehungen - die zudem teilweise selbst in der Rolle des Anbieters auftreten - sind die Netz-, Access- oder Serviceprovider der Kommunikationsinfrastruktur.

Die Risiken der einzelnen Nutzergruppen im Electronic Commerce sind dabei durch die neue Markt- und Wettbewerbsstruktur und hier insbesondere durch die Internationalisierung der Geschäftsabwicklung vielfältig. Die Digitalität der Geschäftsobjekte läßt beispielsweise eine einfache Prüfung eines Dokumentes auf Originalität nicht zu, da Kopien und Originale ununterscheidbar sind. Händler benötigen weiterhin geeignete Verfahren zur Bonitätsprüfung von Käufern; Verbraucher verlangen z.B. ein Umtauschrecht bei Fehlbestellungen/-lieferungen.

Die haftungsrechtlichen Fragen zur Risikoverteilung sind, aufgrund der neuartigen Struktur des elektronischen Handels, Gegenstand regulatorischer und gesetzgeberischer Initiativen,[6] z.T. aber noch weitgehend ungeklärt.

Zu erwähnen sind ebenfalls Risiken durch Netzkriminalität, Verletzung des Urheberrechts, arglistige Manipulation durch sog. Hacker, elektronische Geldwäsche und elektronische Geldspiele.

4. Regeln und Vereinbarungen

Zur Manifestierung von Verbindlichkeit, Vertraulichkeit und Sicherheit des Electronic Commerce sind ebenso wie zur Risikoabschätzung, im Hinblick auf die beteiligten Nutzergruppen, feste Regeln und Vereinbarungen notwendig.

Dazu gehören einerseits Absprachen in bezug auf die Funktionalität der elektronischen Geschäftsabwicklung, wie z.B. gemeinsame Verschlüsselungsverfahren (Private Keys, Public Keys), oder generelle Protokollverein-

---

6 Informations- und Kommunikationsdienste-Gesetz-IuKDG; Entwurf eines Gesetzes zur „Regelung d. Rahmenbedingungen f. Informations- und Kommunikationsdienste“, Deutscher Bundestag; Drucksache 13/7385; April 1997.

barungen, andererseits vor allem auch rechtliche Absprachen über z.B. die Gültigkeit von elektronischen Unterschriften, Zertifizierungsmöglichkeiten für elektronische Schlüssel (Stichwort: Trusted Third Parties) oder Clearingdienste für elektronisches Geld.

Zusätzlich sind Fragen des Verbraucher- bzw. Datenschutzes[7,8] zu klären, da z.B. Problemstellungen im Bereich der Anonymität von elektronischen Handelsbeziehungen mit denen klassischer Geschäftsabwicklungen kaum vergleichbar sind.

Diesem Themenkomplex ist darüber hinaus die Frage nach einem geeigneten ordnungspolitischen Rahmen zuzuordnen. Die Europäische Kommission sieht hier vier wesentliche Eigenschaften, die einen solchen Rahmen charakterisieren:[9]

(1) Die Erleichterung von Geschäftsgründungen durch Beseitigung nationaler Sonderregelungen sowie die Beseitigung von Rechtsunsicherheiten hinsichtlich nationaler Zuständigkeiten für die Vertragsparteien im elektronischen Geschäftsverkehr.

(2) Die Förderung und die Bereitstellung von elektronischen Geschäftsverkehrsdiensten. Hier wird auf Richtlinien der grenzüberschreitenden Werbung und für Finanzdienst-Vertragsabschlüsse im Fernabsatz hingearbeitet.

(3) Vertragsaushandlung und -abschluß sollen durch den Ausschluß unfairer Vertragsinhalte und durch einen gesetzlichen Rahmen zur Durchsetzung von Verträgen erleichtert werden.

(4) Elektronische Zahlungen und deren Empfang sollen durch aufsichtsrechtliche Rahmen für die Ausgabe elektronischen Geldes in das bestehende Geschäftsleben integriert werden.

Insbesondere hinsichtlich international akzeptierter Regeln des Electronic Commerce besteht noch erheblicher Abstimmungsbedarf. Die Aktionsfelder lassen sich – aus der Sicht einer von der US-Regierung beauftragten Expertenkommission – wie folgt gliedern:[10]

---

7 „Electronic Commerce – An Introduction" www.cordis.lu/esprit/src/ecomint.htm; Mai 1996.

8 „Global Information Networks", Ministerial Conference; Bonn; 6.-8. Juli 1997.

9 *Europäische Kommission* (Fn. 1).

10 „A Framework for Global Electronic Commerce" (Draft #9); at www.iitf.nist.gov/eleccomm/glo_comm.htm; December 1996.

(1) Finanzfragen

- Zoll und Steuern werfen neue Fragen auf, da im Internet keine klaren und fixen geographischen Grenzen zu identifizieren sind. Die US-Regierung wird, auf Empfehlung einer Expertenkommission, das Internet als zollfreie Zone betrachten und dies bei der Welthandelsorganisation so vertreten. Weiterhin will die US-Regierung von speziellen Steuern für Electronic Commerce Geschäfte absehen.
- Elektronische Zahlungssysteme und die Implikationen ihres globalen Einsatzes sind Untersuchungsgegenstand nationaler und supranationaler Institutionen wie z.B. G-10 Zentralbanken, Komitee der Bankenaufsicht in Basel und einer technischen Arbeitsgruppe der G-7 Regierungen.

(2) Rechtsfragen

- Einrichten eines durchgängigen Kodex für den elektronischen Geschäftsverkehr in Anlehnung an den bestehenden Uniform Commercial Code (UCC), der zur Harmonisierung des Geschäftsverkehrs in den Bundesstaaten der USA eingerichtet wurde.
- Der Schutz geistigen Eigentums insbesondere von Copyrights, Patenten und Warenzeichen sowie der Markenschutz.
- Der Schutz der Privatsphäre im Hinblick auf Verbraucherschutz, d.h. Sammlung von Kundendaten und Mißbrauch gesammelter Daten.
- Sicherheitsfragen werden in der Abwägung von öffentlicher Sicherheit und Kriminalitätsschutz und der Gewährleistung von Vertraulichkeit diskutiert.

(3) Marktzugang

- Mit Bezug auf die Telekommunikationsinfrastruktur soll verstärkt nach internationalen Abkommen gesucht werden. Bestehende Hindernisse wie z.B. nationale Regulierungen sollen abgebaut und Preise für Mietleitungen und Konsumeranschlüsse herabgesetzt werden. Die Kompatibilität von Netzen bis hin zur Vereinheitlichung von Anschlußkomponenten gehört ebenfalls zu den angesprochenen Themen, desgleichen die Frage nach der Regulierung von Sprach- und Multimediaübertragung im Internet.
- Unter dem Titel Inhalte sollen vielfältige Fragestellungen angegangen werden wie z.B.: Quotenregelungen bezüglich der Inhalte, die in einzel-

nen Ländern hergestellt werden müssen, Regulierung zur Werbung (Dauer, Sprache, Frequenz, Menge), Jugendschutz, Datenfälschung.

IV. Kryptographie als infrastrukturelle Grundlage der Vertrauensbildung

Entscheidend für die Durchsetzungsfähigkeit des direkten elektronischen Geschäftsverkehrs (vgl. III.2) wird das Maß an Vertrauen sein, das den eingesetzten technischen Verfahren entgegengebracht wird. Verbraucher und Unternehmen müssen sicher sein können, daß die bereits genannten Kriterien für die Bearbeitung von Geschäftstransaktionen auch tatsächlich eingehalten werden. Geeignete kryptographische Verfahren bilden somit das Schlüsselelement auf technischer Seite. Die wichtigsten Ansätze sind im folgenden kurz vorgestellt.

Kryptographische Verfahren zur Verschlüsselung von Daten können in zwei Klassen eingeteilt werden. Es gibt einerseits symmetrische Verfahren, bei denen ein geheimer Schlüssel zum Kodieren und Dekodieren einer Nachricht verwendet wird.

Abbildung 2: Kryptographie – Symmetrische Verfahren

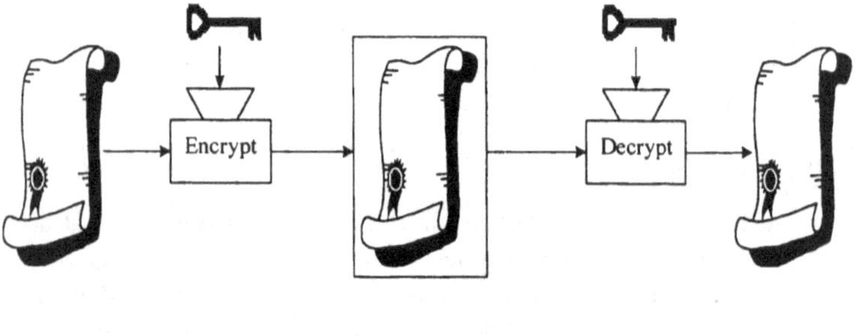

Da der geheime Schlüssel über einen sicheren Kanal ausgetauscht werden muß, eignen sich die symmetrischen Verfahren nicht zur Anwendung auf breiter Basis. (Der sichere Kanal dafür müßte zunächst geschaffen werden!). Vor diesem Hintergrund werden vielmehr asymmetrische Verfahren eingesetzt, bei denen ein Schlüsselpaar, bestehend aus einem privaten und einem öffentlichen Schlüssel, zur Verwendung kommen. Nachrichten, die mit einem der beiden Schlüssel kodiert wurden, können mit dem jeweils anderen Schlüssel dekodiert werden.

Der private Schlüssel bleibt beim Besitzer unter Verschluß, der öffentliche Schlüssel kann jedem zugänglich gemacht werden, ohne daß bei der Übermittlung auf Sicherheit geachtet werden muß. Je nach Nutzung des privaten bzw. geheimen Schlüssels kann eine unterschiedliche Intention verfolgt werden:

— Die Verschlüsselung eines Dokumentes.
— Die elektronische Unterschrift.

Verschlüsselung eines Dokumentes

Um die Vertraulichkeit einer Nachricht bei ihrer Übermittlung garantieren zu können, verschlüsselt der Sender die Nachricht mit dem öffentlichen Schlüssel des Empfängers, so daß nur dieser die Nachricht nach Erhalt mit seinem privaten Schlüssel dekodieren kann.

Abbildung 3: Verschlüsselung des Dokumentes mit dem öffentlichen Schlüssel des Empfängers

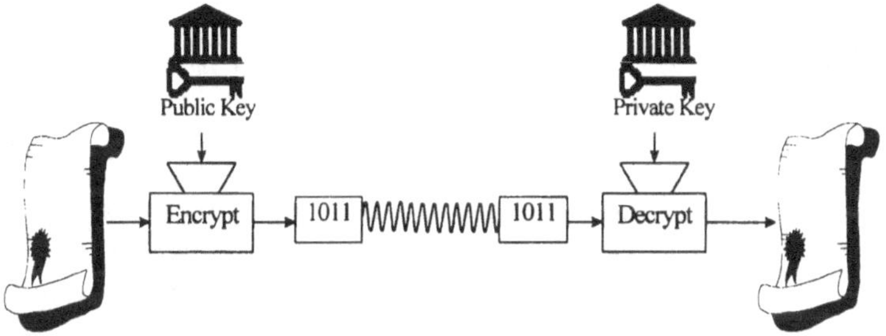

Elektronische Unterschrift

Zur Authentifizierung einer Nachricht generiert der Sender eine elektronische Unterschrift, d.h. eine Art elektronischen Fingerabdruck seiner Nachricht. Dabei handelt es sich um einen aus der digitalen Repräsentation abgeleiteten und nicht rückrechenbaren Zahlenwert, der mit dem privaten Schlüssel des Senders kodiert und anschließend an den Empfänger übermittelt wird. Der Sender kann seine Nachricht nun ggfs. unverschlüsselt an den Empfänger verschicken, welcher nun gleichfalls einen Fingerabdruck der eingegangen Nachricht erzeugen kann. Diesen kann er mit dem Fingerabdruck vergleichen, den er durch Dekodieren der Unterschrift mit dem öffentlichen Schlüssel des Senders erhalten hat. Stimmen beide Abdrücke überein, wurden sie auf dem Sendeweg nicht manipuliert.

Abbildung 4: Die elektronische Unterschrift

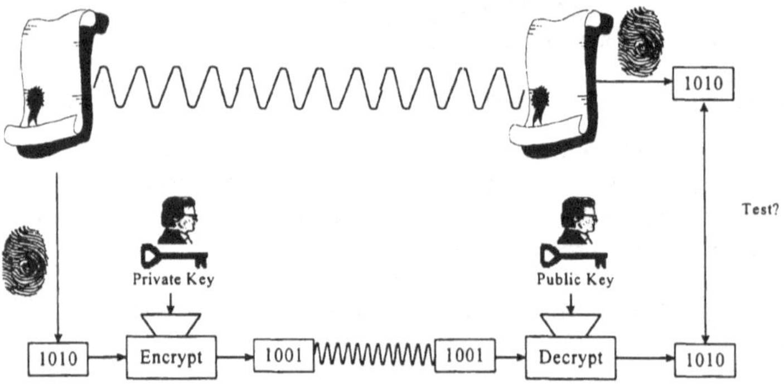

Selbstverständlich können die Verfahren zur Sicherung der Vertraulichkeit und der Authentizität kombiniert werden, so daß unterschriebene Dokumente derart verschlüsselt werden können, daß sie nur der ausgesuchte Empfänger entschlüsseln kann.

Bei den Schlüsseln handelt es sich um Bitfolgen aus Nullen und Einsen. Der Grad der Sicherheit der Verschlüsselung wächst exponentiell mit der Länge des Schlüssels. Kodierung und Dekodierung werden elektronisch durch Anwendung mathematischer Berechnungen durchgeführt.

V. Anwendungsfelder im Bankgeschäft

Eine Präsenz im Internet gehört für Finanzinstitute heute beinahe bereits zur Selbstverständlichkeit.[11,12] Der Einsatz mediengestützter Vertriebswege soll

11 *Johannsen/Blakowski*, Die virtuelle Bank im Electronic Commerce - Funktion, Information, Transaktion, in: A.-W. Scheer (Hrsg.), 17. Saarbrücker Arbeits-

dabei vor dem Hintergrund des preisgetriebenen, intensiven Wettbewerbs um Kunden nicht nur die Gewinnmargen konsolidieren bzw. unter Umständen sogar verbessern helfen, sondern vielmehr vorhandene Cross-Selling Potentiale nutzen und die Akquisition neuer Kunden vorantreiben. Insoweit bietet das Internet für Banken äußerst interessante Distributions- und Kommunikationsmöglichkeiten.

Abbildung 5: Home Page der Deutsche Bank AG

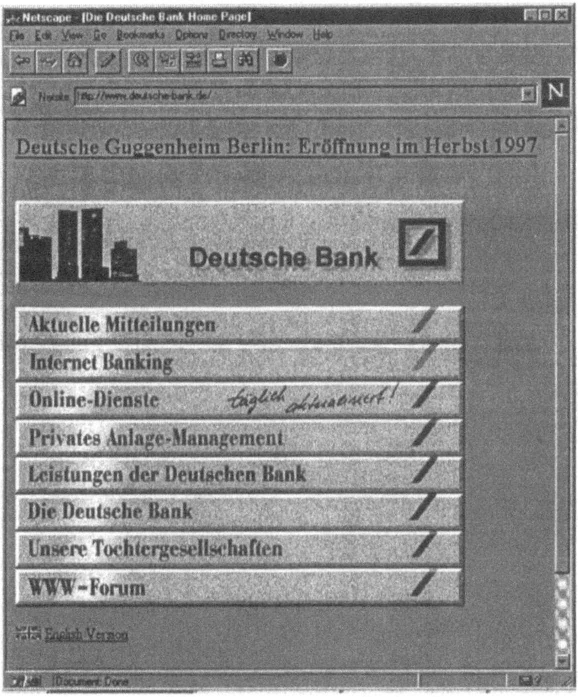

tagung; Rechnungswesen und EDV 1996, Heidelberg 1996.

12 *Gerard*, Die Virtuelle Bank - Herausforderung der Zukunft, Deutsche Bank AG; November 1995.

1. Internet Banking

Neben der Nutzung des Internets als Kommunikations- und Informationsmedium erweitern Banken ihr Internetangebot zunehmend um Transaktionsfunktionen. So offeriert die Deutsche Bank AG seit dem vergangenem Jahr einen Internet Banking Service, der neben der Abfrage von Konto- und Depotinformationen ebenfalls Online-Überweisungen erlaubt. Ein Ausbau des Angebots um die Möglichkeit des Online Brokerage ist in der Entwicklung. Mit den Funktionalitäten Informationsbeschaffung, Kontoführung, Zahlungsverkehr und Wertpapierhandel ist der Kunde dann in der Lage, einen bedeutenden Teil seiner Bankgeschäfte auf Wunsch online zu erledigen.

Abbildung 6: Internet Banking der Deutsche Bank AG (Überweisung)

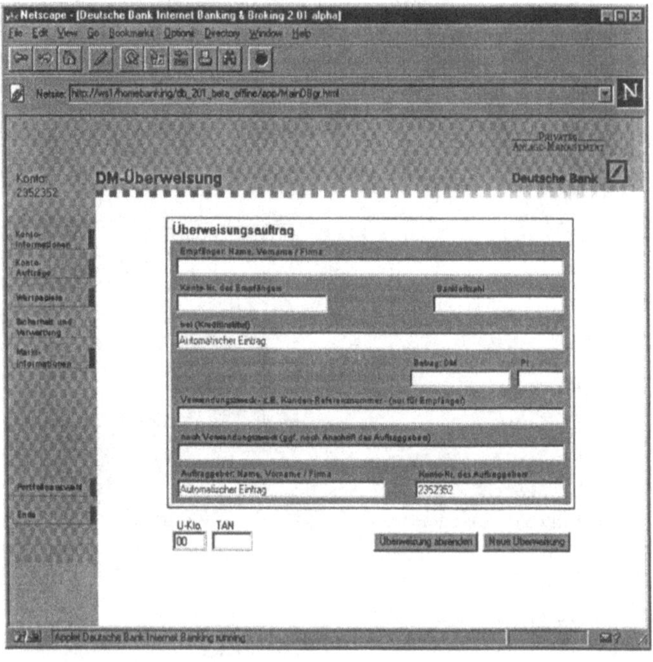

Abbildung 7: Internet Banking der Deutsche Bank AG (Vermögensübersicht)

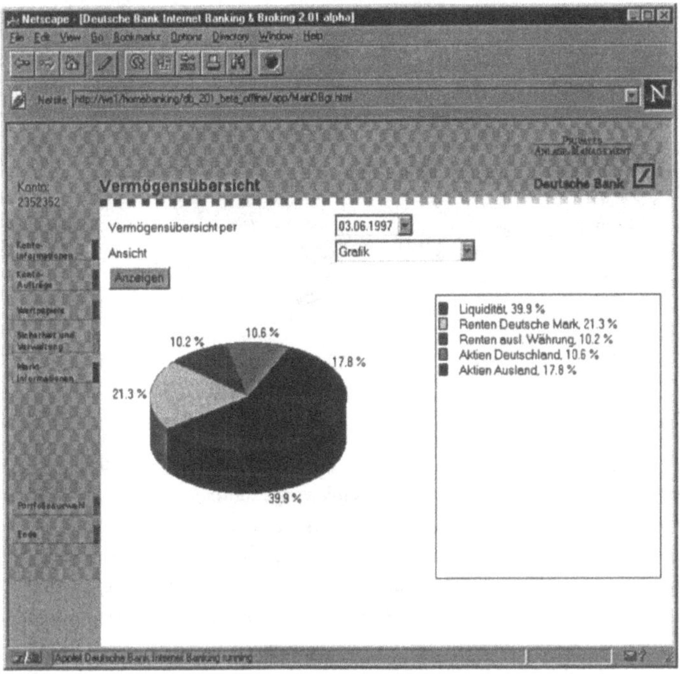

Sicherheit im Internet Banking

Die Sicherheitsanforderungen an Banking Anwendungen in einem offenen Netz wie dem Internet sind besonders hoch, da die Infrastruktur nicht von einem einzelnen Rechner kontrolliert werden kann. Vielmehr muß die Sicherheit durch die Anwendung selbst garantiert werden. Das Internet Banking der Deutsche Bank AG erreicht dies durch ein mehrstufiges Sicherheitssystem, dessen Komponenten im folgenden kurz vorgestellt werden (siehe Abbildung 8):

Abbildung 8: Sicherheitssystem für das Internet Banking der Deutsche Bank AG

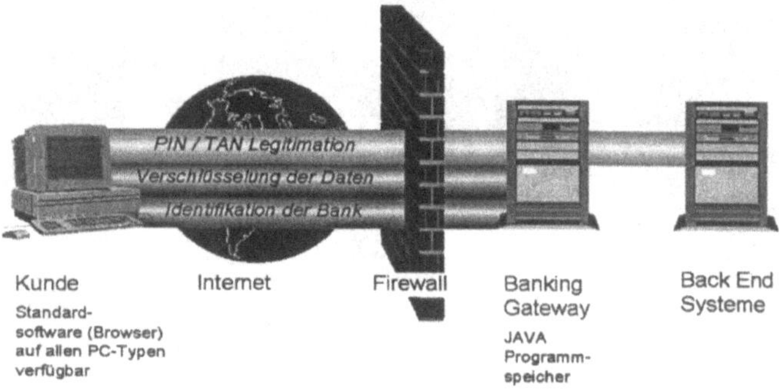

Identifikation der Bank

Bei Kontaktaufnahme mit der Deutsche Bank AG über das Internet wird automatisch eine Identifikation der Bank vorgenommen. Diese Identifikation erfolgt mit Hilfe eines öffentlichen Schlüssels, der von einem darauf spezialisierten Unternehmen zertifiziert ist. Infolgedessen kann eine sichere Verbindung hergestellt werden, in der garantiert ist, daß alle Informationen, die zum Kunden übertragen werden, von der Deutsche Bank AG kommen.

Verschlüsselung und Integrität der Daten

Die Verschlüsselungsalgorithmen, mit denen die Kundendaten bei der Übertragung kodiert werden, beruhen auf international anerkannten Algorithmen und sind im Bankenbereich etabliert. Es werden insoweit die Verschlüsselungen genutzt, die schon durch die Standard Browser (Internet Zugangssoftware) zur Verfügung gestellt werden (RC2/4 40 Bit, RSA 512 Bit). Allerdings unterliegen die von den Browsern verwendeten Schlüssellängen amerikanischen Exportbeschränkungen, so daß im Vergleich zu den USA auf diesem Wege nur eine reduzierte Sicherheit geboten werden könnte. Aus diesem Grund setzt die Deutsche Bank AG von der Anwendungsseite her noch weitere Verschlüsselungen ein, die auf den Verfahren IDEA 128 Bit und RSA 1024 Bit beruhen. Damit ist der Entschlüsselung der Daten durch Unberechtigte eine zusätzliche, umfassende Hürde entgegengesetzt.

Vor und nach der Übertragung von Daten wird außerdem eine elektronische Unterschrift erzeugt. Diese beiden Unterschriften werden miteinander verglichen um sicherzustellen, daß während der Übertragung keine Manipulation stattgefunden hat. Die Integrität der Daten ist damit gewährleistet.

PIN / TAN Legitimation

In einer letzten Stufe schließlich werden die bewährten PIN / TAN Verfahren eingesetzt. Der Kunde identifiziert sich mit seiner persönlichen Identifikationsnummer (PIN) und legitimiert seine Transaktionen zusätzlich mit einer Transaktionsnummer (TAN). Da jede TAN nur einmal verwendbar ist, ist ein wirkungsvoller Schutz gegen Wiederholungsattacken implementiert.

Durch die mehrstufige Verschlüsselung und Identifizierung kann somit verhindert werden, daß unberechtigt Kundendaten erfragt oder bei der Übermittlung abgefangen und lesbar gemacht werden könnten. Eine internationale Wirtschaftsprüfungsgesellschaft hat das Internet Banking System testiert.

Darüber hinaus sind auch die Systeme der Deutsche Bank AG vor unberechtigtem Zugriff geschützt. Eine Firewall, deren Funktionsweise ebenfalls von zwei anerkannten Prüfungsgesellschaften testiert wurde, verhindert den unauthorisierten Zugriff auf Kontendaten.

Weitere Entwicklungen im Electronic Banking

Nachdem im Internet der Schritt vom reinen Informationsangebot zur Abwicklung von Geschäftstransaktionen vollzogen ist, wächst die Bedeutung der Information wieder und zwar auf einer höheren Stufe. In der Kombination aus Online- und Offline-Service wird sich zunächst das neue Paradigma des Network Dynamic Computing durchsetzen und so die heutigen Electronic Banking Produkte ergänzen. Der Stellenwert eines komplementären Online-Informationsangebotes wird steigen und aufgrund einfach zu nutzender Multimedia-Techniken ist mit einer sehr schnell steigenden Angebotsmenge zu rechnen.[13] Die Qualität und die Individualität des Informationsangebotes wird zum differenzierenden Faktor im Online Banking.

---

13 *Burchard/Eistert*, Electronic Services: Vom Cash Management zum effizienten Vertriebsweg: Die Bank 1996.

2. Electronic Money

Für das Entstehen des Electronic Commerce sind mediengerechte Zahlungsmittel - elektronisches Geld, elektronische Schecks, und andere Methoden des Zahlungsverkehrs[14] - ein kritischer Erfolgsfaktor. Über Computernetze angebotene Waren, Informationen und Dienstleistungen müssen abrechenbar und Zahlungsvorgänge autorisierbar sein. Beträge sind unter den Beteiligten zu verrechnen. Es ist zu erwarten, daß es für den Kunden auf den elektronischen Marktplätzen eine Vielfalt an einsetzbaren Zahlungsmitteln geben wird. Bei seinem Einkauf in Computer-Netzen wird er zwischen debitorischer und kreditorischer, zwischen personengebundener und anonymer sowie zwischen giraler und barer Zahlungsweise wählen können.[15] Kontounabhängige Abrechnungssysteme werden zur Abwicklung von Kleinbeträgen geeignet sein, wie sie beispielsweise anfallen, wenn einzelne Seiten oder Bilder in einem Online-Dienst angeboten werden.

Zahlreiche Vorschläge für die benötigten, elektronischen Zahlungsverfahren werden derzeit diskutiert. Vereinzelt wird bereits versucht, die entwickelten Systeme quasi im Alleingang zu betreiben. Zahlungsverkehr ist ja nicht zuletzt auch eine technische Angelegenheit. Die Absichten von bisher branchenfremden Firmen, in das Marktsegment der Zahlungsabwicklung vorzudringen, sind aus der Perspektive einer Bank ernstzunehmen. Man erkennt jedoch inzwischen, daß auch im Zahlungsverkehr in Computer-Netzen eine solide Dreiecks-Beziehung zwischen Kunde, Händler und Bank benötigt wird. In diesem Punkt unterscheidet sich die virtuelle Welt nicht von ihrem Vorbild.

---

14 *P. Wayner,* Digital Cash - Commerce on the Net, AP Professional; Boston 1996.

15 *D. Weisman/V. Trevino/S. Sweet,* Payments on the Web, Forrester Report; 1996.

Abbildung 9: Die Bank als Intermediär im Zahlungsverkehr

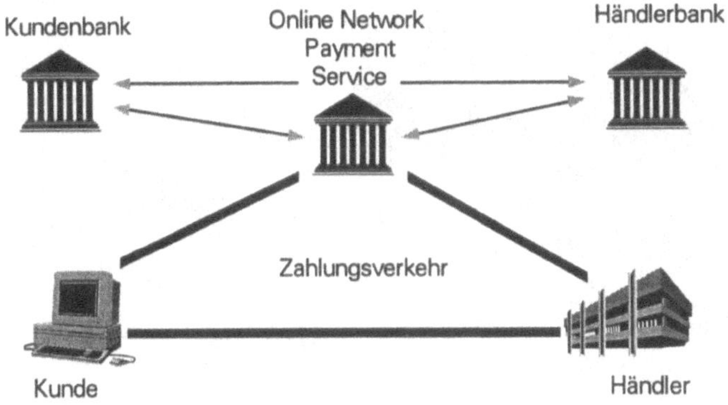

Die neuartigen Zahlungsfunktionen kann die virtuelle Bank den Kunden und Händlern als Online Network Payment System (Abbildung 9) zur Verfügung stellen. Die Abwicklungssoftware kann gegebenenfalls auch von der Bank geliefert werden.

Abbildung 10: Virtuelle und reale Geldflüsse im ecash-System

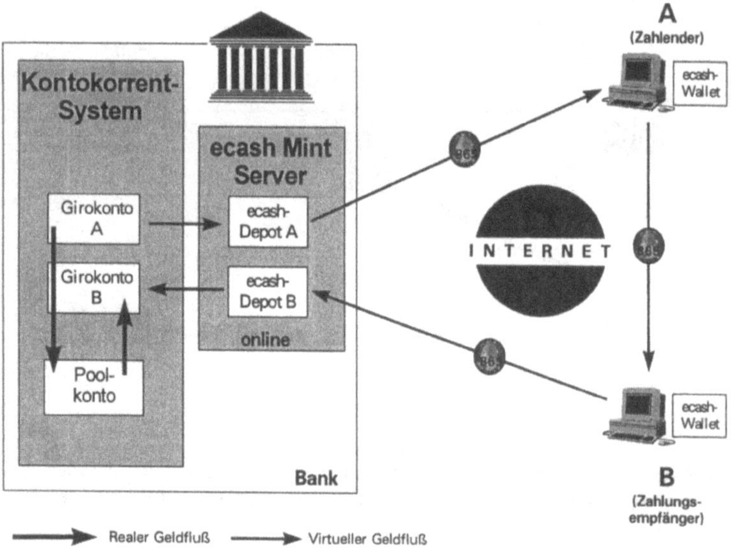

Ein Electronic Money System für das Internet, welches sich an der Bargeldzahlung orientiert, ist zum Beispiel das ecash-System der Firma DigiCash (Abbildung 10). Das ecash-System erlaubt den Kunden die Zahlung im Internet bei Bewahrung der Anonymität, sowohl vor dem Händler als auch vor der Bank.[16] Dazu fordert der Kunde (A) über sein Depot auf einem von der Bank betriebenen Mint Server ecash-Münzen an. Diese liegen dann verschlüsselt und mit dem sogenannten Blinding-Verfahren anonymisiert auf der Festplatte seines persönlichen Rechners. Beim Kauf transferiert der Kunde ecash-Münzen zum Händler (B). Der Händler läßt eine Online-Überprüfung vornehmen, die die Rechtmäßigkeit der Münzen erkennt und zudem feststellt, ob die übermittelten elektronischen Münzen nicht etwa dupliziert und unrechtmäßig zweifach ausgegeben wurden. Dann wird dem Händler ecash-Geld auf seinem Depot gutgeschrieben. Abbildung 10 zeigt eine

16 *D. Chaum,* Achieving Electronic Privacy, Scientific American; August 1992.

beispielhafte Bankanbindung: Die Kunden und Händler können Geld von ihren regulären Bankkonten zu den ecash-Depots und zurück überweisen. Transfers von und zu den Depots spiegeln sich wider in einem realen Geldfluß zwischen Kundenkontos und einem Poolkonto, welches den realen Gegenwert des im ecash-System befindlichen Geldes repräsentiert.

Altbekannte Risiken im Zahlungsverkehr bestehen natürlich weiter, wie etwa die Illiquidität eines Kunden. Neue Risiken ergeben sich indes durch die Internationalität und Anonymität, die die Handelsbeziehungen in der Netzwelt kennzeichnen (siehe III.3). Für die Banken als Anwender der Sicherheitstechnologie ist eine nüchterne Beurteilung der sich bietenden Optionen für die Abwicklung des Zahlungsverkehrs angezeigt und eine Beibehaltung des heute im Bankbetrieb erreichten Sicherheitsniveaus zu garantieren.

Am ecash-Beispiel lassen sich bereits die typischen infrastrukturellen Maßnahmen, die die virtuelle Bank für den Zahlungsverkehr in Online-Netzen zu leisten hat, erkennen. Dies ist der Aufbau eines Payment Servers im Internet, der zum einem den Bezahlungsvorgang zwischen Kunde und Händler unterstützt und zum anderen den sicheren Anschluß an die Verarbeitungssysteme der Bank ermöglicht.

3. Electronic Data Interchange

Zahlungsverkehr mit EDIFACT - also unter Verwendung standardisierter elektronischer Dokumente - etabliert sich bereits seit Jahren im Firmenkundenbereich. Vielfach verwendet wird die Auftrags- und Zahlungsabwicklung mit EDIFACT-Nachrichten. Dieser Service bietet dem Kunden primär die Funktion des Absetzens von Zahlungsaufträgen und des Empfangs von Gutschriftsanzeigen bei der Möglichkeit zur vollen Integration in seine Kreditoren- und Debitorenbuchhaltung.

Darüber hinaus besteht natürlich für eine virtuelle Bank die Möglichkeit, Mehrwertdienste als neue Funktion an der Kundenschnittstelle anzubieten. Beispiele hierfür sind insbesondere Avisierung von Kontobelastungen und Zahlungseingängen - dies erlaubt dem Kunden eine äußerst zeitnahe Liquiditätsdisposition - und die Bereitstellung von Konvertierungs- und Reparaturdiensten von Datenpaketen. Für solche Funktionen sind heute bereits EDIFACT-Servicecenters als infrastrukturelle Maßnahmen aufgebaut worden.

EDIFACT schöpft aber nur einen begrenzten Teil der Potentiale des Electronic Commerce ab. Im Electronic Commerce auf virtuellen Marktplätzen bietet sich mit EDI (Electronic Data Interchange) zudem die Möglichkeit, den kompletten Ablauf einer Geschäftstransaktion angefangen bei der elektronischen Auswahl der Produkte über die Generierung und Bearbeitung der Bestellung, der Rechnungsstellung, des Versands, der Empfangsbestätigung bis hin zur Gut- oder Lastschriftenerzeugung, zu automatisieren: EDI im Electronic Commerce kann die Art der Transaktionsbeziehungen (d.h. des Kaufs und Verkaufs) zwischen Unternehmen radikal ändern und effizienter gestalten.[17]

Da bisherige Kommunikationslösungen – d.h. insbesondere der Austausch von EDIFACT-Nachrichten in dedizierten, sogenannten Value-Added-Networks (VANs) – relativ teuer sind, kommt dem Internet als weithin verbreitetem Medium eine besondere strategische Bedeutung zu: Erstmalig können auch umfangreiche Nachrichten kostengünstig übertragen werden.[18] Aktuelle EDI-Entwicklungen konzentrieren sich im Internet im wesentlichen auf zwei Bereiche:

— Die Zuverlässigkeit: Verbesserung der Übertragungszeiten von EDIFACT-Nachrichten im Internet, so daß auch zeitkritische Nachrichten, wie z.B. Überweisungen, übertragen werden können (dies ist bisher VANs vorbehalten).
— Die Sicherheit: Das EDIFACT-Protokoll bietet keine Verschlüsselungsmechanismen. Deshalb entwickeln EDI-Anbieter derzeit Zusatz-Software für eine sichere Übertragung über das Internet.

Andere EDI-Trends gehen in Richtung einer Integration von CAD-Daten (STEP, EXPRESS) in das EDIFACT Format, einer Erweiterung von MIME (Standardnachrichtenformat für Multimedia-Mail im Internet) um den Datentyp EDIFACT-Nachricht sowie einer Entwicklung von speziellen Händler-Kunden-Protokollen, die einen EDI-Einsatz auch im Retail-Bereich erlauben würden.

---

17 *J. Verity*, Invoice? What's an Invoice?: Business Week; 10. Juni 1996, 52-54.
18 *T. Berg*, The Business Value of Electronic Commerce, Part 3: Using the Internet, Gartner Group, 1995.

4. Chip-Karten

Eine neue Funktion im Rahmen des Karten-Processings ist die Nutzung der Chipkartentechnologie; hier sei exemplarisch die vom deutschen Kreditgewerbe im Rahmen eines Gemeinschaftsprojektes unter dem Namen Geld-Karte entwickelte elektronische Geldbörse genannt. Diese erlaubt dem Kunden die bargeldlose Bezahlung auch von Kleinbeträgen mit seiner Karte. Dabei handelt es sich nicht zwingend um eine zusätzliche Karte: Die Geldkartenfunktion kann auch auf der eurocheque- und Kundenkarte realisiert werden. Diese werden zukünftig mit einem Microcontroller-Chip ausgestattet sein, die eine Integration in die vom Kunden gewohnte Infrastruktur erlauben, so daß ein Höchstmaß an Nutzungskomfort gewährleistet werden kann.

Bevor man mit der Geldkarten-Funktion bezahlen kann, muß ein Guthaben auf die Karte geladen werden. An Ladeterminals, die in jeder Bankfiliale zu finden sein werden, kann der Kunde - zukünftig auch institutsübergreifend - einen Betrag bis zu 400 DM aufladen. Die Information über den geladenen Betrag wird im Chip der Karte gespeichert, der Betrag dem persönlichen Konto des Kunden belastet und dem sog. Börsenverrechnungskonto des kartenausgebenden Instituts gutgeschrieben. Bei der Aufladung wird unter Nutzung einer persönlichen Geheimzahl (PIN) eine Online-Autorisierung durchgeführt.

Im Rahmen des Bezahlvorgangs wird der Wertspeicher der GeldKarte in Höhe des Kaufbetrages reduziert und derjenige des Händlerterminals entsprechend aufgewertet. Eine Online-Verbindung zu einem Host-System einer Bank, der Gebrauch einer persönlichen Geheimzahl oder eine Unterschrift ist beim Bezahlen somit nicht erforderlich. Im Vergleich zum Karten-PoS im Einzelhandel, bei dem sich durch die Eingabe der PIN eine Zeitverzögerung ergibt, erhöht sich für den Kunden und für den Händler dadurch die Nutzungeffizienz der Karte ganz erheblich.

VI. Schlußbemerkungen

Mit der zunehmenden Diffusion des Internets als Trägermedium des Electronic Commerce werden neben technischen und organisatorischen Fragestellungen und Lösungen zunehmend auch rechtliche und organisatorische Aspekte durch die verschiedenen Anspruchsgruppen wahrgenommen und intensiv diskutiert.

Insbesondere die weitreichende Akzeptanz des Internets sowie dessen zunehmende Bedeutung im Rahmen der betrieblichen Leistungserstellung haben in den USA bereits zu einer Reihe von legislativen Initiativen geführt. Nun bemühen sich sowohl die Europäische Kommission als auch die nationalen Regierungen einen regulativen Rahmen auf europäischer Ebene zu schaffen. Diese legislativen Maßnahmen und Planungen, bspw. der Entwurf des Gesetzes zur Regelung der Rahmenbedingungen für Informations- und Kommunikationsdienste (IuKDG), haben auch die öffentliche Diskussion angestoßen, inwieweit diese Bemühungen die Gefahr in sich bergen, zugunsten des öffentlichen Sicherheitsinteresses die privaten Belange und die der Verbraucher zu beeinflussen.

Die Entwicklung der Technologie des Electronic Commerce verläuft stürmisch. Unternehmen der Informationstechnologie und Finanzdienstleister arbeiten gemeinsam und im Wettbewerb an Lösungen, die vom Online-Diensteangebot über die Integration traditioneller Verfahren, z.B. des Zahlungsverkehrs, bis hin zu Protokollen zur sicheren Abwicklung von Geschäftstransaktionen und elektronischem Geld reichen. Flankierend wurden und werden, insbesondere auf europäischer Ebene, eine Reihe öffentlicher Initiativen und Fördermaßnahmen zur beschleunigten Entstehung des Electronic Commerce ins Leben gerufen.

Banken werden ihren Platz auf den elektronischen Märkten sowohl als Anbieter von Endkunden-Dienstleistungen (wie Homebanking, Online-Brokerage, Analysen u.a.m), als auch als Infrastrukturanbieter im Zahlungsverkehr einnehmen.

Die Qualität der Kombination aus rechtlichem Rahmenwerk und technologischen Lösungen wird letztlich jedoch darüber entscheiden, ob hinreichend Vertrauen auf Anbieter- und Nachfragerseite in die neuen elektronischen Märkte geschaffen werden kann.

Aspekte des Marketing bei der Nutzung von Internet*

Dr. Hans-Dieter Liesering,
Leiter Marktkommunikation Deutsche Bank AG, Frankfurt am Main

Liesering verfolgte mit diesem Vortrag den Gedanken, die Brücke zwischen dem zu schlagen, was einerseits technisch möglich ist und was es andererseits zu vermarkten gilt. Der Referent stellte in diesem Zusammenhang das Internet - welches regelmäßig auch für Multimedia stehe - als einen Teilaspekt des Marketing vor. Aus den vier Säulen des Marketing: „Vertrieb, Preis Kommunikation und Produkt" seien aus Sicht des Dienstleisters die Komponenten „Kommunikation" und „Vertrieb" von besonderer Relevanz. Der Referent wies ergänzend darauf hin, daß es zur Zeit auch Firmen gebe, die sich im Internet nur auf den Bereich Kommunikation konzentrierten - der Vertrieb spiele dort keine Rolle.

Wesentlich für den Bereich Kommunikation ist nach Liesering der Dialog mit dem Kunden, aufbauend auf dem Angebot, das der Dienstleister in Form von Grafik, Ton und bewegten Bildern im Internet präsentiere. Der Begriff des „Dialoges" sei im Bereich Marketing keinesfalls neu, jedoch sei er noch nie so griffig, so realitätsbezogen gewesen wie heute. Die Dialogfähigkeit im Internet eröffne neue Dimensionen für die Verbraucherkommunikation. In Zeiten von Multimedia könne der Kunde eine zielgerichtete, aktive Informationssuche betreiben, statt der Information passiv gegenüberzustehen. Liesering unterstrich, daß der User im Internet „brutaler" auf eine ihn nicht interessierende Internet-Seite reagiere als der zwischen den Programmen wechselnde Fernsehzuschauer: der User im Internet komme so schnell nicht wieder. Die Dialogfähigkeit im Internet entspreche zwar den Bedürfnissen der Konsumenten hinsichtlich des zielgerichteten Abrufs von Informationen sowie ihrer Selektion und Weiterverarbeitung, gleichzeitig könne der Benutzer sich ihr aber auch konsequenter entziehen.

Der Referent stellte im weiteren das Internet als einen Vertriebskanal dar, der dem Benutzer aufgrund elektronischer Zugänge schnell, preiswert und

---

* Der Text wurde dankenswerterweise von Frau *Dania Neumann* zusammengefaßt.

zudem 24 Stunden täglich zu Verfügung stehe. Die Konzeption des Internets ermögliche bei lokaler Ansprechbarkeit des Kunden die weltweite Verbreitung des Angebotes. Die virtuelle Datenbank erwähnte Liesering als Beispiel dafür, daß eine vollständige Dienstleistung auch auf elektronischem Wege erbracht werden könne. Zielgruppe derartiger Angebote sind nach Ansicht des Referenten diejenigen, die mit dem Computer groß geworden sind sowie solche Menschen, die die Bequemlichkeit der Internet-Nutzung schätzen - Stichwort convenience. Liesering betonte, daß die Möglichkeit, Angebote weltweit via Internet abzugeben, auch neue Probleme mit sich bringe. Viele bis dato geklärte Sachverhalte seien neu zu beleuchten: Sei beispielsweise das eigene Logo für das Internet gültig? Wurde das Copyright auch weltweit erworben? Derartige Überlegungen seien anzustellen *bevor* man den Schritt ins Internet wage! Hieraus ergebe sich notwendigerweise auch die Frage nach den Kosten, die einem Dienstleister im Rahmen seiner Internet-Präsenz entstehen.

Liesering führte aus, daß der Vertriebskanal „Internet“ in vielen Bereichen intensiv genutzt werden könne und würde, daß die persönliche Beratung aber insbesondere bei virtuellen Banken nach wie vor wichtig sei: Insofern könne die Technik hinsichtlich Kommunikation und Vertrieb nur eine Hilfestellung bieten. Diese Aspekte müßten auch vor dem Hintergrund betrachtet werden, wie hoch die Anzahl der Benutzer sei, die die einzelnen Internet-Angebote nutzen. Zum Zeitpunkt des Vortrages des Referenten seien ca. 6.500 Besuche pro Tag im Internet-Angebot der Deutschen Bank zu verzeichnen. Allerdings sei in diesem Zusammenhang noch nicht bis ins Letzte geklärt, was als Website-Visit anzusehen ist - wie lange man bleiben müsse, um als Besucher zu gelten. Dies sei schon vor dem Hintergrund zu sehen, daß die Deutsche Bank 1.500 Seiten im Internet anbietet. Im Rahmen dieser Ausführungen sprach Liesering die Frage an, wozu die Deutschen das Internet benutzen. Der Anteil derjenigen, die im Internet Nachrichten verschicken, sei mit ca. 80% am größten, 76% würden Software herunterladen - dies reiche von Bausparplaner bis hin zu Spielen, 5% würden den Verkauf und den Vertrieb nutzen und 4% Home Banking betreiben - beim Verkauf und Vertrieb sowie dem Banking via Internet sei allerdings eine steigende Tendenz zu verzeichnen. Auffallend sei zudem, daß besonders jüngere Menschen Internet surfen - wobei der Anteil der Männer von zu Beginn 70% mittlerweile rückläufig sei und auch Frauen verstärkt Internet surfen.

Liesering sieht die Chancen von Multimedia neben der Erweiterung der Marketing-Instrumente um die multimedialen Komponenten „Interaktivität, zeitliche und räumliche Unabhängigkeit" in der höheren Kontaktintensität zum Kunden sowie in der Gewinnung neuer Kunden auf der Basis eines Informationsangebotes, das höchstmögliche Aktualität gewährleistet. Insbesondere würden Transaktionskosten im Rahmen des globalen Banking verringert. Der Referent unterstrich, daß die Chancen mit den Risiken Hand in Hand gehen. Diese sieht Liesering darin, daß die technologische Dynamik den Überblick im Internet erschwere und die zunehmende Standardisierung hinsichtlich der Darstellung der Anbieter im Internet das Differenzierungspotential im Wettbewerb für Kunden verringere. Der Benutzer könne informationsarme Angebote meiden, so daß die Kundenbindung schwieriger werde - dies auch unter dem Aspekt, daß die Bankverbindung per Mausklick gewechselt werden könne. Diesen Risiken könne der Dienstleister entgegenwirken, wenn sein Erscheinungsbild eindeutig und wiedererkennbar sei und er eine klare Botschaft vermittele. Die Produkte müßten auch im Rahmen einer Multimedia-Präsentation für den Kunden attraktiv sein, was durch eine bedarfsgerechte, individuelle Gestaltung sowie aktuelle, informationsreiche Angebote erreicht werde. Die Darstellung eines Produktes allein im Internet bringe keinen Erfolg. Marken müßten erst über die herkömmlichen Wege - Fernsehen, Massenkommunikationsmittel - aufgebaut werden. Zudem müsse Multimedia oft erst noch in das Gesamt-Marketing-Konzept der Unternehmen eingegliedert werden. Es könne momentan durchaus noch vorkommen, daß der Bereich Informatik in einem Unternehmen weiter sei als andere Geschäftsbereiche. Liesering schätzt den Anteil des Online-Marketing am gesamten Marketing zum Zeitpunkt seines Vortrages auf ca. 5-20% - dies sehe er unter dem Aspekt wachsender Tendenz sowie abhängig von der Branche, in der man sich bewege.

Liesering schloß seinen Vortrag mit dem Hinweis auf die „politischen Rahmenbedingungen" und Rechtsunsicherheiten, die im Bereich Multimedia Sorge bereiteten. Das Kompetenzgerangel zwischen EU, Bund und Ländern lasse konsequente, schnelle Ansätze diesbezüglich vermissen. Der Referent sah voraus, daß die Schaffung einheitlicher, gesetzlicher Bestimmungen einen wichtigen Punkt darstelle, welcher sich bei mangelnder Umsetzung zu einem Investitionshemnis in den Unternehmen entwickeln könne.

Kreditinstitute im Internet – Ausgewählte Rechtsfragen*

Professor *Dr. Thomas Hoeren*
Institut für Informations-, Telekommunikations- und Medienrecht, Münster

Inhaltsübersicht

---

* Der folgende Beitrag gibt einen (um einige Fußnoten erweiterten) Vortrag wieder, den der Verf. auf der Jahrestagung der Bankrechtlichen Vereinigung im Juni 1997 in Basel gehalten hat. Der Vortragscharakter wurde beibehalten; die Fußnoten beschränken sich auf wichtige Verweise. Auf eine Darstellung technischer Details, insbesondere auf eine Einführung in die Struktur des Internet, wurde verzichtet. Weitere Informationen über aktuelle Entwicklungen im Internet-Recht finden sich auf der Homepage des Instituts für Informations-, Telekommunikations- und Medienrecht unter http://www.uni-muenster.de/Jura/itm/netlaw; ferner besteht eine Mailing-Liste zur kostenfreien Subskription unter netlaw@listserv.gmd.de.

Niemand konnte ahnen, wie sehr mit dem Internet auch das Internet-Recht „boomen“ würde. Als ich Ende letzten Jahres von Herrn Kollegen Hadding die ehrenvolle Einladung zu diesem Vortrag erhielt, dachte ich daran, eine kurze Übersicht über kleinere Detailfragen dieses neuen Rechtsgebietes zu geben. Im Laufe von nur wenigen Monaten kam es jedoch zu einer gigantesken Vermehrung von Gesetzen, Gesetzesentwürfen, Gerichtsentscheidungen, Aufsätzen, Diskussionspapieren, deren Inhalt ein einziger Mensch kaum noch verarbeiten kann. Ich hoffe, Sie haben daher Verständnis dafür, daß ich Ihnen im weiteren nur einige ausgewählte Teilaspekte des Problemkomplexes präsentiere, wobei ich aufgrund der Ihnen zum Bankrechtstag überreichten Darstellung von Escher[1] auch die Rechtsfragen des elektronischen Geldes kurz behandeln kann. Dessen Vorveröffentlichung gibt mir dann aber die Chance, im zweiten Teil meines Vortrages die allgemeinen Fragen des Internet-Rechts, insbesondere das Urheber-, Werbe-, Verbraucherschutz- und Haftungsrecht, deutlicher in den Vordergrund zu stellen, um dann abschließend auf einige kollisionsrechtliche Schwierigkeiten einzugehen.

I. Bankspezifische Fragen: Das Netzgeld

Internet-Banking basiert wesentlich auf der Verwendung von von Kartengeld (z.B. Mondex oder ME-Chip) oder Netzgeld (E-Cash von Digicash u.a.). Die Funktionsweise dieser beiden Formen elektronischen Geldes sind bereits ausführlich in der Literatur beschrieben worden.[2] Im weiteren will ich mich für die weitere rechtliche Beurteilung auf das Netzgeld in Form des mit digitalen „Münzen“ operierenden E-Cash beschränken. Die entscheidende Weichenstellung besteht in der Frage, ob Netzgeld seiner Rechtsnatur nach eher schuldrechtlich als unverbriefte Forderung gegen die Bank oder aber wertpapierrechtlich als eine Art verbriefte Inhaberschuldverschreibung

1 WM 1997, 1173 ff.

2 Siehe dazu insbesondere *Furche/Wrightson*, Cybermoney, 1997; *Birkelbach*, WM 1996, 2099 ff.; *Jaskulla*, ZBB 1996, 216 ff.; *Escher*, WM 1997, 1163 ff. Der Verf. hat zusammen mit Ute Decker und Rufus Pichler an einem umfangreichen Gutachtenprojekt für die Deutsche Telekom mitgewirkt, das sich mit ökonomischen, psychologischen und juristischen Fragen des elektronischen Geldes auseinandersetzt. Der umfangreiche Gutachtenband, herausgegeben von Bernd Holznagel, wird voraussichtlich in Teilen veröffentlicht werden.

(§§ 793, 797 BGB) zu qualifizieren ist.[3] Im ersten Fall wäre Netzgeld in einer Parallele zu den „normalen“ Guthaben bei einer Bank zu sehen; allerdings wäre dann auch die Zirkulationsfähigkeit des Netzgeldes wegen des sehr engen Gutglaubensschutzes bei Forderungsabtretungen (§§ 407, 409 BGB) gefährdet. Im zweiten Fall steht eine sachenrechtlich orientierte Sichtweise im Vordergrund, die Netzgeld als eine Art digitale, durch Übereignung nach §§ 929 ff. BGB übertragbare Münze ansieht. Allerdings scheitert diese Sichtweise daran, daß dem Netzgeld die Urkundsqualität fehlt und insofern die Annahme einer wertpapierrechtlichen Verbriefung fehlschlagen muß.[4] Escher schlägt daher eine analoge Anwendung der Vorschriften zur Inhaberschuldverschreibung vor und spricht insofern von „Inhaberschulddaten“, „digitalisierten Inhaberschuldverpflichtungen“ bzw. „Wertdaten“.[5] Dieser Analogieschluß ist für (derzeit noch nicht bestehende) offene E-Cash-Systeme, die eine Verwendung von E-Cash in Form unmittelbarer Weitergabe von Nutzer zu Nutzer Testbetriebes zulassen, m.E. gerechtfertigt. Er entspricht dem von der herrschenden Meinung[6] vorgenommenen analogen Anwendung der Eigentumsvorschriften auf Software, die insofern nur als Spezialfall digitaler Informationen anzusehen ist. Anders ist die Sachlage jedoch für die derzeitig im Testbetrieb befindlichen geschlossenen E-Cash-Systeme, bei denen eine einzelne Großbank E-Cash an ausgewählte Kunden „ausgibt“ und nach einmaliger Nutzung der digitalen „Münzen“ über den Händler wieder „einlöst“. In Anlehnung an die rechtliche Einordnung der Geldkarte[7] ist das Verhältnis zwischen Kunden und Bank als Geschäftsbesorgungsvertrag im Sinne von § 675 BGB anzusehen. Die Übersendung der ditItalen „Münzen“ vom Kunden an den Händler impliziert eine Einzelweisung des Kunden an die Bank gemäß §§ 665, 675 BGB, das E-Cash-Konto mit einem bestimmten Betrag zu belasten und in entsprechender Höhe einem anderen Konto gutzuschreiben. Der Händler übermittelt diese Weisung als Bote an die Bank weiter, die nach einer Online-Überprüfung der eingereicheten „Münzdatei“ die Einlösung gegenüber dem Händler bestätigt.

---

3 Schuldrechtlich argumentiert *Kümpel*, WM 1998, 365 ff. gegen den wertpapierrechtlichen Ansatz von *Escher*, WM 1997, 1173, 1179. Siehe im ganzen demnächst *Pichler*, Rechtsfragen des elektronischen Geldes, Münster 1998.

4 Zur fehlenden Urkundsqualität digitalisierter Informationen siehe auch die Ausführungen unten.

5 *Escher*, WM 1997, 1173, 1181.

6 Siehe hierzu BGH, NJW 1988, 406.

7 Siehe *Escher*, WM 1997, 1173, 1179.

Mit letzter Erklärung geht die Bank gegenüber dem einlösenden Händler eine abstrakte Zahlungsverpflichtung ein. Im Verhältnis von Kunden und Händler ist E-Cash nur als Leistung erfüllungshalber anzusehen (§ 364 Abs. 2 BGB).

Wenn man diese Sichtweise teilt, besteht auch bei der Anwendbarkeit bankaufsichtsrechtlicher Bestimmungen auf Netzgeld Klarheit. Zunächst ist zu beachten, daß im Rahmen der 6. KWG-Novelle[8] Netzgeldgeschäfte mit in den Katalog des § 1 KWG aufgenommen werden sollen und folglich künftig nur Banken digitales Geld emittieren dürfen. Die alten Grundsätze über das Eigenkapital und die Liquidität der Kreditinstitute sind allerdings ebenfalls noch auf Netzgeld anzupassen, um ausreichende Liquidität bei der Netzgeldausgabe zu sichern. Währungsrechtlich ist Netzgeld nicht als gesetzliches Zahlungsmittel im Sinne von § 14 Abs. 1 S. 3 BBankG anzusehen und kollidiert damit mit dem Notenmonopol der Deutschen Bundesbank. Auch ist die Ausgabe des Netzgeldes nicht nach § 35 BBankG strafbar. Infolge der geplanten Aufhebung der Vorschriften zur Mindestreserve[9] spielt die Frage wohl keine Rolle mehr, ob die Ausgabe von Netzgeld nicht zu einer für die Mindestreservepolitik gefährlichen Herabsenkung der Bargeldumlaufs führen wird. Das Geldwäschegesetz, das in § 2 eine „Annahme oder Abgabe von Bargeld" voraussetzt, ist weder direkt noch analog auf Netzgeld anwendbar.[10]

II. Allgemeine Rechtsfragen

1. Urheberrecht

Eine Bank, die eine eigene Homepage aufbauen und ins Internet stellen will, braucht Inhalte. Die Inhalte haben jedoch die „unerfreuliche" Eigenschaft, immaterialgüterrechtlich, genauer gesagt urheberrechtlich, geschützt zu sein. Daher ist es auch und gerade für Kreditinstitute wichtig, ein klares Konzept

---

8 Siehe § 1 Abs. 1 Nr. 10 und 12 KWG des Regierungsentwurfs zur 6. KWG-Novelle, ZBB 1997, 81, 86.

9 Siehe zu dem gesamten Themenkomplex die Ausführungen von *Decker/Hoeren* in *Holznagel* (Hrsg.), Verletzlichkeitspotentiale der Informationsgesellschaft, Gutachten für die Deutsche Telekom, Münster/Darmstadt 1998.

10 Insofern folge ich *Escher*, WM 1997, 1173, 1184.

für ein Lizenzmanagement in bezug auf den Erwerb digitaler Rechte zu erstellen.

a) Umfang des urheberrechtlichen Schutzes

Das UrhG schützt alle Werke, die in Online-Systeme eingespeist werden. Das sind nicht nur Texte und Musik, sondern auch verwendete Photographien, Grafiken, Computerprogramme oder Filmsequenzen.[11] Als Sammelwerk (§ 4 Abs. 1) oder Datenbankwerk (§ 4 Abs. 2) ist schließlich auch die Art und Weise schutzfähig, in der Materialien ausgewählt und/oder angeordnet worden sind. Jede Vervielfältigung, Verbreitung oder öffentliche Wiedergabe bedarf selbst dann der Zustimmung jedes Urhebers, wenn nur Teile eingesetzt werden. Die Urheber (und ihre Erben) können ansonsten jeglichen Einsatz des Produktes sperren.

Neben diesen Rechten[12] bestehen noch die sog. Leistungsschutzrechte (§§ 70-87 UrhG). Hierbei genießen Leistungen auch dann einen Schutz durch das Urheberrechtsgesetz, wenn sie selbst keine persönlich-geistigen Schöpfungen beinhalten. Von besonderer Bedeutung sind vor allem der Schutz des Lichtbildners (§ 72 UrhG), der ausübenden Künstler (§ 73 UrhG), der Tonträgerhersteller (§ 85 UrhG) sowie der Filmhersteller (§§ 94, 95 UrhG).

Damit aber nicht genug: Das UrhG wird künftig in §§ 87a ff. infolge der Europäischen Datenbankrichtlinie[13] ein eigenes Schutzrecht für Datenbanken enthalten.[14] Nach der Legaldefinition des § 87a Abs. 1 S. 1 UrhG fällt

---

11 Vgl. *Hoeren*, Multimedia – Eine Herausforderung für das Urheber- und Wettbewerbsrecht, in: *T. Heymann* (Hrsg.), Informationsmarkt und Informationsschutz in Europa, Köln 1994, 17 ff. sowie *ders.*, Einführung in das Multimediarecht, in: *Kilian/Heussen* (Hrsg.), Computerrechtshandbuch, Kap. 14 mit weit. Nachw.

12 Nicht näher erläutert wird das Recht am eigenen Bild; ein auf einem digitalen Bild Abgebildeter kann sich nach Maßgabe der §§ 22 ff. KUG gegen jede ungewollte Wiedergabe seines Bildnisses, insbesondere im kommerziellen Kontext, zur Wehr setzen.

13 Richtlinie 96/9/EG vom 11. März 1996, ABl. Nr. L 77 vom 27. März 1996, 20 = EWS 1996, 199; siehe hierzu die Aufsätze von Jens Gaster, der seitens der Europäischen Kommission die Entstehung der Datenbankrichtlinie maßgeblich beeinflußt hat, z.B. *Gaster*, Ent. LR. 1995, 258 ff.; *ders.*, ÖSGRUM 19 (1996), 15 ff.; *ders.*, Revue du Marché Unique Européen 4/1996, 55 ff.

14 Die Rechtsnatur dieses Schutzrechts ist im einzelnen streitig. Einige sehen darin ein Sui-generis-Recht; andere stellen auf ein Leistungsschutzrecht ab; vgl.

unter diesen Schutz jede Sammlung von Werken, Daten oder anderen unabhängigen Elementen, die systematisch oder methodisch angeordnet und einzeln mit Hilfe elektronischer Mittel oder auf andere Weise zugänglich sind und deren Beschaffung, Überprüfung oder Darstellung eine nach Art oder Umfang wesentliche Investition erfordert. Hierunter dürfte fast jede Sammlung von Hyperlinks und die meisten Zusammenstellungen von Informationen auf einer Homepage fallen.[15] Somit unterstehen weite Teile des Internet diesem Schutzregime, das insbesondere ein fünfzehn Jahre währendes Recht des Datenbankherstellers beinhaltet, die Datenbank ganz oder in wesentlichen Teilen zu vervielfältigen, zu verbreiten oder öffentlich wiederzugeben (§ 87b Abs. 1 S. 1). Auf die wechselhafte Vorgeschichte des Umsetzungsgesetzes kann hier leider nicht eingegangen werden. Nur soviel sei hierzu gesagt: Nach umfänglicher Kritik insbesondere von Martin Vogel[16] wurde der ursprüngliche Regierungsentwurf[17] durch eine sog. Formulierungshilfe ersetzt, die dann auch mit kleineren Änderungen den endgültigen Gesetzestext bestimmt hat.[18] Damit hat man zwar die Schwächen des alten Entwurfs beseitigt, jedoch neue Probleme geschaffen. So findet sich künftig im deutschen Recht ein dreiteiliger Schutz von Sammelwerken (§ 4 Abs. 1), Datenbankwerken (§ 4 Abs. 2) und Datenbanken (§ 87a Abs. 1), während in der Richtlinie nur eine Zweiteilung von urheberrechtlichem und Sui-generis-Schutz für Datenbanken vorgesehen war. Im übrigen hat der Gesetzgeber die bewußt nicht urheberrechtlich formulierte Terminologie der Richtlinie nicht aufgenommen und die Begriffe des unerlaubten Auszugs und der unerlaubten Weiterverwendung statt dessen durch die traditionellen Termini der Vervielfältigung und Verbreitung ersetzt. Diese Abweichungen werden allerdings wohl kaum zu einem Vertragsverletzungs-

---

hierzu *Hillig*, ZUM 1992, 325, 328; *Hoebbel*, CR 1993, 12, 15 f.; *von Gamm*, GRUR 1993, 203, 204; *Würmeling*, NJW-CoR 1996, 183, 184.

15 Zum Vorwurf einer mit der Richtlinie begründeten Gefahr einer Beschneidung der Informationsfreiheit siehe *Reichman/Samuelson*, Vanderbilt LR 1997, 51, 84 ff. sowie *Ullmann*, Festschrift Brandner 1996, 507, 522 ff. (zum ursprünglichen Kommissionsvorschlag einer Einführung von Zwangslizenzen).

16 *Vogel*, Blick durch die Wirtschaft vom 11. März 1997.

17 Art. 7 des Entwurfs eines Gesetzes zur Regelung der Rahmenbedingungen für Informations- und Kommunikationsdienste (IuKDG), BR-DrS 966/96 vom 20. Dezember 1996, S. 15.

18 Siehe hierzu Beschlußempfehlung und Bericht des Ausschusses für Bildung, Wissenschaft, Forschung, Technologie und Technologiefolgenabschätzung, BT-DrS 13/7934, 11. Juni 1997, S. 51.

verfahren der Europäischen Kommission führen, hat doch selbst Jens Gaster seitens der Kommission die deutsche Umsetzung als „(gerade noch) zulässig“ bezeichnet und es lediglich bedauert, daß der deutsche Gesetzgeber „am überkommenen Besitzstand ‘zu kleben’“ gedenkt.[19] Auch die bei dem Sui-generis-Recht auftretenden, schwierigen Interpretationsfragen werden sich mit Hilfe der Gerichte klären lassen. Dies gilt insbesondere für die Auslegung des Begriffs der Wesentlichkeit, der sowohl den Schutzgegenstand (§ 87a Abs. 1 UrhG) wie den Schutzumfang (§ 87b Abs. 1 UrhG) bestimmt.

b) Rechtemanagement

Noch ein weiteres, schwieriges Problem steht kurz vor seiner Auflösung: der Aspekt des Rechtemanagements. Wenn der Aufbau einer Homepage in soviele Rechte sovieler Rechteinhaber eingreift, fragt sich, wie der Provider die erforderlichen Rechte in praxi einholen und die Rechteübertragung koordinieren können soll. Hier hat die Europäische Kommission bereits vor einiger Zeit das Schlagwort vom „one stop shopping“ in die Diskussion geworfen. Erwerb aller digitalen Rechte aus einer Hand, in einem einzigen „Geschäft“ - das wäre das Ideal aller Provider. In der Tat haben die deutschen Verwertungsgesellschaften, die für ein solches „one stop shopping“ prädestiniert wären, in jüngster Vergangenheit begonnen, ihre Wahrnehmungsverträge um digitale Rechte zu erweitern. Die GEMA, als weltweit größte Verwertungsgesellschaft auf dem Gebiet der Musik tätig, nimmt nach der jüngst beschlossenen Neufassung des Wahrnehmungsvertrages das Recht wahr, „Werke der Tonkunst in Datenbanken, Dokumentationssysteme oder in Speicher ähnlicher Art einzubringen“. Sofern Musik daher künftig über das Internet ausgestrahlt werden soll, ist dafür (ausschließlich) an die GEMA zu zahlen. Neben der 1:1-Verwendung von Musik regelt der neue Wahrnehmungsvertrag auch die Verbindung von Musik mit anderen Werken (sog. Synchronisation). So ist die GEMA auch für Fälle zuständig, in denen Musik „mit Werken anderer Gattungen auf Multimedia- und andere Datenträger oder in Datenbanken, Dokumentationssystemen oder in Speichern ähnlicher Art, u.a. mit der Möglichkeit interaktiver Nutzung“ verbunden werden soll. Die GEMA verpflichtet sich in diesen Fällen, den Rechteinhaber über alle Anfragen nach Online-Synchronisationsrechten zu informieren. Der

19 *Gaster*, Zur anstehenden Umsetzung der EG-Datenbankrichtlinie, Manuskript zur Veröffentlichung in CR, S. 23.

Rechteinhaber hat dann vier Wochen Zeit darüber zu entscheiden, ob er die Rechte selber wahrnimmt. Unternimmt er in diesem Zeitraum nichts, ist die GEMA endgültig zur Vergabe der Synchronisationsrechte berechtigt.

Schwieriger ist die Rechtslage bei den anderen Verwertungsgesellschaften. Die VG Wort hat sich keine Rechte an der Digitalisierung einräumen lassen. Sie ist nur für die Vervielfältigung und Wiedergabe von Zeitungsartikeln in eine elektronische Datenbank zuständig. Künftig soll sie aber auch die CD-ROM-Rechte wahrnehmen, die Altautoren noch wegen der nachträglichen Nutzung ihrer Texte bei bisher produzierten CD-ROMs zustehen.

Auch die VG Bild-Kunst hatte lange Zeit kein Recht, die Digitalisierung geschützter Werke zu kontrollieren. Erst im Juni 1994 wurde der Wahrnehmungsvertrag dergestalt geändert, daß bei bildenden Künstler (Malern, Architekten) künftig die digitalen Rechte bei der Verwertungsgesellschaft liegen. Der VG Bild-Kunst gelang es dann im Frühjahr 1996, die Photographen für den Bildungsbereich zu einer Übertragung ihrer digitalen Rechte zu veranlassen. Nach dem neuen Wahrnehmungsvertrag überträgt der Photograph der Gesellschaft die „Ansprüche aus der nach der ersten Veröffentlichung erfolgenden Nutzung in digitaler Form, soweit die Nutzung für wissenschaftliche Zwecke oder für den Schul- und Unterrichtsgebrauch sowie andere, nichtkommerzielle Bildungszwecke erfolgt“. Es muß nach dem Wahrnehmungsvertrag aber sichergestellt sein, daß mit der Nutzung nicht zugleich Werbezwecke verfolgt werden, die Bilder bei jeder Nutzung mit der Bezeichnung des jeweiligen Photographen versehen sind und die Bilder in ihrer digitalen Form nicht entstellt sind. Das Recht, gegen eventuelle Entstellungen vorzugehen, überträgt der Photograph auch auf die Gesellschaft. Er kann aber jederzeit, in einem konkreten Fall, alle Rechte zurückholen. Diese Änderung des Wahrnehmungsvertrages erstreckt sich auf alle existierenden und zukünftig entstehenden Photos. Die Mitglieder der VG Bild-Kunst ist die Möglichkeit eingeräumt worden, gegen diese Ausdehnung der Kompetenz binnen sechs Wochen Widerspruch einzulegen. Tun sie dies nicht, gelten alle bestehenden Verträge mit der VG Bild-Kunst als erweitert. Im übrigen gilt der Wahrnehmungsvertrag für neue Mitglieder ab sofort in der neuesten Form.

Neben der Kompetenzerweiterung haben die deutschen Verwertungsgesellschaften – parallel zu ausländischen Neugründungen wie der französischen „SESAM“ – eine „Clearingstelle Multimedia GmbH“ (CMM) gegründet, die in den Räumen der GEMA angesiedelt ist. Diese Gesellschaft soll künftig den Informationsfluß über digitale Rechte koordinieren. Will jemand wissen, wo, wann und wie er welche Rechte an einem benötigten Werk von wem erhalten kann, setzt er sich mit der CMM in Verbindung und erhält von dort alle für den Rechteerwerb notwendigen Informationen.

2. Werberecht

Als nächstes soll hier nur kurz das Wettbewerbsrecht, das die werberechtlichen Grenzen des Online-Marketing vorgibt, eingegangen werden; ich möchte insofern auf Überlegungen verweisen, die ich an anderer Stelle veröffentlicht habe.[20] Nach einer Phase der Irritation zeichnet sich inzwischen ab, daß das klassische Werberecht relativ unproblematisch auch auf kommerzielle Online-Dienste anwendbar ist.

Zunächst stellt sich die Frage, ob Kreditinstitute bei ihrem Internet-Auftritt die spezifischen Vorgaben des von den Bundesländern im Januar/Februar 1997 verabschiedeten Mediendienste-Staatsvertrages[21] zu beachten haben. Wäre dies der Fall, so wäre u.a. Werbung verboten, die den Interessen von Kindern und Jugendlichen schadet. Nach § 2 Abs. 2 Nr. 4 des Mediendienste-Staatsvertrag fallen Abrufdienste, bei denen der individuelle Leistungsaustausch oder die reine Übermittlung von Daten im Vordergrund stehen, aus dem Anwendungsbereich des Vertrages heraus. Internet-Banking unterliegt damit als individuelle Dienstleistung zwischen Bank und einzelnem Kunden nicht den Regelungen der Länder. Schwieriger ist die Einordnung einer Werbe-Website eines Kreditinstituts. Bei dieser steht zwar nicht die reine Übermittlung von Daten im Vordergrund, so daß tendenziell ein solcher Service als Mediendienst klassifiziert werden könnte. Insofern ist jedoch auch der Anwendungsbereich des TDG zu betrachten, der ausdrücklich Angebote zur Verbreitung von Informationen über Waren oder Dienstleistungsangebote als einem der Bundesregelung unterliegenden Teledienst ansieht (§ 2 Abs. 2 Nr. 2). Da sich Mediendienste-Staatsvertrag und Teledienstgesetz vom Anwendungsbereich ausdrücklich voneinander abgrenzen,[22] muß man zur Vermeidung unerträglicher Widersprüche davon ausge-

---

20 Siehe hierzu *Hoeren*, Cybermanners und Wettbewerbsrecht – Einige Überlegungen zum Lauterkeitsrecht im Internet, in WRP 993 ff.

21 Im weiteren zitiert in der vom Landtag Baden-Württemberg (als erstem Bundesland) verabschiedeten Fassung, GVBl. BW vom 10. Juni 1997, S. 181.

22 Siehe § 2 Abs. 4 Nr. 3 TDG.

hen, daß die Kreditinstitute bei einer Werbehomepage nicht dem Mediendienste-Staatsvertrag unterliegen.

Allerdings enthält auch das TDG Regelungen zur Online-Werbung. Bei geschäftsmäßigen Angeboten haben Diensteanbieter Namen und Anschrift anzugeben (§ 6). Dies entspricht einem Gebot der Netiquette, wonach bei jeder Homepage der jeweilige Anbieter kenntlich sein muß. Der Nutzer hat dadurch ein Mindestmaß an Transparenz und Information; dadurch wird auch die Rechtsverfolgung im Streitfall erleichtert. Nicht betroffen von dieser Verbraucherschutzvorschrift sind private Provider, selbst wenn diese gelegentlich An- und Verkäufe über das Internet tätigen.

Ferner gelten die Vorgaben der Preisangabenverordnung auch im Internet (Art. 8-10 des IuKDG), was gerade für den Bereich des Internet-Banking von Bedeutung ist. Jeder Anbieter muß demnach gegenüber Letztverbrauchern die Entgelte für die Nutzung der Dienste vor dem Zugriff angeben. Art. 9 des Gesetzes stellt dementsprechend auch klar, daß jedes auf Bildschirm übertragene Angebot mit einer Preisangabe versehen sein muß. Wird eine Leistung über Bildschirmanzeige erbracht und nach Einheiten berechnet, ist der Preis der fortlaufenden Nutzung als gesonderte Anzeige unentgeltlich anzubieten. Der Verbraucher muß daher über den Preis der aktuellen Online-Nutzung ständig informiert sein.

Im Bereich des allgemeinen Wettbewerbsrechts (§§ 1, 3 UWG) ist das Verbot der Versendung von junk mail zu beachten, das sich parallel zur Btx-Rechtsprechung des BGH aus dem allgemeinen Belästigungsverbot ableiten läßt. Die jüngst in Kraft getretene Fernabsatzrichtlinie hat zwar das Schutzniveau bei unaufgefordert zugesandten Werbemails auf das Widerspruchsprinzip verkürzt, den Mitgliedstaaten aber glücklicherweise die Einführung restriktiverer nationaler Bestimmungen offengelassen. – Abseits der (ohnehin im Bankenbereich kaum relevanten) Junk-Mail-Frage ist die Reichweite des Trennungsgebotes zu beachten. Die Bundesländer haben im Mediendienste-Staatsvertrag für alle Mediendienste autorativ festgelegt, daß Inhalt und Werbung bei einem Online-Angebot sauber voneinander zu trennen sind. Sofern nicht ohnehin der Mediendienste-Staatsvertrag zur Anwendung kommt, dürfte eine Anwendung des Trennungsgebotes bei presse- und rundfunkähnlichen Onlinediensten (Web-TV, Web-Radio, Web journals) aus § 1 UWG ableitbar sein. Streitig ist jedoch, ob auch über den Presse- und Rundfunkbereich hinaus andere Provider, etwa die Kreditinstitute, dem Trennungsgebot unterliegen. Ich selbst habe vor einiger Zeit eine solch allgemeine Trennungspflicht vorgeschlagen,[23] bin jetzt jedoch aufgrund zahlreicher Diskussionen vom besseren belehrt. Eine Ausdehnung des Trennungsgebotes über den Medienbereich hinaus führt zu kaum lösbaren Differenzierungsproblemen, da man zum Beispiel bei der Homepage kommerzieller Anbieter kaum zwischen redaktionellem Inhalt und Werbung unterscheiden kann. Wenn die Deutsche Bank auf ihrer Website Geschäftsbericht, aktuelle Kreditzinsen, News von der Börse und ein Gewinnspiel präsentiert, ist es kaum möglich, die einzelnen Seiten als Werbung oder Nicht-Werbung zu klassifizieren. Im Prinzip weiß der User bei Anwahl einer kommerziellen Seite auch, daß er sich von nun an in einem Werbekontext bewegt. Insofern ist regelmäßig die ganze Homepage als einzige Werbeveranstaltung zu sehen, bei der weitere Parzellierungen in werbefreie und nicht werbefreie Blöcke kaum sinnvoll wären.

3. Verbraucherschutzrecht

In engem Zusammenhang mit dem Wettbewerbsrecht steht das Verbraucherschutzrecht. Kreditinstitute nutzen das Internet zum Online-Banking mit Privatkunden; auch werden - etwa bei der Ausgabe von Netzgeld - Verträge mit Verbrauchern geschlossen. Zu klären ist daher auch, inwieweit die Schutzinstrumentarien des klassischen Verbraucherschutzrechts in solchen Fällen zur Anwendung kommen.

a) Die Fernabsatzrichtlinie[24]

Zu beachten ist hier zunächst die Europäische Fernabsatzrichtlinie als lex specialis. Seit 1992 plant die Europäische Kommission eine Richtlinie über den Verbraucherschutz im Fernabsatz. Nach ersten Entwürfen[25] wurde vom Rat ein Gemeinsamer Standpunkt am 29. Juni 1995 festgelegt.[26] Unter Beachtung von 31 Änderungswünschen, die das Europäische Parlament

23 Siehe *Hoeren*, Internationale Netze und das Wettbewerbsrecht, in: *J. Becker* (Hrsg.), Rechtsprobleme internationaler Datennetze, UFITA-Schriftenreihe 137 (1996) 35 ff.

24 *Kronke*, RIW 1996, 985 ff.; *Micklitz*, VuR 1993, 129.

25 Abl. EG Nr. C 156 vom 23. Juni 1992, 14; Abl. EG Nr. C 308 vom 15. November 1993, 18.

26 Abl. EG Nr. C 288 vom 30. Oktober 1995, 1 = EWS 1995, 411.

vorgebracht hat,[27] konnte die Richtlinie am 20. Mai 1997 verabschiedet werden.[28] Die Richtlinie gilt nicht für Online-Banking. Dies ergibt sich aus Art. 3 Abs. 1 und Anhang II der Richtlinie, der Wertpapier- und Bankdienstleistungen vom Anwendungsbereich der Richtlinie ausnimmt. Der Richtlinie ist allerdings eine Protokollerklärung der Kommission beigefügt, in dem sich die Kommission zu einer Prüfung darüber verpflichtet, „wie der Verbraucherschutz in die Finanzdienstleistungspolitik und in etwaige Rechtsvorschriften in diesem Bereich einbezogen werden kann". Diese Erklärung kann als Hinweis darauf gesehen werden, daß der Ausschluß von Bankdienstleistungen aus der Richtlinie bereits vor der Verabschiedung des endgültigen Textes Gegenstand kontroverser Diskussionen war. In der Tat fragt sich, warum ein Verbraucher bei diesen Dienstleistungen nicht den gleichen Schutz wie bei sonstigen Online-Angeboten bekommen sollte.

Diese Bedenken gelten um so mehr, als die Einhaltung der Vorschriften den Kreditinstituten nicht sonderlich schwer gefallen wäre. Im wesentlichen enthält die Richtlinie nämlich nur Regelungen über eine Informationspflicht des Anbieters und ein Widerrufsrecht des Verbrauchers bei Bestellungen etwa via E-Mail, parallel zu den deutschen Bestimmungen im Preisangaben-, Haustürwiderrufs- und Verbraucherkreditrecht. Der Verbraucher ist unter Beachtung des Lauterkeitsrechts und der Schutzbestimmungen für Minderjährige zu informieren über

— Identität des Lieferers
— wesentliche Eigenschaften sowie Preis und Lieferkosten der Ware oder Dienstleistung
— Einzelheiten hinsichtlich der Zahlung (Art. 4).

Diese Informationen muß der Verbraucher bei Erfüllung des Vertrages auch schriftlich bekommen (Art. 5 Abs. 1). Eine Ausnahme gilt nur dann, wenn eine Dienstleistung unmittelbar und in einem Mal durch Fernkommunikationstechnik erbracht wird und der Verbraucher zumindest die geographische Anschrift des Lieferers erfährt (Art. 5 Abs. 2). Der Verbraucher kann in jedem Fall den Vertrag binnen sieben Tagen ohne Angabe von Gründen und ohne Strafzahlung widerrufen (Art. 6 Abs. 1 S. 1) und ist hierüber auch

27 Siehe hierzu EuZW 1996, 131.
28 Richtlinie 97/7/EG des Europäischen Parlaments und des Rates vom 20. Mai 1997 über den Verbraucherschutz bei Vertragsabschlüssen im Fernabsatz, ABl. Nr. L 144/19 vom 4. Juni 1997.

aufzuklären (Art. 4 Abs. 1 lit. f). Die Frist beginnt erst mit Eingang der Waren beim Verbraucher, bei Dienstleistungen mit Vertragsschluß (Art. 6 Abs. 1 S. 2). Hält der Lieferer die Schriftform nicht ein, verlängert sich die Frist auf drei Monate (Art. 6 Abs. 1 S. 3).

Entschärft wurde im übrigen die – auch für Banken unmittelbar relevanten Regelungen zur Nutzung von Kreditkarten. Ursprünglich war vorgesehen, daß der Verbraucher ein Recht zum Einspruch gegen die Gültigkeit eines Zahlungsvorgangs hat, sofern dieser auf der Übermittlung einer nicht elektronisch überprüften Kartennummer beruht. Diese Regelung ist – wohl aus bankpolitischen Gründen – ersatzlos gestrichen worden. Statt dessen ist nunmehr ein Stornorecht nur noch im Fall der betrügerischen Verwendung der Kreditkarte vorgesehen (Art. 8).

b) Haustürwiderrufsgesetz

Ein Teil der Literatur wendet das Haustürwiderrufsgesetz[29] in Fällen des Teleshopping an.[30] Zwar liegen die Voraussetzungen des § 1 HwiG nicht vor; insbesondere handelt es sich bei elektronischen Bestellungen weder um Freizeitgeschäfte (§ 1 Abs. 1 Nr. 2). Jedoch soll dem User ein Widerrufsrecht nach § 5 Abs. 1 HwiG zustehen. Denn auch beim Teleshopping sei der Kunde vor den Risiken eines übereilten und unüberlegten Vertragsschlusses zu schützen.

Diese Argumentation kann, unterstellt sie sei zutreffend, nicht auf das Internet übertragen werden. Der Kunde wählt sich hier selbst in das Netz ein und ruft die von ihm gewünschte Homepage auf. Er entscheidet folglich auch frei darüber, ob er eine Bestellung aufgibt. Der in anderen Marktbereichen herrschende Überrumpelungseffekt fehlt daher.[31] Teilweise wird zwar eine Anwendung des HwiG auf Internet-Angebote für möglich gehalten, sofern der Kunde überraschenderweise beim Zugriff auf eine Homepage Werbung vorfinde.[32] Doch das HwiG ist kein Gesetz zum Schutz vor jedweder überraschenden oder gar irreführenden Werbung. Hier kommen vielmehr

---

29 Gesetz über den Widerruf von Haustürgeschäften und ähnlichen Geschäften (HwiG) vom 16. Januar 1986 (BGBl. I, 122).

30 *Erman/Klingsporn*, § 1 HwiG Rdnr. 13b; *Eckert*, DB 1994, 717, 721 f.; *Gilles*, NJW 1988, 2424, 2427.

31 So in der Tendenz auch *Waldenberger*, BB 1996, 2365, 2367.

32 *Waldenberger*, BB 1996, 2365, 2367.

§§ 1, 3 UWG zur Anwendung. Vielmehr ist das Umgehungsverbot nur anwendbar, wenn eine dem Haustürgeschäft vergleichbare Verkaufssituation objektiv besteht.

c) Verbraucherkreditgesetz

Das Verbraucherkreditgesetz (VerbrKrG) vom 17. Dezember 1990[33] gilt für

- Kreditverträge, d.h. Darlehen, Zahlungsaufschübe und sonstige Finanzierungshilfen (§ 1 Abs. 2);
- mit natürlichen Personen, es sei denn, daß der Kredit nach dem Inhalt des Vertrages für ihre bereits ausgeübte gewerbliche oder selbständige berufliche Tätigkeit bestimmt ist (Verbraucher im Sinne von § 1 Abs. 1);
- sofern der auszuzahlende Kredit oder der Barzahlungspreis 400,- DM übersteigt bzw. ein Zahlungsaufschub von mehr als drei Monaten eingeräumt wird (§ 3 Nr. 1 und 3).

Für das Internet kommen solche Geschäfte nur in zwei Formen in Betracht. Zum einen wäre es denkbar, Darlehensverträge via Electronic Mail abzuschließen. Dies ist nach derzeitigem Stand aber selten der Fall. Interessanter ist der Abschluß von Ratenzahlungsverträgen. In der Tat bieten elektronische Versandhäuser, etwa in Form einer Virtual Mall, auch Ratenzahlungskredite an. Würden sie sich dabei lediglich auf den Austausch von E-Mails verlassen, wären solche Vereinbarungen nichtig. Diese Geschäfte bedürfen der Schriftform, d.h. nach § 126 Abs. 1 BGB der eigenhändigen Unterschrift beider Parteien. Die elektronische Unterschrift genügt - selbst nach Einhaltung der oben erwähnten Vorgaben für eine digitale Signatur - diesen Vorgaben nicht. Von daher wäre der Versuch eines Abschlusses von Kreditverträgen bei Anwendung des VerbrKrG zum Scheitern verurteilt (§ 6 Abs. 1). Allerdings ist zu beachten, daß der Formmangel mit Übergabe der Ware bzw. Inanspruchnahme des Kredits geheilt ist (§ 6 Abs. 2 und 3). In diesen Fällen ermäßigt sich der vertraglich vereinbarte Zinssatz auf den gesetzlichen (§§ 6 Abs. 2 S. 2 und Abs. 3 S. 2).

Im übrigen findet § 4 keine Anwendung, wenn es sich bei dem Internet-Angebot um

---

33 BGBl. I, 2840.

— die Lieferung einer Sache oder die Erbringung einer anderen Leistung geht,
— der Verbraucher sein Kaufangebot auf Grund eines „Verkaufsprospekts" abgibt,
— der Prospekt Bar- und Teilzahlungspreis, Betrag, Zahl und Fälligkeit der einzelnen Teilzahlungen sowie den effektiven Jahreszins enthält und
— der Verbraucher den Verkaufsprospekt eingehend zur Kenntnis nehmen konnte (§ 8 Abs. 1).

Fraglich ist hier vor allem, ob eine Homepage als „Verkaufsprospekt" im Sinne dieser Regelung angesehen werden kann. Für den Bildschirmtextbereich wurde eine solche Gleichstellung von elektronischen und Printmedien abgelehnt.[34] Andere betrachten beide Publikationsformen jedoch als gleichwertig.[35]

Wichtig ist auch das Widerrufsrecht des Verbrauchers. Nach § 7 Abs. 1 kann der Verbraucher seine Willenserklärung binnen einer Frist von einer Woche schriftlich widerrufen. Die Frist beginnt erst zu laufen, wenn der Verbraucher eine gesondert zu unterschreibende Belehrung über sein Widerrufsrecht bekommen hat. Auch hier taucht wieder das Erfordernis der Schriftform auf, die im elektronischen Kontext nicht einzuhalten ist. Daher bleibt dem Kunden die Möglichkeit des Widerrufs bis zu einem Jahr nach Abgabe seiner Willenserklärung (§ 7 Abs. 2 S. 3).

Bestimmte Vorschriften des Verbraucherkreditgesetzes gelten neben den Kreditverträgen auch für wiederkehrende Bezugsverpflichtungen (§ 2 Nr. 3), etwa bei Zeitschriftenabonnements oder im Rahmen einer Clubmitgliedschaft. Diese müssen ebenfalls schriftlich vereinbart werden; allerdings führt der Verstoß gegen diese Formvorschrift nicht zur Nichtigkeit. Wichtig ist aber das Widerrufsrecht (§ 7) sowie das Versandhandelsprivileg (§ 8).

d) AGB im Internet

Für Kreditinstitute dürfte auch eine Klärung der Frage wichtig sein, wie eine Vereinbarung Allgemeiner Geschäftsbedingungen im Internet den Vorgaben des AGBG entsprechend vorgenommen werden kann. Nach § 2 Abs. 1

34 Siehe zum AbzG *Brinkmann*, BB 1981, 1183, 1188; *Micklitz*, NJW 1982, 263, 267. Zum VerbrKrG MünchKomm/*Ulmer*, § 8 VerbrKrG Rdnr. 7.

35 *Soergel/Hönn*, § 1a AbzG Rdnr. 58; *Waldenberger*, BB 1996, 2365, 2369 f.

AGBG muß auf die Geschäftsbedingungen im Zeitpunkt des Vertragsschlusses ausdrücklich hingewiesen und dem Erwerber eine zumutbare Möglichkeit der Kenntnisnahme gegeben werden. Wird im Rahmen von Rahmenverträgen vorab auf die AGB hingewiesen und deren Einbeziehung vereinbart, sind die Anforderungen von § 2 AGBG erfüllt. Problematisch ist die Einbeziehung von AGB, die der Nutzer nur über elektronischen Abruf einsehen kann. Hier soll das Lesen längerer Bedingungen aufgrund der langen Übertragungsdauer unzumutbar sein.[36] In der Literatur wird eine wirksame Vereinbarung von AGB über elektronische Netze wegen der nachträglichen Änderbarkeit zum Teil sogar für unmöglich gehalten.[37]

Diese Anforderungen erscheinen aus meiner Sicht überzogen. Der Besteller ist gerade im WWW-Bereich frei, sich die AGB auf seinen Rechner oder einen Proxy-Server zu laden und in aller Ruhe, ohne zusätzliche Übertragungskosten, zu lesen. Er kann sie zusätzlich ausdrucken und hat dadurch die Gewähr, die jeweiligen AGB authentisch zur Kenntnis nehmen zu können. Diese Möglichkeiten standen allerdings dem Benutzer des früheren Bildschirmtextdienstes nicht zur Verfügung. Insofern mag die oben zitierte Rechtsprechung, die sich durchgehend auf den Btx-Bereich bezieht, für diesen Kontext berechtigt gewesen sein. Auf heutige Online-Dienste ist die Judikatur jedoch nicht übertragbar. Auch das von der Literatur erwähnte Problem der nachträglichen Änderung der AGB ist irrelevant. Denn eine solche Änderung wäre unter dem Gesichtspunkt des Betrugs strafbar. Von daher spricht dieser eher vage Möglichkeit nicht gegen die wirksame Vereinbarung von AGB.[38]

4. Haftungsrecht

Eine enorme gesellschaftspolitische Brisanz kommt den haftungsrechtlichen Fragen im Internet zu. Kein anderes Thema verunsichert die Provider mehr als dieser Bereich, seit die Münchener Staatsanwaltschaft in Sachen

---

36 LG Freiburg, CR 1992, 93; ähnlich auch LG Aachen, NJW 1991, 2159, 2160; LG Wuppertal, NJW-RR 1991, 1148, 1149; AG Ansbach, 3 C 295/93 zit. n. *Herget/Reimer*, DstR 1996, 1288, 1293. In der Literatur wird diese Argumentation geteilt von *Ulmer/Brandner/Hensen*, § 2 Rdnr. 49a und *Bartl*, DB 1982, 1101.

37 *Wolf/Horn/Lindacher*, AGBG, 3. Aufl. 1994, § 2 Rdnr. 24; *Bultmann/Rahn*, NJW 1988, 2432, 2434 f.

38 Ähnlich auch *Waldenberger*, BB 1996, 2365, 2368 f.

CompuServe und Kinderpornographie ermittelt. Inzwischen ist einer breiten Öffentlichkeit deutlich geworden, daß die Verantwortlichkeit für die Verbreitung strafrechtlich relevanten Materials im Internet unklar ist. Daß daneben die zivilrechtliche Haftung - etwa wegen der Verletzung von Urheberrechten oder Wettbewerbsrecht - kaum diskutiert wird, entspricht einer allgemeinen sozialen Hornhautkrümmung. Für das Straf- und Zivilrecht hat der Gesetzgeber im Informations- und Kommunikationsdienstegesetz, genauer gesagt im Teledienstegesetz (TDG), Regeln festgesetzt, die wie ein Filter vor der Anwendung spezieller Haftungsregeln zu prüfen sind (a). Allerdings finden sich für Mediendienste, zu denen auch einige Bereiche der Onlinedienste gehören, besondere Regelungen im Mediendienste-Staatsvertrag (b).

a) Das Teledienstegesetz

Das TDG ist Ergebnis eines harten Ringens und schlafloser Nächte, insbesondere in der Abteilung M1 des Bundesforschungsministeriums, das die Federführung bei der Verabschiedung des IuKDG hatte. Nach zähen Verhandlungen mit den anderen beteiligten Ministerien, vor allem dem Bundesjustiz- und dem Bundesinnenministerium, sowie weiteren betroffenen Kreisen wurde nach einem ersten Vorentwurf vom 6. Juni 1996 der erste amtliche Entwurf aus dem BMFT am 28. Juni 1996 der Öffentlichkeit vorgestellt. Es folgten eine Reihe verschiedener interner Texte, die teilweise über „dunkle Kanäle" an die Außenwelt drangen. Am 8. November 1996 konnte der Referentenentwurf verabschiedet werden, der am 11. Dezember 1996 durch das Bundeskabinett gebilligt worden ist. Damit war das Zittern um das weitere Schicksal des Gesetzes noch nicht zuende. Erst nach schwierigen parlamentarischen Diskussionen passierte das Gesetzespaket, in inzwischen mehrfach veränderter Gestalt, im Juni 1997 Bundestag und Bundesrat und trat schließlich doch noch am 1. August 1997 in Kraft.[39]

Im Ergebnis laufen sie auf eine Freistellung der Access-Provider für Internet Gateways hinaus.

Der Gesetzesentwurf unterscheidet drei verschiedene Provider (genannt „Diensteanbieter"). Nach § 5 Abs. 1 sind Diensteanbieter für eigene Inhalte,

39 Beschlußempfehlung und Bericht des Ausschusses für Bildung, Wissenschaft, Forschung, Technologie und Technikfolgenabschätzung, BT-DrS 13/7934 vom 11. Juni 1997.

die sie zur Nutzung bereithalten, nach den allgemeinen Gesetzen verantwortlich. Für das Bereithalten fremder Inhalte sind sie hingegen nur verantwortlich, wenn sie von diesen Inhalten Kenntnis haben und es ihnen technisch möglich und zumutbar ist, deren Nutzung zu verhindern (§ 5 Abs. 2). Für fremde Inhalte, zu denen die Diensteanbieter nur den Zugang zur Nutzung vermitteln, sind sie nicht verantwortlich (§ 5 Abs. 3 S. 1). Diese Regelungen klingen erst langweilig und trocken. Doch hier spielt die straf- und zivilrechtliche Musik.

aa) Der Content-Provider

Bietet jemand eine Homepage im Internet an, muß er für deren Inhalt einstehen. Das neue Gesetz verweist auf die 'allgemeinen Gesetze'. Und diese sind scharf: Das Anbieten von Kinderpornographie über Newsgroups ist selbstverständlich ebenso strafbar wie das Verbreiten von Nazi-Propaganda im Rahmen einer Website. Daneben tritt die zivilrechtliche Haftung. Macht jemand unrichtige Angaben im Internet und erleidet ein anderer dadurch einen Schaden, hat der Informationsanbieter den Schaden zu ersetzen. Vorsicht ist zum Beispiel bei der Verwendung medizinischer Daten im Internet geboten; das Haftungsrisiko ist bei Unrichtigkeit dieser Informationen erheblich.

bb) Access-Provider

Access-Provider, die einen Internet-Zugang anbieten, sind für die insoweit erreichbaren Angebote nicht verantwortlich. CompuServe, AOL und andere Provider können daher aufatmen; das bayerische Strafverfahren gegen die CompuServe-Verantwortlichen wird damit wohl eingestellt. Diese Exemtion gilt übrigens auch für Proxy Server; denn das Gesetz nimmt eine automatische und zeitlich begrenzte Vorhaltung fremder Inhalte ausdrücklich von der Haftung aus (§ 5 Abs. 3 S. 2).

cc) Service Provider

Schwieriger ist die Rechtslage bei fremden Inhalten, die Provider zur Nutzung bereithalten. Sie sind dafür nach dem Wortlaut von § 5 Abs. 2 („nur ... wenn") grundsätzlich nicht verantwortlich. Eine Ausnahme gilt nur dann, wenn dem Anbieter die Inhalte bekannt sind und es ihnen technisch und zumutbar ist, ihre Verbreitung zu verhindern. Die Regelung ist zunächst, was die Abgrenzung von Access und Service Provider angeht, sehr extensiv formuliert. Schon durch den Einsatz von Caches übernimmt ein Diensteanbieter fremde Inhalte in sein Angebot. Bei Caches handelt es auch nicht um eine kurzfristige Vorhaltung fremder Inhalte, so daß § 5 Abs. 3 S. 2 nicht zur Anwendung kommt. Der Provider würde damit die Verantwortung für alle Newsgroups übernehmen, die über Cache-Angebote zum Abruf bereitstehen.

Letztendlich kann zwischen eigenen und fremden Angeboten nur schwer unterschieden werden.

Ist das Angebot eines Tochterunternehmens der Deutschen Bank AG ein eigener oder ein fremder Inhalt? Ist die Grenze zwischen beiden Kategorien gesellschaftsrechtlich zu bestimmen? Was ist, wenn die Deutsche Bank auf den Inhalt des anderen Servers einen Link setzt? Um die Klärung solcher und ähnlicher Fragen werden sich Gerichte mit dieser schwierigen Grenzziehung beschäftigen müssen.

Ähnliche Bedenken bestehen hinsichtlich der Formulierung des subjektiven Tatbestands. Das TDG stellt auf die bloße Kenntnis von den Inhalten ab. Damit soll die Haftung der Service Provider auf Vorsatzstraftaten und -delikte beschränkt werden. Es geht folglich um die unbedingte oder bedingte Kenntnis der objektiven Tatbestandsverwirklichung. Hiermit konterkariert der Gesetzgeber seine eigenen Bemühungen, die Provider zur innerbetrieblichen oder verbandsseitigen Selbstkontrolle zu verpflichten. Denn wenn die bloße Kenntnis vom Inhalt als subjektives Element ausreichen soll, wird niemand daran Interesse haben, Personal mit der Sichtung des Online-Angebots zu beauftragen. Er wird vielmehr auf jedwede Selbstkontrolle verzichten – getreu dem Motto: nichts gesehen, nichts gehört. Es hätte sich statt dessen angeboten, wenigstens für die Fälle eine Prüfungspflicht zu bejahen, in denen ein Verstoß gegen Strafgesetze naheliegt (etwa bei der Bezeichnung einer Newsgroup als „alt.binaries.children-pornography“). Eine solche Prüfungspflicht bei eklatanter Mißbrauchsgefahr hätte auch der geltenden Rechtslage im Zivil- und Strafrecht entsprochen.

Im übrigen reicht die bloße Kenntnis vom Inhalt für die Bejahung eines rechtsrelevanten Vorsatzdeliktes aus. Zum einen stellen Straf- und Zivilrecht für den Vorsatz nicht nur auf die Kenntnis ab, sondern verlangen auch ein voluntatives Element. Man muß die Tatbestandsverwirklichung nicht nur kennen, sondern auch wollen. Auf letzteres Element scheint der Gesetzgeber verzichten zu wollen.

Für den Zivilrechtler ist auch das Fehlen jeglicher Überlegungen zum Bewußtsein der Rechtswidrigkeit auffällig. Die bloße Tatsache, daß ein Rechenzentrumsmitarbeiter eine Newsgroup gesichtet hat, heißt ja noch nicht, daß er deren Inhalt richtig, d. h. als Rechtsverstoß, bewerten kann. Zumindest für die zivilrechtliche Haftung schließt Vorsatz neben dem Wissen und Wollen der Tatbestandsverwirklichung auch das Bewußtsein davon ein, daß ein Angebot gegen geltendes Recht verstößt. Da diese Wertung gerade im noch fließenden Multimediarecht schwierig zu ziehen ist, hätte man sich hierzu Überlegungen gewünscht. Der Gesetzgeber will jedenfalls die Garantenstellung erst dann bejahen, wenn Diensteanbieter die fremden rechtswidrigen Inhalte bewußt zum Abruf bereithält,[40] ohne daß deutlich wird, wie Rechtswidrigkeit und Vorsatz zueinander in Beziehung stehen.

Deutlich dürfte auf jeden Fall sein, daß das TDG nicht nur geltendes Recht wiederholen, sondern das Haftungssystem des Zivil- und Strafrechts in bezug auf Online-Dienste verändern soll. Wenn dies der Fall ist, muß allerdings auch die Frage nach der zeitlichen Dimension des Gesetzes gestellt werden. An keiner Stelle enthält das Gesetz Regelungen zu der Frage, ob die Haftungsbestimmungen auch auf Altfälle (etwa den berüchtigten CompuServe-Fall) zur Anwendung kommen.

b) Der Mediendienste-Staatsvertrag

Unterschiede bei den Haftungstatbeständen finden sich im Mediendienste-Staatsvertrag. Zwar haben die Bundesländer versucht, das TDG insoweit weitestgehend zu kopieren, jedoch auf eine zusätzliche Sperrbefugnis zugunsten der Landesbehörden nicht verzichten können (§ 5 Abs. 3 S. 2 i.V.m. § 18 Abs. 3). Weitaus größere Schwierigkeiten aber macht die Bestimmung der Reichweite von § 5 Mediendienste-Staatsvertrag – gerade auf dem Hintergrund der von den Ländern so viel beschworenenen verfassungsrechtlichen Bestimmungen zur Gesetzgebungszuständigkeit von Bund und Ländern. Wie bereits allgemein bekannt sein dürfte, ist die Abgrenzung von Bund- und Länder-Kompetenzen auf dem Gebiet der Online-Dienste ein

40 So auch die Begründung zum Referentenentwurf vom 8.11.96.

schwieriges Thema, das während der Vorbereitungen für das IuKDG zu einer Reihe kontroverser Diskussionen geführt hat. Aufgrund eines im Juni 1996 verabschiedeten Kompromißpapiers beanspruchen die Länder für sich die Regelungsbefugnis für Mediendienste. Hierzu zählen nach § 2 Abs. 2 Nr. 4 auch die Abrufdienste, bei denen Text-, Ton- oder Bilddarbietungen auf Anforderung aus elektronischen Speichern zur Nutzung übermittelt werden, mit Ausnahme von solchen Diensten, bei denen der individuelle Leistungsaustausch oder die reine Übermittlung von Daten im Vordergrund steht. Diese Definition fügt sich nicht harmonisch in die Definition der Teledienste im TDG (siehe § 2 Abs. 1). Auf diese Problematik soll hier jedoch nicht näher eingegangen werden. Wichtiger ist vielmehr die Tatsache, daß nach der Definition des Mediendienste-Staatsvertrages eine Reihe von Online-Diensten als Mediendienste zu qualifizieren sind und unter den Staatsvertrag fallen. Dies gilt zum Beispiel für elektronische Forschungsjournale, zahlreiche Newsgroups und inhaltlich orientierte Homepages.

Die Länder haben nun zwar im Staatsvertrag die Haftungsregelungen des Bundes übernommen. Sie haben jedoch keine Regelungskompetenz für Fragen des Straf- und Zivilrechts (siehe Art. 74 Nr. 1 GG). Die Haftungsbestimmungen im Mediendienste-Staatsvertrages können sich daher von vornherein nicht auf das Gebiet des Straf- und Zivilrechts beziehen. Statt dessen sanktionieren sie letztendlich nur Verstöße gegen den Staatsvertrag selbst. Theoretisch wäre zwar insofern eine analoge Anwendung von § 5 TDG denkbar. Allerdings verbietet das TDG eine solche Analogie ausdrücklich in § 2 Abs. 4 Nr. 3. Hiernach soll das Gesetz nicht auf Mediendienste zur Anwendung kommen.

Folglich kommt im Bereich des Mediendienste-Staatsvertrag eine Anwendung der klassischen Regelungen des Zivil- und Strafrechts in Betracht. Da diese – wie bereits ausgeführt – eine Prüfungspflicht bei offenkundigen Verdachtsmomenten vorsehen, weichen die Haftungsbestimmungen von Mediendienste-Staatsvertrag und TDG entscheidend voneinander ab. Hier ist eine Klärung in der Praxis – insbesondere durch die Rechtsprechung – notwendig, um ein einheitliches Haftungssystem für alle Online-Dienste zu etablieren.

5. Die digitale Urkunde

Formerfordernisse stellen ein scheinbar unüberwindbares Hindernis für Online-Anbieter - gerade im Bereich des Internet-Banking - dar, sowohl was die gesetzliche Verpflichtung zur Einhaltung einer Schriftform (a) wie die Frage der Urkundsqualität digitaler Dokumente angeht (b).

a) Schriftform im Internet

Die deutsche Zivilrechtsordnung sieht an zahlreichen Stellen die Einhaltung einer besonderen Schriftform vor. Elektronisch generierte und übermittelte Erklärungen genügen jedoch dem Schriftformerfordernis nicht.[41] Denn nach § 126 BGB muß bei einer gesetzlich vorgesehenen Schriftform der Text von dem Aussteller eigenhändig durch Namensunterschrift oder mittels notariell beglaubigten Handzeichens unterzeichnet werden. Das Erfordernis der Schriftform ist zum Beispiel vorgesehen bei Verbraucherkreditverträgen einschließlich der Ratenkreditgeschäfte (§ 4 VerbrKrG), für Quittungen (§ 368 BGB) und für die Bürgschaftserklärung (§ 766 BGB). In den frühen Entwürfen des IuKDG versuchte man diesem Problem durch Einführung einer „Testnorm" Herr zu werden. Man sah darin die Änderung einer einzelnen, praktisch kaum relevanten Formvorschrift, nämlich der Schriftform bei Fernunterrichtsverträgen im Rahmen des Fernunterrichtsschutzgesetzes, durch eine spezielle, elektronische Form vor. Dann verzichtete man jedoch auf dieses Experiment und ließ die Frage der Schriftform vor. Das Bundesjustizministerium nahm sich dann diesem Anliegen an und verbreitete im Januar 1997 einen ersten Entwurf zur Änderung der Formvorschriften in zahlreichen zivilrechtlichen Gesetzen.[42] Dieser Entwurf sieht die Ersetzung der Schriftform durch eine „Textform" bei den zivilrechtlichen Bestimmungen vor, bei denen die strenge Schriftform entbehrlich ist. Der Textform soll dabei bereits Genüge geleistet sein, wenn der Text in Schriftzeichen lesbar und die Person des Erklärenden erkennbar ist (Art. 1 Nr. 1 zu § 126a Abs. 1 S. 1 BGB). Die telekommunikative Übermittlung soll die Textform wahren, wenn die Erklärung beim Empfänger jederzeit durch Umwandlung in Schriftzeichen lesbar gemacht werden kann (§ 126a Abs. 1 S. 2 BGB). Diese

41 So auch grundlegend BGHZ 121, 224.

42 Entwurf eines Gesetzes zur Änderung des Bürgerlichen Gesetzbuches und anderer Gesetze vom 31. Januar 1997 – BMJ 3414/2 (unveröff.).

neue Formvorschrift soll sich künftig auch in einer Reihe bankspezifischer Vorschriften finden, etwa in § 53 Abs. 2 S. 1 und Abs. 2 S. 2 BörsG und in § 19 Abs. 6 S. 2 Kapitalanlagengesetz. Wenn infolge dessen Börsentermingeschäfte und die Übergabe von Verkaufsprospekten im Kapitalanlagengeschäft auch mittels elektronischer Informationen getätigt werden können, werden wesentliche Beschränkungen für den Wertpapierhandel im Internet entfallen.

b) Beweiswert digitaler Dokumente

Abseits der Schriftform stellt sich die Frage nach dem Beweiswert digital generierter Dokumente. Nach herrschender Auffassung können diese Dokumente nur im Rahmen freier richterlicher Beweiswürdigung (§ 286 ZPO) im Zivilprozeß Berücksichtigung finden.[43] Eine Qualifizierung als Privaturkunde im Sinne von § 416 ZPO scheidet aus, da es an einer dauerhaften Verkörperung sowie an einer hinreichenden Unterschrift fehlt und darüber hinaus die Gedankenäußerung nicht unmittelbar aus sich heraus wahrgenommen werden kann. Der Verkäufer kann daher beim Abschluß eines Vertrages via Internet nicht darauf vertrauen, daß die elektronisch erstellten Unterlagen den vollen Beweis für den Abschluß und den Inhalt des Vertrages erbringen. Der Kunde kann sich problemlos darauf berufen, daß er den Vertrag nie oder nicht mit diesem Inhalt abgeschlossen hat. Sendeprotokolle erbringen nämlich nicht den Anscheinsbeweis für den Zugang einer Erklärung; sie haben allenfalls Indizwirkung.[44]

Dieses Problem läßt sich auch nicht vertraglich durch Abschluß einer Beweisvereinbarung lösen. Zwar wäre eine Klausel denkbar, wonach der Kunde den Beweiswert der elektronischen Dokumente als Urkundsbeweis akzeptieren muß. Eine solche Klausel hätte jedoch keine Bindungswirkung für die richterliche Beweiswürdigung; der Richter könnte es weiterhin ablehnen, die Dokumente als Urkunden zu qualifizieren. Auch die Bindung des Kunden an diese Klausel ist zweifelhaft.[45] Eine Lösung läßt sich nur gesetzgeberisch finden, indem die ZPO entsprechend geändert werden. Ursprünglich war eine solche Änderung auch im Rahmen des IukDG vorgesehen. Im

---

43 So etwa *Geis*, CR 1993, 653 f.; *Heun*, CR 1995, 2, 3; anderer Ansicht nur *Kilian*, DuD 1993, 607, 609.

44 BGH, NJW 1995, 665.

45 *Hoeren*, CR 1995, 513, 516 ff.

Anschluß an Vorbilder in Großbritannien und der Schweiz sahen frühe Entwürfe des in diesem Gesetzespaket enthaltenen Signaturgesetzes vor, daß ein elektronisches Dokument als Urkunde anerkannt werden könne, wenn die Echtheit einer dabei verwendeten elektronischen Unterschrift mit einem öffentlichen Schlüssel überprüft werden kann, der durch ein zum Zeitpunkt der Unterschrift gültiges Zertifikat einer zugelassenen Zertifizierungsinstanz bestätigt ist. Allerdings hat den Gesetzgeber sein Mut verlassen. Zwar finden sich im IuKDG ausführliche Regelungen zur digitalen Signatur im Rahmen des Signaturgesetzes und der dazu gehörigen Signaturverordnung. Doch präjudiziert die Einhaltung der komplizierten Verfahrensbestimmungen für die digitale Signatur nicht mehr deren Beweiswert; jeglicher Bezug zwischen Signaturregulierung und ZPO wurde nachträglich eliminiert. Dies schließt allerdings nicht aus, daß der digitalen Signatur im Rahmen der freien richterlichen Beweiswürdigung (§ 286 ZPO) ein besonderer Beweiswert zukommt, auch wenn damit die Frage des Beweiswertes digitaler Dokumente weiterhin dem Ermessen und damit auch letztendlich der Willkür einzelner Richter überlassen wird.

III. Der archimedische Punkt: Das Kollisionsrecht

Die bislang gemachten Ausführungen bezogen sich sämtlichst auf das materielle deutsche Zivilrecht. In der Tat ist es dem deutschen Gesetzgeber und den deutschen Gerichten gelungen, ein für Internet-Provider und -User brauchbares, angemessenes Rechtskorsett zu entwickeln. Doch dieses Korsett erweist sich als lückenhaft und von Motten zerfressen, wenn Berührungen mit dem Ausland eintreten. Gerade im Internet, einem globalen, genzüberschreitenden, transnationalen Netz, erweist sich die Nationalstaatlichkeit unserer Rechtsordnung als verstaubtes Produkt des 19. Jahrhunderts. In weiten Bereichen ist das materielle Recht nicht international harmonisiert; Vereinheitlichungstendenzen zeichen sich allenfalls auf europäischer Ebene ab. Aber auch das deutsche Kollisionsrecht erweist sich als wenig ergiebig bei der Lösung der Rechtsfragen, die das Internet auslöst. Dies hängt zum einen damit zusammen, daß die Kollisionsrechtler sich bislang zu diesem Problemkomplex überhaupt nicht geäußert haben. Zum anderen aber bestehen eine Fülle kollisionsrechtlicher Anknüpfungspunkte je nach betroffenem Rechtsgebiet nebeneinander. So könnte man auf den Sitz des Users abstellen, wie es etwa das Urheberrecht[46] oder das Verbraucherschutzrecht[47] tun. Dies hätte allerdings zur Konsequenz, daß ein Provider die Rechtsordnungen nahezu aller Staaten kennen müßte, da Internet-Dienste regelmäßig weltweit abrufbar sind. – Man kann statt dessen allerdings auf den Sitz des Providers abstellen, wie dies einem Vorschlag der Europäischen Kommission zum Urheberrecht entspricht.[48] Dann könnte sich jedoch ein Provider durch geschickte Wahl seines Wohn- oder Geschäftssitzes einer ungeliebten Rechtsordnung entziehen und über ein solches „forum shopping" Rechtsoasen – etwa in der Karibik zu seinen Gunsten ausnutzen. – Wenn beide Anknüpfungspunkte – Sitz des Users und Sitz des Providers – nicht helfen, kommt nur eine Mittellösung in Betracht, wie sie im Wettbewerbsrecht vorgegeben ist. Wer sich für seine Werbung des Internet bedient, muß sich nach herrschender Auffassung an deutschem Lauterkeitsrecht messen lassen, sofern nur der Ort der wettbewerblichen Interessenkollision im Inland liegt. Dies ist regelmäßig der Ort, an dem gezielt in das Marktgeschehen eingegriffen wird.[49] Im Online-Bereich gilt dementsprechend das Recht des Landes, in dem eine E-Mail bestimmungsgemäß empfangen oder von dem aus eine WWW-Homepage bestimmungsgemäß abgerufen werden kann. Aufgrund des erforderlichen finalen Charakters der Einwirkung fallen Internet-Angebote, die von vornherein nur auf den amerikanischen Markt zugeschnitten sind, für eine lauterkeitsrechtliche Prüfung nach deutschem Recht aus. Soweit die Klarheiten. Doch dann beginnen die Fragen: Wie läßt sich die „Bestimmung" einer Homepage festlegen? Entscheidend dürfte wohl kaum die subjektiv-finale Sichtweise des Online-Anbieters sein. Denn dann könnte dieser durch Warnhinweise auf seiner Website („Diese Homepage ist nicht für den deutschen Markt bestimmt") die Anwendung des deutschen Rechts ausschließen. Hier muß im Zweifel der Grundsatz der „protestatio facto

46 Siehe hierzu *Hoeren/Thum*, Internet und IPR – Kollisionsrechtliche Anknüpfungen in internationalen Datennetzen, in: *Robert Dittrich* (Hrsg.), Beiträge zum Urheberrecht V, Österreichische Schriften zum Gewerblichen Rechtsschutz und Medienrecht (ÖSGRUM) Band 20, Wien 1997, 57-75.

47 Siehe auch OLG Düsseldorf, WM 1995, 1351. Zu beachten ist in diesem Zusammenhang auch die besondere Kollisionsrechtsnorm des Art. 12 Fernabsatzrichtlinie; vgl. hierzu ausführlich *Kronke*, RIW 1996, 985 ff.

48 Vgl. hierzu ausführlicher *Hoeren*, European Intellectual Property Review 10 (1995), 511-514.

49 Siehe dazu auch BGHZ 113, 11, 15 – „Kauf im Ausland"; OLG Karlsruhe, GRUR 1985, 556, 557; anderer Ansicht allerdings das OLG Frankfurt, IPRspr. 1990, Nr. 155, 307, 309, das auf das finale Element verzichtet.

contraria“ gelten und auf den objektiven Empfängerhorizont abgestellt werden. Es ist daher nach objektiven Kriterien zu bestimmen, auf welche Verkehrskreise eine Werbekampagne im Internet zielt. Allerdings fällt es schwer, solche Indizien herauszukristallisieren. Als relevant dürfte in jedem Fall die Sprachfassung der Website gelten, die oft auch mit einem nationalem Markt korrespondiert. Allerdings ist dies eine deutsch geprägte Sicht; denn schon bei Verwendung der englischen oder französischen Sprache ist ein nationaler Markt angesichts der weltweiten Bedeutung solcher Sprachen nicht mehr rekonstruierbar. Neben der Sprache können jedoch die in der Homepage erwähnten Zahlungsmittel weiterhelfen. Werden z.B. ausschließlich Zahlungen in DM oder über Konten deutscher Kreditinstitute zugelassen, kann darin auch auf eine Beschränkung für den deutschen Markt geschlossen werden. Auch dieser Aspekt hat jedoch seine Tücken. Denn im Internet sind meist Zahlungen mit Kreditkarten, Kartengeld (Mondex) oder Netzgeld (Digicash) gängig.[50] Alle drei Zahlungsmodalitäten sind international verbreitet und lassen damit keine Rückschlüsse auf einen national beschränkten Adressatenkreis des Online-Marketing zu. Auch Hinweise auf Verkaufs- und Lieferbeschränkungen („Die hier angebotenen Waren können von Österreich oder der Schweiz aus nicht bestellt werden“) können, wie oben bereits angedeutet, lediglich als Indiz für eine Beschränkung auf den deutschen Markt angesehen werden. Denn entscheidend ist, wie sich der Online-Anbieter tatsächlich verhält und ob er Bestellungen aus den umliegenden Grenzländern de facto annimmt oder nicht. Es gibt folglich eine Reihe von Homepages, deren Marktausrichtung nicht eindeutig fixierbar ist. Die Betreiber dieser Seiten werden damit rechnen müssen, daß sie mehrere nationale Wettbewerbsordnungen zu beachten haben. Deutsche Provider werden zum Beispiel regelmäßig auch das - vom deutschen Recht z.T. stark divergierende - Wettbewerbsrecht der Schweiz und Österreichs mitbedenken müssen.

Im Ergebnis bleibt das Kollisionsrecht[51] der archimedische Punkt des Internet-Rechts. Solange die Juristen diesen Punkt nicht gefunden haben, werden sie in der Welt des Internet nichts bewegen können.

---

50 Siehe hierzu *Escher*, WM 1997, 1173 ff.

51 Auf die noch komplexeren und vielschichtigeren Probleme des Internationalen Zivilvefahrensrechts gehe ich hier aus Zeit- und Raumgründen nicht ein.

Sicherheit und Haftungsbeschränkungen im Internet-Banking

Dr. Felix H. Thomann, Rechtsanwalt, Basel[1]

Inhaltsübersicht

I. Einleitung

Das Internet hat sich in wenigen Jahren von einem Medium für „Eingeweihte" zu einem weltumspannenden Marktplatz entwickelt, an dem kein Wirtschaftszweig vorbeisehen kann. Einige Zahlen mögen dies belegen[2]:

— Am 31. März 1997 waren in Deutschland 772.572 Rechner, europaweit 4.213.308 Rechner an das Internet angeschlossen.

---

1 Adresse des Autors: Böckli Thomann & Partner, St. Jakobs-Strasse 41, CH-4002 Basel; Telefon: +41-61-317 94 50; Telefax: +41-61-317 94 60; e-mail: FHThomann@compuserve.com.

2 Angaben gemäß der WebSite http://www.nic.de/Netcount/netStatOverview.html (Stand 31. Mai 1997).

— Am 30. Mai 1997 existierten für Deutschland 64.145 Internet-Adressen, von denen rund 54.000 in Gebrauch standen, während rund 10.000 erst angemeldet und reserviert waren.
— Die Anzahl der an das Internet angeschlossenen Computernetzwerke betrug Ende Mai 1997 in Deutschland rund 46.000 und in Europa rund 510.000.

Die Banken stehen unter erheblichem Druck, sich das Internet nutzbar zu machen:

— Dem Internet-Handelsvolumen wird eine Steigerung von US$ 10 Mrd. im Jahre 1996 auf US$ 200 Mrd. im Jahr 2000 vorausgesagt.
— Nach einer alten Faustregel sollen 5% der Bankkunden 80% der Gewinne beitragen, und gerade diese Kunden sollen am Internet-Banking besonders stark interessiert sein.
— Durch das Internet wird „banking without branches“ möglich; das Kostensenkungspotential ist beträchtlich.
— Die Transaktionskosten im Internet-Banking betragen nur 15-20% des Bruttoertrags.[3]

Das Internet ermöglicht es somit, in einem rasant wachsenden Markt das für die Banken interessanteste Kundensegment anzusprechen und kostengünstig zu bedienen. Dies allein würde schon genügen, um das Internet für die Banken attraktiv zu machen; dazu kommt die Konkurrenz von außerhalb der Bankbranche: Kredit- und Kundenkartenfirmen, Venture Capital-Firmen sowie M&A-Firmen sind auf dem Internet präsent und versuchen, über dieses neue Medium noch stärker als bisher in das Bankengeschäft einzudringen.

Heute sind weltweit bereits mehr als 1000 Banken auf dem Internet präsent. Anfänglich stand die Nutzung als Werbe- und Marketingmittel im Vordergrund; später kam die Abwicklung von Transaktionen über das Internet - also das Internet-Banking - dazu.[4] Die Zahl der auf dem Internet tätigen Banken wird weiter ansteigen, und in einigen Jahren wird diese Art

3 Vgl. Doing Financial Business On-line, A Financial Times Guide, Juni 1997, S. 6: „The cost of an Internet banking transaction can be measured in cents, while the same transaction at a bank costs dollars. You cannot ignore these kind of savings.“

4 Die erste reine Internet-Bank war die Security First Network Bank in Atlanta (Georgia/USA).

der Abwicklung von Bankgeschäften nicht nur für Firmenkunden, sondern auch für Privatpersonen selbstverständlich sein.

II. Die Voraussetzungen für den Erfolg im Internet-Banking

Um im Internet-Banking erfolgreich zu sein, genügt es nicht, konventionelle Bankprodukte und -dienstleistungen an das neue Medium anzupassen; es bedarf vielmehr neuer Produkte und Dienstleistungen, um Marktanteile zu gewinnen. Als Beispiel möge das von einer amerikanischen Bank in Zusammenarbeit mit IBM entwickelte Internet-basierte Finanzierungssystem für Autokäufe dienen, das der potentielle Kunde benützen kann, während er sich im Ausstellungsraum des Autohändlers aufhält.

Damit die Kunden das Produkte- und Dienstleistungsangebot der Internet-Banken akzeptieren, müssen zusätzlich einige allgemeine Voraussetzungen erfüllt sein:

- Eine solide *technische Infrastruktur* hat u.a. die zeitgerechte Übermittlung der Daten zu gewährleisten.[5]
- Wichtig ist ferner eine *Zahlungsinfrastruktur;* die Entwicklung digitaler Zahlungsmittel ist denn auch in vollem Gange.[6]
- Die *Sicherheit der Übermittlung* muß garantiert sein; ohne sie wird das Vertrauen der Kunden in das neue Medium fehlen.
- Von Bedeutung ist schließlich die Schaffung von *weltweiten Standards* für die Datenübermittlung im Internet; auch diese Entwicklungsarbeit ist im Gange.[7]

Die Banken haben die Bedeutung der elektronischen Datenverarbeitung schon sehr früh erkannt, und die Bankbranche ist seit langer Zeit einer der

---

5 Die Übermittlungsgeschwindigkeit im Internet kann zur Zeit ein Problem sein; dies wird sich aber mit der Verbesserung der Infrastruktur und mit der Ausbreitung von Technologien wie ISDN ändern.

6 *Rosenthal,* Projekt Internet (Zürich 1997), S. 296 ff. Internet-Banking ist an sich auch ohne digitale Zahlungsmittel möglich, doch eröffnen diese den Banken zusätzliche Geschäftsfelder.

7 Es sei insbesondere hingewiesen auf den SET-Standard (Secure Electronic Transaction: offene, lizenzfreie Spezifikation für die Abwicklung von Kreditkartenzahlungen im Internet) und auf den OFX-Standard (Open Financial Exchange Interface: Standard für den Online-Austausch von finanziellen Informationen); mehr zur Frage der Standards bei *Rosenthal* (Fn. 6), S. 311 ff.

am stärksten „informatisierten“ Wirtschaftszweige. Die Banken verfügen über hervorragende Informatik-Fachleute, und sie sind durch den Konkurrenzdruck gezwungen, ihre Ausrüstung laufend der technischen Entwicklung anzupassen. Schließlich haben die Banken schon seit einiger Zeit Erfahrungen im Telebanking gesammelt, so daß das Internet-Banking, welches als eine Variante des Telebanking erscheint, für sie nichts grundsätzlich Neues ist. Aus all diesen Gründen sind die Banken für den Einstieg in das Internet-Banking *technisch* gut gerüstet. Das Internet-Banking wirft für die Beteiligten aber auch zahlreiche *rechtliche* Fragen auf; im folgenden sollen zwei dieser Fragen behandelt werden, nämlich die Sicherheit der Datenübermittlung sowie die Haftung und die Haftungsbeschränkung.

III. Die Sicherheit der Datenübermittlung

Die Datenübermittlung über das Internet ist unkörperlich, und sie wird deshalb durch den Benützer zunächst als unsicher empfunden. Es obliegt den im Internet-Banking tätigen Banken, für die Sicherheit der Datenübermittlung zu sorgen und die Sicherheit den Kunden bewußt zu machen. Dabei geht es grundsätzlich um fünf Hauptfragen:

— Message Origin Authentication:
  Die Herkunft einer Übermittlung muß überprüfbar sein.
— Non-Repudiation of Origin:
  Dem Versender muß der Versand der Übermittlung nachgewiesen werden können.
— Non-Repudiation of Receipt:
  Dem Empfänger muß der Empfang der Übermittlung nachgewiesen werden können.
— Confidentiality:
  Die Übermittlung muß vor dem Zugriff unbefugter Dritter geschützt sein.
— Entity Authentication:
  Die Übermittlung darf auf dem Weg vom Versender zum Empfänger nicht abgeändert oder verstümmelt werden.

Die Sicherheit der Datenübermittlung wird durch *Verschlüsselung* (encryption) gewährleistet. Es sind zwei verschiedene Verschlüsselungsmethoden zu unterscheiden:

— Durch Verschlüsselung werden die Daten mittels mathematischer Formeln vor dem Versand so umgewandelt, daß sie nur noch mit dem entsprechenden „Schlüssel" zurückverwandelt werden können; auf diese Weise wird die Vertraulichkeit sichergestellt.
— Durch spezielle Verschlüsselungsverfahren kann auch garantiert werden, daß sich die Echtheit des Absenders und die Integrität einer bestimmten Datenübermittlung überprüfen lassen; in der Praxis werden solche Verfahren als „digitale Unterschriften" bezeichnet.

Auf technische Einzelheiten ist hier nicht näher einzugehen[8]; erwähnt sei lediglich, daß die Sicherheit eines Verschlüsselungsverfahrens im wesentlichen von der Länge des verwendeten Schlüssels abhängt. Wichtiger als technische Details ist für die rechtliche Beurteilung die Feststellung, daß die modernen Verschlüsselungstechniken genügen, um Internet-Übermittlungen mindestens gleich sicher zu machen wie konventionelle Übermittlungen via Post, Telefon oder Telefax. Voraussetzung ist allerdings, daß die Verschlüsselungstechniken ausgereift sind und von den Anwendern richtig eingesetzt werden.

IV. Vertragliche Haftung und Haftungsbeschränkung nach schweizerischem Recht

1. Die gesetzliche Regelung der vertraglichen Haftung

Die Haftung für Nicht- bzw. Schlechterfüllung von Verträgen ist in den Art. 99-101 OR geregelt[9]:

— Grundsätzlich haftet der Schuldner für jedes Verschulden (Art. 99 Abs. 1 OR).
— Ein zum voraus verabredeter Ausschluß der Haftung für rechtswidrige Absicht oder grobe Fahrlässigkeit ist nichtig (Art. 100 Abs. 1 OR). Ein Ausschluß der Haftung für leichte Fahrlässigkeit ist grundsätzlich erlaubt, doch kann er nach Ermessen des Richters als nichtig betrachtet werden, wenn der Verzichtende zur Zeit seiner Erklärung im Dienst des anderen Teils stand oder wenn die Verantwortlichkeit aus dem Betriebe

8 Vgl. dazu *Rosenthal* (Fn. 6), S. 237 ff.
9 Spezialregeln für einzelne Vertragstypen bleiben vorbehalten.

eines obrigkeitlich konzessionierten Gewerbes folgt (Art. 100 Abs. 2 OR).

— Die Haftung für Hilfspersonen kann vertraglich beschränkt oder völlig aufgehoben werden (Art. 101 Abs. 2 OR); der Ausschluß der Haftung für rechtswidrige Absicht oder grobe Fahrlässigkeit ist jedoch unzulässig, wenn der Verzichtende im Dienst des andern steht oder die Verantwortlichkeit aus dem Betriebe eines obrigkeitlich konzessionierten Gewerbes folgt (Art. 101 Abs. 3 OR).

2. Die Beschränkung der Haftung

a) Die AGB-Problematik

Die Banken verwenden für die Ausgestaltung ihrer Verträge im Internet-Banking wie im konventionellen Bankgeschäft weitgehend allgemeine Geschäftsbedingungen (AGB). Auch die wichtigen Bestimmungen über die Beschränkung der Bankenhaftung finden sich meistens in AGB. Im folgenden soll deshalb zunächst die Frage behandelt werden, was die Banken im Internet-Banking vorzukehren haben, um sicherzustellen, daß ihre AGB und die darin enthaltenen Haftungsbeschränkungen zum Vertragsinhalt werden; anschließend wird auf die Kontrolle des Inhalts von AGB nach dem schweizerischen Recht eingegangen.

aa) Der Einbezug von AGB in den Vertrag

Einem Kunden, welcher über das Internet Geschäftsbeziehungen mit einer Bank aufnehmen will, werden deren ABG in der Regel in der Anfangsphase auf dem Bildschirm präsentiert, und er wird aufgefordert, durch Betätigen einer Taste oder durch Mausklick zu bestätigen, daß er die AGB zur Kenntnis genommen hat und anerkennt. Es stellt sich die Frage, ob ein solcher Ablauf genügt, um die AGB zum Vertragsinhalt zu machen.

Die *deutsche Gerichtspraxis* hat sich mit der erwähnten Frage mehrmals im Lichte von § 2 AGBG auseinandergesetzt:

— Das *Landgericht Aachen* entschied am 24. Januar 1991,[10] über den Bildschirm könnten AGB nur dann wirksam einbezogen werden, wenn sie

10 CR 1991 222 f.

aus wenigen kurzen Sätzen bestehen, nicht aber wenn der Betrachter vierzehn Bildschirmseiten lesen müsse.

— Das *Landgericht Freiburg* hielt in einem Urteil vom 7. April 1992[11] fest, eine zumutbare Kenntnisnahme bei durch Bildschirmtext übermittelten AGB sei nur dann möglich, wenn es sich um relativ kurze Texte handle, die klar gegliedert sind und sich problemlos abrufen lassen.

— Das *Amtsgericht Ansbach* entschied am 25. April 1994,[12] die bloße Möglichkeit, Geschäftsbedingungen über Bildschirmtext abzurufen, genüge den Anforderungen des § 2 Abs. 1 Nr. 2 AGBG nicht.

Die angeführten Entscheide beziehen sich zwar ausschließlich auf den Bildschirmtext; die Überlegungen erscheinen jedoch auch im Falle des Internet-Verkehrs anwendbar: Im einen wie im andern Falle bleibt der angezeigte Text auch bei längerer Einblendung flüchtig, so daß der Durchschnittskunde nur wenige kurze Sätze in zumutbarer Weise aufnehmen und nach kurzer Einblendung auf dem Bildschirm ihre Bedeutung erfassen kann; außerdem kann auch im Internet auf einer Bildschirmseite nur ein Teil des Inhalts einer beschriebenen Seite abgebildet werden, so daß der Kunde auf dem Bildschirm immer nur ein Bruchstück einer umfangreichen Gesamtregelung liest, ohne sich einen Gesamtüberblick verschaffen zu können.

In der Schweiz wurden bisher noch keine Entscheide veröffentlicht, welche sich mit dem Einbezug von AGB in Verträge durch Bildschirmanzeige befassen. Es ist jedoch damit zu rechnen, daß die schweizerischen Gerichte, auch ohne sich auf eine Spezialbestimmung wie § 2 ABGB berufen zu können, gestützt auf allgemeine Rechtsgrundsätze ähnlich entscheiden würden wie die deutschen Richter.

Angesichts der plausibel begründeten deutschen Gerichtspraxis sind die Banken in Deutschland und in der Schweiz gut beraten, wenn sie sich nicht darauf verlassen, ihre AGB auf rein elektronischem Weg zum Vertragsinhalt machen zu können; sie sollten vielmehr ihre Internet-Banking-Verträge auf herkömmliche Art (Unterzeichnung) abschließen.[13]

---

11 CR 1993 433 f.

12 CR 1995 278 f.

13 Dies kann auch in der Form geschehen, daß der Kunde am Bildschirm aufgefordert wird, den Vertragstext und die AGB bei sich auszudrucken und dann zu unterzeichnen.

bb) Die Kontrolle des Inhalts von AGB nach schweizerischem Recht

Die Schweiz hat bisher kein dem ABGB entsprechendes Spezialgesetz erlassen; es existieren lediglich Einzelbestimmungen, welche den Inhalt von Geschäftsbedingungen regeln. Die wichtigste dieser Bestimmungen ist Art. 8 UWG über die Verwendung mißbräuchlicher Geschäftsbedingungen[14]:

> „Unlauter handelt insbesondere, wer vorformulierte allgemeine Geschäftsbedingungen verwendet, die in irreführender Weise zum Nachteil einer Vertragspartei
> a. von der unmittelbar oder sinngemäß anwendbaren Gesetzlichen Ordnung erheblich abweichen oder
> b. eine der Vertragsnatur erheblich widersprechende Verteilung von Rechten und Pflichten vorsehen."

Darüber hinaus stützt sich die Gerichtspraxis bei der Beurteilung von AGB auf die *Ungewöhnlichkeitsregel*, welche das Bundesgericht wie folgt formuliert hat[15]:

> „Die Gültigkeit der vorformulierten AGB muß durch die sog. Ungewöhnlichkeitsregel eingeschränkt werden. Nach dieser Regel sind von der pauschalen Zustimmung zu AGBs alle ungewöhnlichen Klauseln ausgenommen, auf deren Vorhandensein die schwächere oder weniger geschäftserfahrene Partei nicht besonders aufmerksam gemacht worden ist. Die Partei, welche die AGB in den Vertrag aufgenommen hat, muß aufgrund des Vertrauensprinzips davon ausgehen, daß sein (sic!) unerfahrener Vertragspartner gewisse ungewöhnliche Klauseln nicht will (...). Ob eine Klausel ungewöhnlich ist, muß aus der Sicht des Zustimmenden zur Zeit der Vertragsabschlusses beurteilt werden. Die Antwort fällt individuell aus, auch eine branchenübliche Klausel kann für einen Branchenfremden ungewöhnlich sein. Im Hinblick auf das Vertrauensprinzip sind die persönlichen Vorstellungen des Vertragsschließenden soweit maßgebend, als sie für die andere Partei erkennbar sind. Es genügt nicht, daß der Vertragspartner in der fraglichen Branche unerfahren ist. Neben dieser subjektiven Voraussetzung muß die betreffende Klausel auch objektiv beurteilt einen geschäftsfremden Inhalt aufweisen, d.h. sie muß die Vertragsnatur wesentlich verändern oder in erheblichem Maße aus dem gesetzlichen Rahmen dieses Vertragstypus fallen (...). Je stärker eine Klausel die Rechtsstellung des Vertragspartners beeinträchtigt, um so eher darf sie als ungewöhnlich bezeichnet werden (...)."

Außerdem ziehen die schweizerischen Rechte bei vorgeformten Verträgen in Anwendung von Art. 18 OR die Unklarheitenregel heran: Unklare Bestim-

---

14 Weitere Bestimmungen, die sich mit dem Inhalt von AGB befassen, sind Art. 256 Abs. 2 und Art. 288 Abs. 2 OR (Miet- bzw. Pachtrecht).

15 Praxis 83 Nr. 229, S. 752 ff. (= BGE 119 II 443 ff.).

mungen sind zu Ungunsten des Verfassers auszulegen („interpretatio contra stipulatorem").[16]

Gesamthaft läßt sich sagen, daß die schweizerische Gerichtspraxis die Problematik der Kontrolle von AGBs aufgrund der geltenden Gesetzesbestimmungen - d.h. ohne ein umfassendes Spezialgesetz im Sinne des deutschen AGBG - zufriedenstellend bewältigt hat.

b) *Die Banken als obrigkeitlich konzessioniertes Gewerbe*

In welchem Umfang eine vertragliche Haftungsbeschränkung zulässig ist, hängt u.a. davon ab, ob die Partei, zu deren Gunsten die Beschränkung wirkt, als obrigkeitlich konzessioniertes Gewerbe im Sinne von Art. 100 Abs. 2 bzw. Art. 101 Abs. 3 OR zu qualifizieren ist.[17] Das schweizerische Bundesgericht hat diese Frage in einem Entscheid von 1983[18] zunächst offen gelassen. Drei Jahre später hat es sie bejaht und Art. 100 Abs. 2 OR auch für den Fall als analog anwendbar erklärt, daß Banken durch Zahlung an einen Nichtberechtigten eine nichtvertragliche Leistung vornehmen.[19] Der Richter kann

> „im Rahmen seines Ermessens - indem er eine Entscheidung nach Recht und Billigkeit (ZGB 4) trifft - eine Klausel für nichtig erklären, welche bei Leistung an eine nichtberechtigte Person infolge leichten Verschuldens der Bank das Risiko voll auf den Kunden abwälzt. Im Rahmen seines Ermessens ist es Sache des Richters, die strittige Klausel zu prüfen im gesamten Zusammenhang des Vertragsverhältnisses und im Lichte aller Umstände des Einzelfalles (...). Hierbei werden abzuwägen sein einerseits das Bedürfnis nach Schutz der Kunden vor unvorhergesehenen Bestimmungen - welche praktisch nicht diskutiert werden können - wie sie in den AGB enthalten sind (...), und anderseits das Interesse der Bank sich abzusichern gegen gewisse schwervermeidbare Risiken. Die Abwägung der gegenläufigen Interessen, für welche unmöglich feste Regeln aufgestellt werden können, muß im Endergebnis zu einer gerechten Aufteilung des Risikos zwischen der Bank und ihren Kunden führen, nach Maßgabe der dem betreffenden Geschäft zugrunde liegenden Umstände." (S. 511)

---

16 Vgl. dazu kritisch *E. Kramer* im Berner Kommentar, N. 109 zu Art. 1 OR (m.w.H.).

17 Vgl. oben S. 193.

18 BGE 109 II 116 ff.

19 Praxis 76 Nr. 144, S. 505 ff. (= BGE 112 II 450 ff.).

Aufgrund der zitierten Rechtsprechung müssen die Banken mit einer richterlichen Nichtigerklärung einer Freizeichnung für leichtes Verschulden rechnen, und sie dürfen ihre Haftung nur für ein leichtes Verschulden ihrer Hilfspersonen wegbedingen.

c) Kriterien für die Beurteilung von Haftungsbeschränkungen im Internet-Banking

Im Rahmen des Internet-Banking sind für die Beurteilung der Verschuldensfrage und auch für die Ausübung des richterlichen Ermessens im Rahmen von Art. 100 Abs. 2 bzw. Art. 101 Abs. 3 OR die folgenden Überlegungen heranzuziehen:

Zu den *Hauptpflichten* der Bank gehört es,

- die Sicherheit der verwendeten Computersysteme[20] sowie die Sicherheit der Abläufe innerhalb dieser Systeme[21] zu gewährleisten;
- die Legitimationsmittel (User Identification, Passwort) für die Kunden sicher zu verwahren.[22]

In Bereich dieser Hauptpflichten wird der Richter einen Ausschluß der Haftung für leichte Fahrlässigkeit bzw. – im Bereich der Hilfspersonenhaftung gemäß Art. 101 OR – eine vollständige Freizeichnung grundsätzlich nicht akzeptieren, und zwar auch deshalb nicht, weil die Sicherheit der Übermittlung in einem Punkt (Vertraulichkeit) durch das Bankengesetz gefordert wird.[23]

Von den *Nebenpflichten* der Bank fallen im Rahmen des Internet-Banking insbesondere die vorvertraglichen Aufklärungspflichten ins Gewicht; sie sollen dem Kunden ermöglichen, den Entscheid, ob er sich auf die von der Bank entwickelte und angebotene neue Art des Bankverkehrs einlassen will, in Kenntnis der Internet-spezifischen Risiken zu treffen. Demgemäß hat die Bank hat den Kunden insbesondere rechtzeitig aufzuklären über

- die Offenheit der Übermittlung im Internet;
- die Zufälligkeit der Übermittlungswege im Internet;

---

20 Vgl. dazu oben S. 192-193.

21 Dazu gehört insbesondere die Vermeidung von Datenverlusten durch regelmäßige Sicherung der Datenbestände (Backup).

22 Eine entsprechende Pflicht gilt selbstverständlich für die Kunden.

23 Art. 47 BankG.

— die Gefahr von Fehlern der für die Internet-Benützung empfohlenen Software;
— die Gefahr der Störung von Übermittlungen durch Dritte, auch wenn die Übermittlung als solche sicher ist.

Je umfassender die Bank ihre Kunden über die spezifischen Risiken des Internet-Banking aufklärt, desto stärker reduziert sie die Gefahr eines richterlichen Eingreifens aufgrund von Art. 100 Abs. 2 bzw. Art. 101 Abs. 3 OR. Andererseits hat die Bank zu bedenken, daß sie durch allzu drastische Risikoschilderung die Kunden von der Inanspruchnahme der Internet-Banking-Dienstleistungen abhalten kann.

3. Haftung ohne Verschulden

Die Art. 99-101 OR beantworten die Frage nicht, wer das Risiko für einen Schaden trägt, den weder die eine noch die andere Partei verschuldet hat. Diese Frage ist im Zusammenhang mit dem Internet-Banking (und im Zusammenhang mit der elektronischen Abwicklung von Verträgen allgemein) besonders wichtig, weil der Übermittlungsweg von der Bank zum Kunden - oder umgekehrt - eine Strecke einschließt, welche dem Einfluß der Parteien stärker als bei den konventionellen Übermittlungsarten entzogen ist.

Grundsätzlich muß bei einer Haftung ohne Verschulden die Sphärentheorie gelten, gemäß welcher den Schaden die Partei zu tragen hat, in deren Sphäre die verursachende Störung entstanden ist. Wenn also beispielsweise ohne Verschulden der Bank ein Hacker in deren Computer eindringen und eine rechtswidrige Abhebung von einem Kundenkonto erwirken kann, so ist der Schaden in der Sphäre der Bank entstanden, und diese hat ihn zu tragen. Erwirkt ein Hacker jedoch eine Abhebung von einem Konto, weil er ohne Verschulden des Kunden in dessen Computer eingedrungen ist und sich die Legitimationsmittel angeeignet hat, so muß der Kunde die Folgen auf sich nehmen, weil die Ursache der Störung in seiner Sphäre liegt.

Wenn die Störung weder in der Sphäre der Bank noch in derjenigen des Kunden entsteht, so muß m.E. grundsätzlich der Absender einer Übermittlung das Risiko tragen, daß diese Übermittlung beim Empfänger nicht oder nicht in der richtigen Form ankommt.

Die vorstehend beschriebene Regelung der Haftung bei Fehlen eines Verschuldens kann vertraglich abgeändert werden. Die Bank kann insbesondere das Risiko aller ohne Verschulden einer Partei entstandenen Schäden auf den Kunden abwälzen; dies ergibt sich aus der Tatsache, daß der Schuldner gemäß Art. 97 Abs. 1 OR sich der Schadenersatzpflicht durch den Beweis seiner Schuldlosigkeit entziehen kann.

VI. Zusammenfassung

1. Das Internet-Banking ist bereits heute Realität, und es wird sich in den kommenden Jahren weiter ausbreiten.

2. Die Risiken des neuen Mediums Internet steigern das Bedürfnis der Banken, sich für ihre Tätigkeit im Internet-Banking möglichst weitgehend freizuzeichnen. Die Freizeichnung erfolgt häufig durch Bestimmungen, welche in AGB enthalten sind.

3. Der Freizeichnung sind im schweizerischen Recht Grenzen gesetzt
— durch das allgemeine Zivilrecht (insbesondere Art. 100 Abs. 2 und Art. 101 Abs. 3 OR);
— durch Spezialbestimmungen wie insbesondere Art. 8 UWG;
— ergänzend durch eine an allgemeinen Rechtsgrundsätzen ausgerichtete Gerichtspraxis.

Die Haftung kann im Bankenbereich nur im Bereich des leichten Verschuldens ausgeschlossen werden; wo nicht ein Fall von Haftung für Hilfspersonen vorliegt, kann der Richter sogar einen Ausschluß der Haftung für leichtes Verschulden nichtig erklären.

4. Die bisherige Rechtsprechung in Deutschland zur elektronischen Übermittlung von AGB zeigt eine eher kundenfreundliche Tendenz. In der Schweiz wurden noch keine einschlägigen Entscheide publiziert; es ist jedoch damit zu rechnen, daß die schweizerischen Gerichte grundsätzlich der deutschen Tendenz folgen werden. Die Banken in beiden Ländern sollten deshalb bis auf weiteres den Einbezug ihrer AGB in die Verträge mit den Internet-Banking-Kunden sicherstellen, indem sie die entsprechenden Verträge schriftlich abschließen (wobei die Unterzeichnung eines durch den

Kunden über das Internet heruntergeladenen und ausgedruckten Textes genügt).

Stichwortverzeichnis

Kolibri 360 GmbH
Ferdinand-Jühlke-Straße 7
99095 Erfurt, Deutschland
produktsicherheit@kolibri360.de